再考
「弥生時代」

農耕・海・集落

再考「弥生時代」　目次

第Ⅰ部　総　論
第1章　弥生文化の概念 ………………………………………………………… 7
第2章　問題点と本書の役割 ………………………………………………… 12

第Ⅱ部　研究史
第1章　縄文・弥生の農耕に関わる研究史 ………………… 中山誠二　19
　コラム1　雑穀の見分け方 ……………………………… 中山誠二　32
第2章　弥生時代研究と海 ………………………………………… 杉山浩平　38
　コラム2　弥生時代のブタ ……………………………… 杉山浩平　50
第3章　弥生集落の研究史 ………………………………………… 浜田晋介　54
　コラム3　戦争の時代 …………………………………………… 浜田晋介　64

第Ⅲ部　各　論
第1章　栽培植物からみた弥生型農耕の系譜 ……………… 中山誠二　73
第2章　「海」からみる東日本の弥生文化 ……………… 杉山浩平 103
第3章　弥生集落論の再構築 ……………………………………… 浜田晋介 133

第Ⅳ部　座談会
第1章　はじめに …………………………………………………………… 173
第2章　研究史の討論 …………………………………………………… 177
第3章　各論の討論 ………………………………………………………… 193
第4章　まとめ ……………………………………………………………… 222
　コラム4　食用植物の栄養価 ………………………… 中山誠二 224

参考文献 …………………………………………………………………………… 232

第 I 部
総　論

第1章
弥生文化の概念

浜田晋介・中山誠二・杉山浩平

1. 弥生文化は西から

　大森貝塚発掘から遅れること7年。1884（明治17）年に本郷弥生町の向丘貝塚の一つの壺から始まった弥生時代の研究は、130年を超える研究の歴史を持っている。その弥生文化の研究史のなかで最大の成果の一つが、水稲農耕開始の究明であることはおそらく言を俟たないであろう。弥生文化が縄文文化と同じく、日本での石器時代文化の一つとして認識されていた明治期から、弥生式土器に穀類が伴うことが議論されて、このことが明確になった大正～昭和戦前期には、縄文文化との対比のうえで、農耕、特に稲の有無が両文化を時代的に区別する指標の一つとなった。そして何よりも弥生時代の社会構造や文化を規定するものとして、稲の存在が欠かせぬ要素として研究者の胸の中に刻まれることとなった（浜田2018参照）。

　また、もう一つの重要な成果として、稲の野生種が日本にない以上、稲が誰によって、どこからもたらされたのかということが議論されたことであった。この問題は、初期の弥生式土器の母体あるいは系譜、民族、ルートの問題など、いくつかの方向性で議論されるようになる。複数の方向性を持ちながらも、稲作文化受入の窓口となった地域が北部九州あるいは近畿地方であり、古代中国の前漢の時代頃であったとする想定は共通していたと言ってよい（浜田2018参考）。この共通認識のうち特に前者には、戦前の歴史教育の基本であった皇国史観に照らして、『記紀』にいう天孫降臨の地としてふさわしいことや、神武東征や日本武尊の東征の認識が大きく影響していたことは間違いない。実際に戦前の常識として、東北地方では最も遅く考える場合は平安時代末、早くとも古墳時代後期までは縄文土器を使用していた文化が続いたということが、

第Ⅰ部　総　論

歴史学あるいは考古学研究上での解釈となっていたのである。戦後、静岡県登呂遺跡などの調査成果などから、こうした見解は徐々に是正されていくこととなる。しかし、いわゆる「荘介段」（本書 24-25 頁参照）に見られる西方からの段階的な弥生文化波及の構図が、東北にも畿内第Ⅰ様式中頃に比定できる土器が存在するという、先駆的な研究（中村 1978・1982）を不問にしながら、青森県田舎館遺跡や砂沢遺跡からの弥生時代の水田が発見される 1980 年代後半まで支配的な考え方であったことは確かである。戦後の弥生研究は戦前の段階的な波及を引き継ぎながら、「弥生文化は西から」を基本として発展させていったのである。そして、東日本（ここでは、いわゆる遠賀川式土器の分布する伊勢湾と若狭湾を結ぶラインを境に西日本と東日本とする）をフィールドとしていた研究者たちも、「弥生文化は西から」を分析の前提にしながら弥生時代を理解しようとしていたのである。例えば、昭和 30 年代から 40 年代における考古学研究の教科書的な存在でもあった『日本の考古学』において和島誠一は、東日本の弥生文化についての停滞性を強調し、西日本の弥生文化が斉一的であるのに対して、東日本では各地域の縄文文化に強く影響されながらジグザクなコースをたどって弥生文化が成立すると述べている（和島 1966）。また同書で弥生文化の成立を論じた岡本勇も、縄文文化の影響を色濃く残す東日本と西日本の弥生文化との差異を強調している（岡本 1966）。つまり、この段階では、東日本の研究者ですら、東日本の弥生文化に独自性を見いだすことができていなかった。

2.　弥生文化の指標

　こうした西日本からの弥生文化の東方への波及という考え方は、佐原眞・金関恕によって弥生時代の基準を弥生式土器（遠賀川式土器の存在）と稲（稲作）から、「稲作の開始」をもって弥生時代とする（佐原・金関 1975）、と一本化した提案がなされることによっても大きく変わることはなかった。その理由の一つには遠賀川式土器が当初から稲作を代表する土器として、すなわち、遠賀川式土器が分布している地域こそが、稲作文化を持つ弥生文化波及の最初の、純粋な地域であると認識されており、遠賀川式土器は稲作文化を波及させた人々が使用していた土器としての指標となっていたからである。戦後になると遠賀

8

川式土器は、稲作技術を持った大陸の民族が使用していた土器であるとする概念から、「大陸の民族」の概念を抜き取り「稲作が開始された弥生時代前期の土器の総称」として定着した。これは農耕の開始を遠賀川式土器に代表させる、戦前の方法と変わりがなかったといえる（浜田 2018 参照）。

　これに加え、北部九州にみられる大陸・朝鮮半島を故地とする、金属製品などの文物が出土するという進取の気性に富む地域性、近畿地方が持つ古墳時代の開始期から定型化した古墳が林立するという、古墳築造前代としての歴史的な地域性、という弥生文化・弥生時代を考えるための西日本の重要な地域性を意識したことは間違いない。こうしたことを前提にして、金属器のあり方、集団間の関係・高地性集落との関係性などとともに、戦前からの生業の根幹としての稲作を絡めながら、弥生文化論・弥生時代論が戦後になって進められていくこととなる。その結果として「弥生時代」という時代の概念や社会像の構築、弥生文化の性格については、西日本の考古学データを代表させて表現してきたと印象づけられることとなる。

　ただし、そうした状況のなかでも弥生文化の指標である稲作を、当時の土器に残された穀物圧痕の存在から解明しようとする研究も存在していた。東北では伊東信雄が大洞 A' 式土器に続く時期の土器（二枚橋式）に明瞭な籾痕があることを指摘し（伊東 1970）、薗田芳雄は関東地方の弥生文化を論じる中で縄文時代晩期後半の千網式土器の底部に粟もしくは稗の圧痕らしきものがあることを指摘し、東日本でも早くから陸耕が行われ始めたことを指摘している（薗田1969）。しかし農耕の開始が地域によって多様性を持っていることを実証しようとするこれらの研究は、残念ながらすぐに着目されることがなかったのである。

3. 地域性研究の問題点

　弥生文化に東西の地域性が存在することは、すでに戦前に山内清男によって説かれていたが（山内1939）、現在のような弥生時代とその文化が多様な地域性を持つと考えるにいたる根拠はどこにあるのか。当然その第一は、各地域から検出・出土する遺跡・遺構・遺物に違いが存在することである。青銅製品を事例にすれば、大陸や朝鮮半島の列島側の窓口として存在していた北部九州では、多くの銅剣・銅鉾・銅戈・銅鏡と少量の銅鐸が製作されており、近畿地方

第Ⅰ部　総　論

では多くの銅鐸が製造・使用され、少量の銅鏡（破鏡）が存在する。そして東日本で出土する青銅製品は、静岡県や長野県などを除けば、西日本に対比させて扱えるだけのデータは存在しない。出土遺物のこのような偏在からは当然のことながら、地域による青銅器の受容の過程や使用する集団の差を問題にすることになろう。そしてその地域性を踏まえて弥生時代の青銅器をめぐる問題が浮き彫りになり、弥生文化の特性が示されることになる。しかし、そうした中にあって対比できる質・量の青銅器が出土しない東日本の地域性を話題にすることはほとんどなく、西日本の解釈での「弥生時代の青銅器」が語られることとなる。青銅器が基本的に存在しない東日本を青銅器使用の普遍性の視点で扱うならば、東日本は弥生文化ではなくなるのであろうか。青銅器を積極的に利用しなかった地域の弥生文化という視点も必要なのである。

　一方、考古学データに地域性がありながら、その地域差を超えて西日本の分析成果を東日本にあてはめようとする試みも多くの事例がある。その一つにコラムでも触れておいたが（「コラム3　戦争の時代」参照）、殺傷人骨・武器・高地性集落・環濠の存在といった考古学データから想定した弥生時代の争乱がある。こうした争乱を語るための要素のうち、東日本では環濠の存在以外は希薄であるが、その環濠の存在を主要な根拠として東日本の争乱を想定した研究が、1990年代までは多くの著作物で触れられていた（佐原1975a・1979・1987a、春成1975、大村1983、岡本1992、安藤1995など）。その論拠は西日本の弥生時代中期後半が「倭国乱」をめぐる時期に比定されたことを踏まえ、東日本の中期後半もそれ以前とは遺跡の規模や数で差があり、画期となっていること。そして環濠が防禦性を持った遺構であることを前提にし、武器は出土していないが鉄斧の存在から鉄鏃が想定でき、火災住居が多い要因を検証なしに争乱と結びつけたことにあった。その論調に同調した東日本の研究者もいたわけである。しかし、その旗振り役をつとめた佐原眞が、東日本では戦争を行ったかどうかわからないと発言した（佐原1999）後は、東日本で弥生時代に争乱が行われたとする議論は低調となる。これらの事例は1990年代以前・以後のどちらも、西日本のデータあるいはその成果を基とした研究者の影響で東日本の弥生像を描いた事例であるとともに、西と東の考古学データの差異が重要な判断材料になったことがわかるのである。弥生時代を「争乱」というキーワードで語るならば、争乱が

存在した西日本と存在が疑われる東日本の地域性があるとするのが、弥生時代の姿とすべきであろう。

4. 東日本の弥生時代像

1960〜1970年代を境に急増する発掘調査と出土遺物の報告の増大は、西日本のこれまでのデータを補強するとともに、青銅器の分布のあり方・山陰地域の大陸との繋がり、四国での鉄器の受容時期など、地域ごとに多様性を持っていることを明白にさせてきたといってよいであろう。東日本でも青森県における前期水田の発見や長野県における銅鐸と銅戈の出土などとともに、南関東や静岡県においても中期中葉以後に水田が構築されることが浮き彫りになってきた。東日本から弥生時代を考察してきた石川日出志による、地域ごとに顕著な違いがある弥生時代を同じ「弥生文化」とひとくくりにできるであろうか（石川2010）とする問いかけは、東日本を研究のフィールドとする研究者にとっては、共感するところは多い。東日本には西日本とは様相の異なった文化が展開していたが、これもまちがいなく弥生文化なのである。

石川の問いかけは春成秀爾の批判的な認識（春成1999）とともに、すでに設楽博己によって展覧会という形で整理されていた（設楽1999）。これをもとに設楽は、遠賀川文化・宮ノ台文化など大陸に系譜を求める要素の多い「大陸系弥生文化」と、東日本に多い縄文文化に系譜を求める要素の多い「縄文系弥生文化」に分け、東日本の弥生文化の特質を提示した（設楽2000）。この一連の成果は、それ以後の研究者の思考に大きな変化をもたらしたといってよい。つまり、20世紀の弥生文化研究では縄文文化との差異を見つけることに関心が向き、それが強調されていたが、21世紀の弥生文化研究では、多様性へと関心が向き、研究者自身も研究のスタンスを変化させている。そして弥生文化を「農耕文化複合」の概念で規定し、「縄文系弥生文化」も、西日本での文化変容と連動していることから、弥生文化という同一の枠内にあるとする考えを導きだすこととなる（設楽2014a・b）。設楽の主張は、それまでの西日本のデータ偏重で語られてきた東日本の弥生文化を、東日本のデータを使って概念化した点で、大きく評価されるものであった。

第2章

問題点と本書の役割

浜田晋介・中山誠二・杉山浩平

1. 基幹生業としての水稲の問題

　日本の文化は、水稲農耕を基盤とする文化を核としているという柳田国男らの民俗学上の仮説の中で、ひさしく稲作開始以前の文化とそれ以後の文化との分断したイメージが持たれてきた。特に、1952（昭和27）年以降開始された「稲作史研究会」における民俗学、考古学、言語学、人類学、植物学、農学、海洋学などの幅広い分野の研究者による総合的な議論は、稲に関わる人文科学、自然科学の粋を集めたものとして注目されるが、その根底に流れていた問題意識は、その著書名『稲の日本史』が示すとおり、いかに稲が日本文化や日本民俗の形成に大きな役割を果たしてきたのかというものであった（柳田ほか1969）。

　こうした考えは考古学の分野では水田農耕が開始された弥生時代をクローズアップさせることにも繋がり、縄文時代の採集経済から稲作中心・米を主食とする日本人の歴史をきりひらいた時代であったと評価された（和島1966、佐原1975b・1987a・1995）。

　しかし一方民俗学の分野では、坪井洋文が稲作（文化）類型と畑作（文化）類型の存在に着目し、日本文化の二重構造性の把握を行っている。そしてこの二つの文化類型が織りなす諸様相を等価値、禁忌、優先、混淆、同化に区分・分類する過程で、その歴史的な展開を民俗学的な手法で推論する（坪井1967）。

　また、民族学の分野では佐々木高明が、縄文時代後・晩期の西日本にはイモ類と雑穀類を主作物とする、照葉樹林焼畑農耕文化が存在していたとする仮説を提示した（佐々木1971）。この照葉樹林農耕文化がおそらく江南・南シナの山地から伝来し、主として西日本に展開し、満州東部からモンゴル・南シベリ

アの方面にその系統をたどることができる北方系農耕文化の流れが、それに加わって稲作以前の日本文化の基層を形作ったとした。

こうした動きのなかで、1980年代以降稲が日本文化の基層とするパラダイムに対する考え方が大きく転換する。歴史学の分野において、「稲作中心史観の克服」という意識で歴史像の見直しを図ろうとする網野善彦の研究姿勢は、単に中世史にとどまらず日本文化を規定する稲作農耕文化以外の要素あるいは非農業的要素についての重要性を再認識するものであった（網野1980）。

木村茂光は、水田や稲作だけを基盤に日本の農業や文化を理解しようとする「水田単作史観」に警鐘を鳴らし、日本歴史の中での畠や雑穀の持つ意味に改めて光をあてている（木村1996、木村編2003・2006）。

歴史学や民俗学における日本文化論の問題意識の転換は、日本の農耕開始期に直接的に関わる弥生時代の研究においても無縁ではない。

寺沢薫らは、従来曖昧にされてきた水稲と同時期あるいはそれと前後して受容された雑穀などの栽培植物や植物質食料の再整理を行い、その生産と消費の実態を明らかにした（寺沢薫・寺沢知1981）。そして、稲を中心とした多くの栽培植物の渡来を、弥生文化を生む外的な画期であるとしつつも、縄文から弥生への食料の採取、生産活動と摂取・消費活動は基本的に漸進的発展をとげたとして、稲中心に語られてきた弥生文化への解釈およびこの間のドラスティックな変革に疑問を投げかけている。

このような研究動向の一方で、弥生時代研究における「水田単作史観」は、弥生研究者の中に今なお大きな影響を及ぼしている（金関1989、佐原1995、安藤2009・2011・2014、藤尾2015ほか）。金関は、「日本で食糧生産に基盤をおく生活が始まってから、前方後円墳が出現するまでの時代」という佐原とともに行った弥生時代の定義のうち、「食糧生産に基礎をおく生活」を「水稲稲作を主たる生業とする生活」と改めてよいとした（金関1989：pp.5-10）。藤尾慎一郎のように「精神的な転換をともなう水田稲作をこのようにして一度始めてしまえば、あとは何が何でも水田稲作にしがみついてコメを作り続けるしかなくなる」（藤尾2015：p.51）とする考えもある。考古学におけるこのような考え方は、登呂遺跡による弥生時代の水田の確認後、水稲以外の栽培植物の存在についても注意が払われつつも、後述する「縄文農耕論」との関わりの中で1960

第Ⅰ部　総　論

年代以降「水田単作史観」が形成されていったと推論される（浜田 2018 参照）。

水稲単作の農法が歴史的に成立できたのはアジア・太平洋戦争以降のことであり、弥生時代にそれらが存在したことに再考の余地があることを筆者の一人は幾度か述べてきた（浜田 2011b・2014・2019）。水稲だけで食料を供給することは、病虫害や自然災害を現在でも克服できていない以上、弥生時代ではさらに安定的なものではなかった。食料自給としてそのリスクを軽減させる方法は、近世・近代の文献からも、コメだけではなく、アワやヒエ、マメ類などを含む穀物の包括的な栽培であったことがわかる。こうしたリスクが存在する以上、リスク回避として水稲と雑穀の組合せが、弥生時代の途中から水稲が主体あるいは特化する農法に変化すると考えることは現実的ではない。

また、遅くとも縄文時代中期以降にマメ栽培、縄文時代晩期終末期にはアワ・キビ栽培が中部地方に普及し、弥生時代前期以降もこれらの穀物がイネとともに利用されることが植物考古学の研究から明らかにされてきている現状では、もはや弥生時代を「水田単作史観」のみで理解することはできないと思われる。

この意味で、厳密に各時代の栽培植物の存否や植物栽培のあり方を明らかにしておく必要がある。

2. 本書の目的

弥生時代が水稲単作であるとする発想は、弥生文化の特質を縄文文化との対比の上で抽出しようとしていたことが要因ではないか、と推察する。戦前の遠賀川式土器が大陸や朝鮮半島に住んでいた農耕民の土器であり、縄文土器と弥生土器の違いは民族に由来すると考えていたが、その両文化の相違を戦後は形を変えて、唯物史観の発展法則に準拠した狩猟民（食料採集民）と農耕民（食料生産民）の違いとして、農耕の存在、そして農耕の象徴として稲を取り上げたということである。そして弥生の農業とは水稲であり、稲が社会を変え、稲がその後の日本の骨格を形作った、という論法は現在でも多くの研究者が抱いていることかもしれない。しかし、先述した単作栽培の大きなリスクや近年の縄文土器に対するレプリカ・セム法の成果、そして弥生文化が縄文文化の伝統を引き継いでいること（山内 1939、佐原 1975b）を考え合わせると、弥生時代の

農耕も縄文時代の農耕と比較する必要がある。1960 年代に盛んになった縄文
農耕論の議論では、「中期農耕論」「晩期農耕論」ともに否定されたが、50 年
以上の時を経た現段階の考古学データからは、結果的に「晩期農耕論」は「弥
生時代早期」として置き換わり、「中期農耕論」の一番の懸案であった栽培植
物の存在は、レプリカ・セム法によって栽培型のダイズが存在していたことが
明らかにされた（中山 2010b ほか）。縄文農耕論の 1960 年代の第一世代の研究
成果とは、現在大きなデータの差が存在し、縄文時代中期から後期・晩期、そ
して弥生時代へと続く栽培が存在するのかという新たな問題を抱えることと
なった。東日本は、こうした「中期農耕論」からの弥生農業の系譜を考える
データや地域的な条件が揃っているといえるのである。

　また、同様の意味において、農業以外の生業についても縄文時代からの継
続・発展を踏まえた分析も必要になるのである。非農業民と規定できるかど
うかは早計には判断できないが、弥生時代には金属器加工や石器製作に携わる
人々が存在し、縄文時代ほど大規模、広範囲に形成されたものばかりではない
が貝塚も存在し、釣針・銛など漁撈具の出土から、漁撈活動も行われている。
そして離島の海洋資源を製品化し、その流通に益する人々もいた。彼らは外洋
航海技術を持ち、海を主な生業の場とする民 —海人— であった。弥生文化を
形作る要素としての重要性は決して小さくなく、弥生文化の複合的・多角的理
解にはこうした海人の分析も必要なのである（杉山 2014a・b）。縄文時代から
の伝統的な海との関わりが、弥生時代にどのように引き継がれ、変化していっ
たのか。弥生文化における海をめぐる活動は、これまで一部の地域での分析は
あるが多くの弥生研究者が、真正面から取り上げてこなかった課題である。水
田単作史観による従来の研究視点からは、浮かび上がってこない課題である
が、海蝕洞窟が多く貝塚も形成され、縄文時代の海人との比較が可能な東日本
は、この問題を解決するために適した地域と考える。

　さらに、1970 年代以降弥生集落を拠点型・周辺型としてモデル化した研究
は、東日本での集落群からスタートした（田中 1976）。このモデルも水稲を基
軸に大規模な集落と小規模な集落が結びつく姿として表現され、西日本でも人
口増大に伴う分村として、このモデルの援用が行われた（原口 1977）。しかし、
近年の調査によってこれまでモデルとしてきた東日本の集落について再考すべ

第 I 部　総　論

き点がでてきた。その最も大きな点は東日本、特に南関東でのこれまでの議論
は台地上の集落を分析素材として組み立ててきたが、低地にも集落が存在して
いることが判明してきたことにある。つまり、従来の集落研究では水稲農耕の
適地である低地から、集落が確認できないことを集落が無いと置き換えて、台
地上だけの集落で、拠点型や周辺型のモデルケースを作成していたが、水稲農
耕の適地にも集落が存在することを織り込んで、論を組み立てる必要がでてき
たのである。台地上の遺跡で完結していた弥生時代集落像を根底から再考すべ
き問題となる（浜田 2011a 参照）。これまでの南関東の集落論は何だったのかが
問われることとなる。

　本論はこうした姿勢で、弥生型農耕の系譜とその内容、農耕社会における海
人の社会的位置、弥生集落論の再構築の 3 つのテーマにしぼって、この素材を
先駆的に分析してきた筆者らが、東日本の考古学データを基本に地域性を描き
出し、将来を見据えた弥生文化・弥生時代像構築のための見解を表明すること
を目的に執筆したものである。

第Ⅱ部
研究史

第 **1** 章
縄文・弥生の農耕に関わる研究史

中山　誠二

はじめに

　明治時代以降の近代考古学の発展の中でも、先史時代の生業については時代的な特徴や変化を示す指標として活発に議論が行われてきた。縄文時代は狩猟・漁撈・採集による食料獲得経済、弥生時代は稲などの穀物農耕を主体とする食料生産経済とする従来の生業観は約100年にわたる研究の中で到達した結論であった。

　しかし一方では、縄文農耕論に代表される論争が、縄文時代という時代の枠組みばかりではなく、日本の基層文化の理解に関わる極めて重要なことがらとして繰り広げられてきたのである。本章ではこれらの理解が、どのように形成されてきたのか、特に東日本の視点から簡単に振り返ってみたい。

1.　縄文農耕論の展開

　わが国の農耕の起源は、水田稲作を主体とした農耕社会が形成される弥生時代に大きな画期があることが、これまでの研究によって明らかにされてきている。この弥生時代の稲作以前に農耕は存在するのか。この命題に多くの研究者が取り組み、約1世紀の間の論争となっている。「縄文農耕論」とも言われるこの論争は、弥生時代になって日本列島に急速に稲作が広がる前提として、それを受け入れる縄文時代の人々がすでに植物栽培やある種の農耕を経験しているのではないかという非常に素朴な疑問が垣間見える。しかし、従来の縄文農耕論はそれを論証するだけの十分な考古学的な証拠を欠き、それが百家争鳴たる状況を生み出してきたこともいえる。

　また一方で縄文時代の生業は、後続する弥生時代との対比の中で、狩猟、漁撈、採集による食料獲得経済の段階と多くの研究者によって定義されてきた。

第Ⅱ部　研究史

現在ではこれらの獲得経済を生態系への適応戦略と捉えて、様々な技術的な展開を理解する考え方も提起されている（西田 1989、今村 2002）。

　最初に縄文時代における農耕の可能性を説いたのは、神田孝平である。神田が分銅石（打製石斧）を耕作用の鍬として使用したことを指摘したのをはじめに（神田 1886）、大山柏によってこの説がさらに発展する。大山は、神奈川県勝坂遺跡から出土した粗製の打石斧の形態、製作、石質の観察を通して、それらが「土掻き」（耨）Hacke（D）＝Hoe（E）＝Pioche であると考えた。大山の仮説は、後の縄文中期農耕論にも多くの影響を与えることになる（大山 1927）。

　これに対し山内清男は、打製石斧が土堀り具あるいは植物性食料採取に用いられたとする説を支持しつつこれを農具とすることには強い疑問を示した。また、遺跡出土の穀物類や土器圧痕の観察を通しても、縄文時代に栽培植物の存在した証拠はまったくなく、農耕の存在に関しては否定的であった。山内は当時、縄文時代を高級狩猟民（höhere Jäger）、弥生時代を耨耕民（Hackbauer）、古墳時代を園耕民（Gartenbauer）とする見通しを持っていたが、当時の植物遺存体の出土状況や考古学的な知見からすれば、当然とも言える結論であった。（山内 1937）。山内は牧野富太郎の「食用植物ニ貧弱デアッタ太古ノ我日本」（牧野 1925）の影響を強く受け、このことが「日本に於ける農業の起源」の序言において、「日本に於いて現今栽培されて居る農作物の種類は夥しい数に達するであろうが、そのうち元来日本原産であったものは極めて少ない。先づ国民的食糧である稲をはじめ、穀物類は凡て外国から渡来したものである。」という表現を生んだとしている点は、その後の縄文農耕論の展開を考える上でも重要である。

　第二次世界大戦後、この問題に積極的に取り組んだ考古学研究者が次々と登場する。

　その一人である澄田正一は、飛騨地方の石皿の発達を製粉や植物澱粉のすり潰し機能とし、縄文時代中期から後期にかけて耨耕による原始農耕（Hoe-cultivation）が狩猟と併行して発生、遊農性の焼畑耕作によるヒエが栽培され粉食されたと推定し、縄文時代中期の耨耕農耕を予見した（澄田 1955・1959）。

　酒詰仲男は、日本の縄文時代を世界の新石器文化と対比することによって、この時代にまったく農耕がなかったと言い切れるかどうかという問題提起を

行った。そして、栽培植物、定住性、農耕具、母系性社会の四つのファクター
を検討することによって、縄文文化をクリの栽培に基づく農耕社会であったと
推論する。酒詰の論は、稲を含む穀類のみが農耕を規定する存在でないこと、
クリ栽培に加えクルミやトチなどの管理、蔬菜類の菜園での耕作を想定してい
る点で、現在でも看過できない視点を持っている（酒詰 1956）。

　江坂輝弥は、縄文時代前期から中期への飛躍的発展、大集落の発生、土掘り
具としての打製石斧の多量生産、石皿の多量生産などを考慮して、この時期に
ヤマイモ、カタクリ、ユリなどのイモ類やマメ科植物が栽培されたのではない
かと推論しているが（江坂 1959）、この考え方は 1960 年代になってより強い主
張となっていった。

　一方、佐原眞は 1966 年に行われた『シンポジウム日本農耕文化の起源』（石
田ほか 1968）上の考古学者が発言した内容をひとつひとつ検証する中で、「不確
かな証拠をあげて議論を展開している」と批判している（佐原 1968）。同じ時
期、縄文農耕論への反論は永峯光一、乙益重隆らによっても展開された。両氏
は、縄文時代の植物質食料の重要性は認めつつも、それらは野生植物の採取、
貯蔵の技術的な発展と見て、決して原始農耕を基盤とするものではないと、縄
文中期段階での農耕の存在を否定する（永峯 1964、乙益 1967）。

　1960 年代から 70 年代の縄文農耕論は、大きく見ると縄文時代中期農耕論と
後・晩期農耕論に分けられる。

　賀川光夫は、九州地方を中心とした縄文時代後・晩期農耕論を展開する（賀
川 1972・1996）。賀川は、縄文後・晩期の黒色磨研土器を中国の龍山文化の黒
陶と対比し、縄文時代に中国大陸から九州地方に直接影響があったと想定し
た。また、熊本県古閑原遺跡（縄文中期）、長崎県山ノ寺遺跡（縄文晩期Ⅲ式）、
佐賀県宇木汲田貝塚（縄文晩期Ⅲ式）、熊本県上ノ原遺跡、大分県恵良原遺跡な
どから検出されている炭化米や籾痕土器、大分県横迫遺跡（晩期）のマメ（?）、
アワ、ヒエ、長崎県脇岬遺跡（後期）のオオムギなどの植物遺体に注目し、
縄文時代後期から晩期に九州地方において穀物農耕があったとする。加えて、
大石遺跡（縄文晩期Ⅰ）から出土した太形蛤刃石器、全磨石包丁形石器を大陸
系の石器として捉え、弥生時代に先行してこうした石器群が大陸から伝播した
と考える。さらに、打製の石刀を収穫のための穂摘具、打製石斧を石鍬などの

第Ⅱ部　研究史

農耕具として捉え、稲以前のアワ作農耕と関わる石器であると主張した。

　一方、中期農耕論で積極的に論陣をはったのが藤森栄一である。藤森は
1950（昭和25）年の「日本原始陸耕の諸問題」において、中期縄文時代人の生
活立地に注目し、高原・森林・北方（寒冷）・火山（火山灰）という共通した要
素をユーラシア大陸石器時代の寒冷な森林地帯に始まったハック陸耕と類似す
るものと捉え、縄文中期の高燥台地の生活が焼畑陸耕生活によったものと考え
ている（藤森1950）。この説は、1970年に刊行された『縄文農耕』によって集
大成をみる。その書の中で、藤森は農耕の肯定論の根拠として、18項目の理
由を挙げる（藤森1970）。

　藤森の縄文中期農耕論は、集落、石器、土偶、特殊な土器、祭祀具、栽培植
物など多岐にわたる諸現象から見た総合的な見解であり、今日的には卓見とす
べき点が非常に多い。しかし、農耕肯定論に固執するあまりに、論理的な矛盾
や実証的な方法論から逸脱する部分があったことも否めない。さらに、栽培植
物の存在を明確にできなかった点も大きな障害となっていた。

　その後、藤森の考えを踏襲した研究者たちにより縄文時代の遺跡からの栽培
植物の検出が地道に進められ、長野県内の大石遺跡からアワ状炭化物が発見さ
れたことを契機に、同様の特徴を持つパン状炭化物の存在がにわかに注目を集
めることとなった（松永1977、松本1977）。このアワ状の穀物の存在は、当時、
アワやヒエなどの栽培を予測していた縄文中期農耕論の決定的な証拠になるか
に見えた。しかし、これらの炭化種子については後に松谷暁子が走査電子顕微
鏡を用いた灰像分析により、エゴマ・シソなどに特有の表皮細胞組織を確認し
てシソ属であるという結論をまとめている（松谷1983）。

　縄文農耕論争が激しくなる中、それとは一線をおきつつ縄文時代の植物利用
を豊富な民俗学的な知見をもとに展開したのが渡辺誠である。渡辺は、植物遺
存体を検出した全国208ヵ所の縄文時代遺跡を集成し、39種の植物遺存体を
確認した上で、縄文時代における植物食の重要性を改めて説いた（渡辺1984）。
また、出土植物遺存体中で最も多いクルミ、ドングリ、クリ、トチなどのう
ち、アク抜きをしないと食用利用ができない堅果類に着目し、アク抜き技術の
発達を民俗学的な事例を基に復元した。さらに、アク抜き技術が発達し始める
縄文時代前期後半以降の植物利用のあり方は、単なる採集と稲作以前の焼畑農

22

耕等の中間段階としての半栽培の段階に位置づけられるとした。

渡辺説の背景には、当時文化人類学から提起された『照葉樹林文化論』の影響が色濃く見られるが、これを考古学的な資料とつき合わせて時系列的に再構築した点で、この時点での考古学分野の到達点とも言える研究であったと筆者は考える。

1990年代の後半以降、新たな分析方法で縄文時代の栽培植物を探る研究が急増する。この先鞭となったのが、中沢道彦、丑野毅、松谷暁子らによるレプリカ法による縄文時代の籾痕資料の検証作業である。中沢らの分析の結果、これまで縄文時代に遡るとされてきた籾痕資料のほとんどが籾ではないことがわかる一方、長野県石行遺跡から出土した縄文時代晩期後葉（突帯文期）の浅鉢に残された圧痕が唯一イネ籾であることが確認された（中沢・丑野 1998）。また、籾痕土器として報告されていた山梨県中道遺跡の晩期終末（氷Ⅰ式）の圧痕がイネではなく、オオムギの頴であることも新たに確認されることとなった。レプリカ法による中沢らの一連の研究は、21世紀に入り、山崎純男（2005）、小畑弘己（2011）、筆者（中山 2010b）らの新たな研究を生みだす基点ともなっている。

中でも特に注目される植物がマメ科植物である。レプリカ法による圧痕研究によって、ダイズ属、ササゲ属アズキ亜属の種子が数多く検出されてきたのである。ダイズはこれまで、弥生時代になってイネなどの穀物とともに大陸から伝播した外来植物と考えられてきたが、今世紀に入り、その野生タイプの利用は縄文時代草創期にまで遡り（小畑・真邉 2012）、縄文中期以降は栽培型のダイズが出現している事実が明らかにされてきたのである（中山 2009）。これらの発見によって、縄文時代における栽培植物とその利用に関する議論が一挙に高まってきている。

2. 弥生時代の定義と稲作農耕論の形成

今から90年ほど前、山内清男は宮城県桝形囲遺跡採取の土器底部に稲籾の圧痕を発見し、わが国の石器時代にも稲が栽培され農耕が行われていたことを明らかにした（山内 1925a・b）。山内は、これらの知見に基づいて「所謂亀ケ岡式土器の分布と縄文時代の終末」（山内 1930）ならびに「日本遠古之文化—

縄文土器の終末」（山内 1932a）の中で、中部地方以東の縄文時代の終末（＝弥生時代の上限）がはなはだしく年代の差を持たず、畿内と東北地方との間にも二・三型式の差を越えないという注目すべき説を提示した。この段階で稲の存在が東日本の遺跡で確認されたことは、日本列島内におけるその後の縄文と弥生の時代区分や、稲作波及の問題に大きな影響を与えていくことになる。

　ほぼ同じ時期、小林行雄は「遠賀川式土器」の提唱を行い、これを最古の弥生文化を示す遺物として認識するとともに、それが西から東へと文化伝播するという考えを提示した（小林 1932）。小林は、当時ですでに遠賀川式土器が日本海側の丹後半島と太平洋側の愛知県西部を東限とする西日本に分布する事実を掌握していた（小林 1935）。このように西日本の弥生文化の成立は、遠賀川式土器の拡散と展開として理解されるようになっていった。

　この時期に東京考古学会で活躍した森本六爾は、弥生文化が水稲を中心とした農耕社会であると規定した上で、その伝播と速度について言及した（森本 1933・1941）。それは弥生文化が、1. 北九州の一部、2. 九州地方および中国・四国西半、3. 中国・四国東半および近畿西端、4. 近畿地方全般、5. 伊勢湾沿岸、6. 中部地方、7. 関東地方、8. 東北地方に順次伝播したとするもので、水平的には北九州から西日本を経て東日本へ、垂直分布の上では低地から高地へというそれ以降の稲作東漸に関する基本的な考え方が示されている。

　日本各地への稲作の波及に関する考え方の骨格は、このようにして 1930 年～1940 年代はじめにすでに形づくられ、遠賀川式土器の波及によって稲作技術、ひいては弥生文化の伝播を明らかにするという方法がうちたてられた。このような方法は、現在に至るまで、その波及の認定方法の一つとして用いられている（佐原 1987b、設楽 1991）。

　以上のような考えをさらに発展させ、国内における稲作東漸観を確立した研究者が杉原荘介である。1950 年代に編纂された『日本考古学講座』で、杉原は弥生時代研究のフレームワークは土器の型式論から始めなくてはならないとしたうえで、九州地方から東北南部にいたる地域の土器型式を整理し、弥生土器の発生と編年案を示した（杉原 1955）。この中で、板付式を含む「遠賀川式土器」の制約が守られこれが時間的に保持されている段階を弥生前期とし、九州・畿内から伊勢湾沿岸地域をこの範囲としている。また、「遠賀川式土器」

第1章　縄文・弥生の農耕に関わる研究史

の制約がなくなり地域独自の土器が製作される段階を中期と考え、その前半で駿河湾沿岸地域・関東、後半で東北地方中部に弥生土器が及ぶと考えた。この編年案は、後に「荘介段」と呼ばれ、これ以降の縄文時代と弥生時代の境界認定に、大きな影響を与えている。

　杉原はさらに、「日本農耕文化の生成」の中で、弥生時代前期、中期、後期をそれぞれ前半と後半の2段階にわけ、各地域の弥生式土器の型式設定およびその編年と実年代を示した（杉原1961）。そして、西日本から東日本への農耕文化の伝播、墓制変化、金属器の使用開始時期、機織りの開始などについて体系的に整理し、弥生文化の基本的な特質と生成について論述している。また、農耕技術については、前期前半に九州から近畿・中国・四国地方、前期後半に東海地方西部、中期前半に東海地方中部、中期後半に東北地方中部、後期前半に東北地方北部へ段階的に波及したとした。杉原の考え方は、『日本農耕文化生成の研究』（杉原1966）、そして『日本農耕社会の形成』（杉原1977）へと受け継がれ、以後学界の稲作農耕文化の伝播観に大きな影響を与えていった。

　こうした中で、弥生時代の定義に大きな変更を加えたのが、佐原眞である。佐原は、「縄文式土器」を使用した時代・文化としての従来の「縄文式時代」・「縄文式文化」に対比して、「弥生式土器」を用いた時代・文化を「弥生式時代」・「弥生式文化」という名称が使用されてきた研究史を整理し、当時の研究に合致した時代概念の構築を試みた（佐原1975a）。そして、弥生時代は「日本で食糧生産を基礎とする生活が開始された時代」と再定義したのである。

　1970年代後半から1980年代初頭における福岡県板付遺跡の夜臼Ⅰ式期の水田址（山崎1982）や佐賀県菜畑遺跡の山ノ寺式期の水田址（中島1982）の相次ぐ発見は、従来考えられてきた縄文晩期後半期に水稲を中心とする農耕が開始されていたことを明らかにした。その後の福岡県曲り田遺跡（橋口ほか1983・1984、橋口1985）での集落址の発見も、該期における新来の文化や技術の伝播を追認する内容を持ち、この時期に対して弥生時代早期（先Ⅰ期）と位置づけ、縄文時代との画期とする考え方が1980年代以降主流をなしていく（佐原1983）。

25

第Ⅱ部　研究史

3. 東日本への農耕伝播に関する研究

　目を北に転じて東北地方では、遠賀川式土器と土着の土器との「折衷形」を
示す遠賀川系土器の相次ぐ発見（市川・木村 1984、須藤 1987）や砂沢式期に遡
る水田跡の調査（村越 1988、斎野 1988）が、その地における前期弥生文化の伝
播を疑う余地のないものとして印象づけた。しかし、東北地方における研究
は、それ以前から独自の問題設定と方法論の中で進められてきたことを忘れて
はならない。

　その基礎を築いた伊東信雄は、東北地方北部の稲作波及がほかの地域と比べ
大幅に遅れたとする文献史家や弥生期の稲作の存在を否定する考古学研究者に
対し反論を加え、日本列島最北端に至る稲作波及とその時期について早くから
研究を進めてきた（伊東 1970）。そして、炭化米や籾殻圧痕を有する土器（以下
籾痕土器）などの資料に基づき、大洞 A' 式直後から稲作が開始されていたとす
る説を提示した。伊東の研究は、遠賀川式土器の波及＝弥生文化の伝播＝稲作
農耕の開始としていた当時の稲作東漸観に警鐘を鳴らすばかりでなく、籾痕土
器や炭化米（焼米）というイネ遺存体の直接資料によって実証的に稲作の波及
を捉えていた点でも注目される。

　東北地方への弥生文化の波及に関し、忘れてはならないもう一人の研究者に
中村五郎がいる。中村は、東日本の弥生土器には畿内第Ⅰ様式すなわち弥生前
期に対比される土器はないとする通説に対し、当該期の西日本と東日本の土器
の詳細な比較研究を通して、畿内第Ⅰ様式中段階まで遡る弥生土器の存在を論
証した（中村 1982・1988）。

　東北地方における弥生文化の受容に関しては、伊東や中村とともに須藤隆の
一連の研究がある。須藤は土器組成の変化から該期の生活様式の変化を確認す
るという方法で、大洞 A' 式期、砂沢式期の著しい変化と縄文晩期的様相の変
質を説き（須藤 1983a）、大洞 A' 式につづく山王Ⅲ層式の型式を設定して、それ
以降を弥生Ⅰ～Ⅴ期に区分して東北地方における弥生文化の受容と展開につい
て述べている（須藤 1983b）。また、東日本における縄文晩期の文化の終末と遠
賀川系土器の出現、東海地方の条痕文系弥生土器の成立、東北地方における前
期弥生土器の成立などから、「晩期Ⅵ期に、東日本縄文社会は稲作を基軸とす

第1章　縄文・弥生の農耕に関わる研究史

る農耕社会と前期弥生文化を受容し、―中略―、地域性の強い東日本弥生文化を成立した」とした（須藤 1987）。そして、かつての段階的波及に対し「北進するにつれ、1、2型式ずつ変革に遅滞を生ずるという従来考えられてきた弥生文化の伝播形態をとることなく、東日本でも極めて短期間のうちに、―中略―、初期農耕社会の形成が進行したと推定される」とし、東日本への稲作農耕技術の東漸観に大きな修正を加えた。

　ところで、東北地方への稲作の波及についてもう一つ見逃せない点に経路の問題がある。それは、当該地域に影響を与えた遠賀川系の文化が、土器の製作技法や文様から太平洋ルートではなく日本海ルートで伝わったと考えられる点である。このことは以前から伊東によって推定されていたが（伊東 1970）、1980年代以降発見例が増加したこの地方の遠賀川系土器に日本海沿岸に特有の木目沈線文や木目列点文が認められることもその裏付けとなっている（佐原1987b）。陸路ばかりでなく海上ルートの存在は、理論的には西から東への順次波及したあり方のほかに、臨海地域の拠点ごとに伝えられた技術がそこから内陸部さらに太平洋沿岸地域に向かって拡散していくあり方や、東北北部からの南下現象などを予測させる。この多様な波及・伝播をめぐっては、その後設楽博己によって整理がなされている（設楽 1991）。

　西日本と東北地方における研究と発見が相次ぐ中で、その中間に位置する中部日本（中部地方・関東地方）への稲作波及の研究は、空白地域としてやや遅れをとってきた感が否めない。本地域は遠賀川系文化の圏外に位置し、いわゆる遠賀川式土器とされる土器も長野県林里遺跡（神村 1967）、針塚遺跡（神沢 1983）、群馬県押手遺跡（石井 1985）、東京都新島の田原遺跡（杉原・大塚・小林 1967）、神奈川県平沢同明遺跡（平野 1989）などで発見されてはいるが、その存在は極めて客体的な様相を示している。この地域では、すでに工楽善通によって明らかにされているとおり、東海地方西部に起源を持つ水神平系条痕文土器の強い影響を受け（工楽 1970）、中部地方や関東地方においては純粋な条痕文土器からの変質も認められている（設楽 1983）。そして、その分布は当該地域からさらに東北南部にまで及ぶ。したがって、条痕文土器の編年および対応関係の整理が、中部日本の初期弥生土器を考える際には必要不可欠な問題であった。

27

第Ⅱ部 研究史

　東海地方西部を中心とする条痕文土器は、その変遷過程の中で遠賀川式土器などの影響を受けながらも、基本的にはこの地域の縄文時代晩期の土器群から系譜的に展開することが明らかにされ、五貫森式―馬見塚式―樫王式―水神平式―岩滑式の変遷過程が定着している。石川日出志は、これらの土器様相や組成は馬見塚式、樫王式という漸進的段階を介してその前後ではまったく様相を異にし、遠賀川式土器の進出にあたっても尾張、三河では主体的に農耕技術を摂取して生活様式を変えていく過程をよく示すものと評価している（石川 1981）。この地域での稲作農耕の開始は、愛知県鑓水遺跡から出土した樫王式の壺棺に籾痕が認められる事実からこの時期まで遡り得ることが推定されているが（紅村 1963）、土器組成の変化もこれらとほぼ一致したあり方を示している。

　他方、これらの文化的影響を強く受けた中部地方では、浮線文土器群を主体とした縄文的色彩の極めて強い土器群から条痕文系文化への転換過程が検討されている。設楽博己は、樫王式土器の成立期に伊那盆地中部までを含めた地域で、東海西部と歩調をあわせて弥生土器が成立したとした（設楽 1983）。

　この時期の設楽の研究は石川と同様に土器組成を中心とした変化によって弥生土器の成立を述べたものであり、稲作農耕の共伴関係については直接的には言及されていない。しかしながら、その変化が生活上の変化を前提に進められていることからすれば、稲作およびそれに付随した新来の文化は、長野県内の各地域の中で数型式の時間差を持ちながら伝播、定着していったものと判断される。近年、佐藤由紀男は、東海地方の条痕文系土器文化の農耕形態が畑作主体と理解されてきたが、前期後葉の水神平式期には灌漑型水稲農耕が導入されていた蓋然性が高いと結論づけている（佐藤 2006）。

　中部地方のさらに東に位置する関東地方では、吉川國男が西関東地方における弥生文化の伝播を従来主張されてきた弥生時代中期よりも古い前期段階に遡るとし、稲作農耕の定着過程を 5 段階に分けて説明している（吉川 1981）。最も早い第一段階の遺跡としては埼玉県の如来堂遺跡（増田ほか 1980）、わらび沢遺跡（埼玉県考古学会 1978）、神奈川県の平沢同明遺跡（平野 1989）、境木遺跡（山内 1967）などがあり、稲作農耕を携えた新来の文化は、この時期に中部地方からの東進ルート、北関東からの南下ルート、東海からの北上ルートの

第1章　縄文・弥生の農耕に関わる研究史

三つの経路を通じて西関東地方へと波及したと言う。また、その伝播のあり方は、漸進的に徐々に東進したというよりは、東日本の居住部族の弥生文化に対する対応姿勢の相異によって、モザイク的に波及または受容したとされる。

このように1980年代の研究では、東日本においても弥生時代前期段階に稲作の波及と生活様式の変化があったことが再認識され、水稲農耕による生産域を前提とした遺跡立地論も展開されるようになっていった。

しかしその一方で、研究の主流はなお土器編年の整理や変化に重点がおかれ、イネ遺存体そのものの検出作業に立ち遅れがあったことは否めない。

4. 弥生農業における稲作・畑作の評価

日本の文化は、水稲耕作を基盤とする農耕文化を核としているという柳田国男らの民俗学上の仮説の中で、ひさしく稲作開始以前の文化とそれ以後の文化との間に分断したイメージが持たれてきた。総論で述べたように、特に1952年以降開始された「稲作史研究会」における民俗学、考古学、歴史学、言語学、人類学、植物学、農学、海洋学などの幅広い分野の研究者による総合的な議論は、稲に関わる人文科学、自然科学の粋を集めたものとして注目されるが、その根底に流れていた問題意識は、その著書名『稲の日本史』が示すとおり、いかに稲が日本文化や日本民族の形成に大きな役割を果たしてきたのかというものであった（柳田ほか1969）。

しかし、1980年代以降この歴史的パラダイムとも言うべき考え方が大きく転換する。歴史学の分野において、「稲作中心史観の克服」という意識での歴史像の見直しをはかろうとした網野善彦の研究姿勢は、単に中世史にとどまらず日本文化を規定する稲作農耕文化以外の要素あるいは非農業的要素についての重要性を再認識するものであった（網野1980）。木村茂光は、水田や稲作だけを基盤に日本の農業や文化を理解しようとする「水田単作史観」に警鐘を鳴らし、日本歴史の中でのハタケや雑穀の持つ意味に改めて光をあてている（木村1996、木村編2003・2006）。

民俗学の分野では、坪井洋文が稲作（文化）類型と畑作（文化）類型の存在に注目し、日本文化の二重構造性の把握を行っている。そして、この二つの文化類型が織り成す諸様相を等価値、禁忌、優先、混淆、同化に区分・分類する

29

第Ⅱ部　研究史

過程で、その歴史的な展開を民俗学的な手法によって推論する（坪井 1982）。

　このような歴史学や民俗学における日本文化論の問題意識の転換は、日本の稲作開始に直接的に関わる弥生時代の研究においても例外ではない。

　寺沢薫らは、従来あいまいにされてきた水稲と同時期あるいはそれを前後して受容された雑穀などの栽培植物や植物質食料の再整理を行い、その生産と消費の実態を明らかにした（寺沢薫・寺沢知 1981）。そして、稲を中心とした多くの栽培植物の渡来と受容が弥生時代を生む外的な画期であるとしつつも、縄文から弥生への食料の採取・生産活動と摂取・消費活動は基本的に漸進的発展をとげたとして、稲中心的に語られてきた弥生文化への解釈およびこの間のドラスティックな変革に疑問を投げ掛けている。

　寺沢論文以降、弥生時代の畠作物に関する議論は深まっていくことになるが、生業内におけるその評価は、稲を主体とする考え方（佐原 1987a）と、畠作物の比重を比較的大きく捉える考え方（都出 1984）とで、研究者によって分かれることになった。この捉え方は関東地方においても、水田の生産性を高く評価する論（安藤 2002・2006）と、畠作農耕の存在を総体的に高く評価する論（黒尾・高瀬 2003、浜田 2007a）との間で論争を生むことになった。

　一方、歴史学全体での課題を受けて、その基点ともなる日本列島の稲作農耕の波及と受容のあり方や雑穀・畠（畑）作農耕の実態、さらにそれらと人間生活との関わりについてより厳密で肌理の細かい検証作業が考古学に求められるようになってきた。日本考古学協会が 1988 年に開催した『日本における稲作農耕の起源と展開』、2000（平成 12）年に行った『はたけの考古学』は、この間の歴史的問題意識の変化をまさに反映するもので極めて重要なシンポジウムであったと言える（日本考古学協会静岡県大会実行委員会ほか 1988、日本考古学協会 2000 年度鹿児島大会実行委員会 2000）。

5. 新たなる研究の動き

　従来、ともすると人為遺物中心に探究が進められてきた研究環境が 1990 年代以降一変する。大型植物遺存体と AMS 法による年代測定、植物圧痕のレプリカ法による観察、プラント・オパール分析などの自然科学的な分析手法が持ち込まれ、イネおよび他の穀物を含めた直接的な資料が蓄積してきたこと、

第1章　縄文・弥生の農耕に関わる研究史

弥生時代前期〜中期の水田跡や水利施設などが各地で発見されるようになった
ことで、東日本での水稲農耕開始も弥生時代前期段階に遡ることが実証的に確
かめられるようになっていった。同時に雑穀や畑作への関心も高まりを見せる
ようになった。

　一方で、国立歴史民俗博物館による高精度年代測定法（AMS）を用いた研究
では炭化物の網羅的な分析が進められ、それまで縄文時代に比定されてきた穀
物資料の多くが後世の遺構や堆積層からの混入であることが明らかにされた
（西本編 2006・2007a・b）。その結果、突帯文期よりも古い縄文時代晩期前半以
前のイネ・アワ・キビの存在を疑問視する見方が優勢になってきている（中沢
2009）。

　一方、レプリカ法による分析では、縄文時代晩期末の突帯文期に山陰地域に
おいてもイネやアワ・キビの存在が確認され、それ以降、近畿や中部日本へこ
れらの穀物が拡散する現象が認められるようになった（中沢 2014、濱田・中沢
2014）。また、「荘介段」的な土器編年では縄文時代晩期末に位置づけられてき
た中部地方の浮線文土器群の中に多くのアワ・キビ圧痕が検出されるようにな
り、雑穀類がいわゆる弥生前期の土器の拡散より早く定着する状況も浮き彫り
になってきた（中沢 2014、中山 2014）。したがって、東日本への水稲農耕および
畑作農耕の波及と定着の問題を改めて整理する必要が生じている。

31

コラム 1　雑穀の見分け方

1. 出土した雑穀の同定

　遺跡から出土した植物の種実の多くは、水浸けや炭化した状態で残される場合が多く見られるが、光学顕微鏡や走査型電子顕微鏡を使って観察すると、胚やへそ、表皮構造などの違いがわかる。大きさや形に加えて、これらの細かい特徴を観察して、植物の種類の違いを見分ける作業を「同定」と呼んでいる。

　ここでは、雑穀の中でも小粒禾穀類とされるアワ・キビ・ヒエの同定に利用される特徴と見分け方を紹介していこう。

2. 種実の部位名称

　小粒禾穀類の種実（種子と果実）は、形や大きさ、胚やへその位置や形、表皮構造の違いによって種類の識別が可能である。

　イネ科の花は、基本的には小穂と呼ばれる偽花（花序の変形）から成り立ち、複数の苞頴や小花によって構成されている（藪野・山口 2001）。部位の名称は研究者によって若干違いが見られるが、作物学の星川清親によると、小穂の一番外側に第 1、第 2 護頴および小花の外頴があり、その内側に第 2 小花の内外頴、さらにその内側に果実が存在するという（星川 1980）。また、笠原安夫によれば、第 1、第 2 護頴、小花の外頴をそれぞれ第 1 苞頴、第 2 苞頴、第 3 苞頴、第 2 小花を有ふ果、果実を頴果と呼んでいる（図 1、笠原 1985）。ここでは主に笠原の名称に従って説明することにしよう。

　アワ　*Setaria italica* Beauv.　イネ科、キビ亜科 *Panicoideae*、キビ族 *Paniceae*、アワ属 *Setaria* に属する 1 年生植物である。オオアワ *Setaria italica* Beauv. var. *maxima* は、穂が長く大きく垂れ下がり、その先端に小穂がややまばらにつく。コアワ *Setaria italica* Beauv. var. *germanicum Train.* は穂が短かく小さいためほとんど直上に向かって伸び、小穂は密生する。アワの祖先種はエノコログサ

Setaria virdis Beauv. とされ、両者は交雑可能である。

 第3苞穎の表面には縦方向にやや盛り上がった隆帯が並行して走る（図2-2）。表皮には幅5μm程度の糸に縒りをかけたような縄状の細胞が細長く並び、ヒョウタン型をした「石英細胞」が分布する（図2-3）（椿坂1993）。

 有ふ果は、全体に丸みを持ち両先端部がやや尖る砲弾形で（図2-4〜7）、外穎および内穎の中央部の表皮は、直径20〜30μmの「乳頭状突起」に覆われ（図2-8〜9）、逆に内穎部側面には三日月状の平滑な光沢部が見られる。イネの顆粒状突起が波状に斜めに伸びるのに対し、アワの突起列は円錐形に直立する。この特徴はヒエやキビには見られないであることから、同定の際の重要なポイントとなる。

 穎果は、全体的に球形となるが背面の基部がややくびれ、粒長の2/3の長さでA字形をした胚が発達する（図2-10）。反対側の腹面には小さなヘラ形をした「へそ」がある。穎果の大きさは、長さ1.7mm、幅1.6mm、厚さ1.2mmほどで、表面全体に「長細胞」と呼ばれる波状の隆帯が並行して一面に広がっている（図2-12）（Matsutani1987、椿坂 1993）。

 キビ *Panicum miliaceum* L.　キビはイネ科、キビ亜科、キビ族、キビ属 *Panicum* に属する1年生植物である。

 穎果は硬い光沢のある内、外穎に包まれている。長さ3mm、幅2mm前後で品種によってやや扁平なものや円形に近いものなどがある。

 第3苞穎の表面には粒状細胞が全体を覆い、ところどころに四葉形の「石英細胞」が分布する（図3-3）。

 有ふ果は、全体に丸みを持ち両先端部がやや尖る砲弾形をしている（図2-4・6・7）。外穎および内穎の表皮は非常になめらかで光沢を持ち、果皮がアワ、ヒエなどよりも厚い特徴がある。また、外穎と内穎の境界は段差をなし、先端部

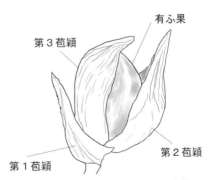

図1　キビ *Panicum miliaceum* の小穂

第Ⅱ部　研究史

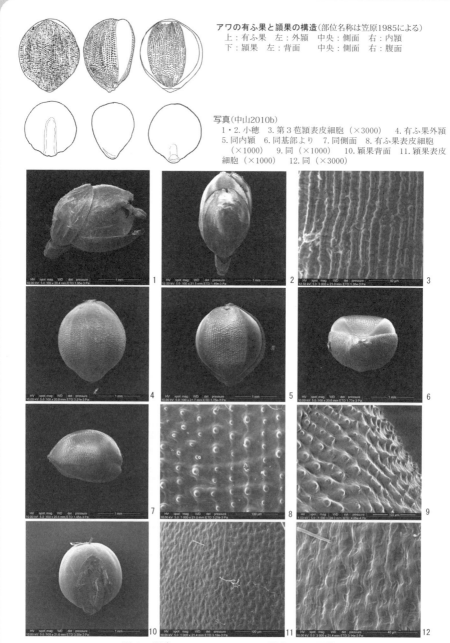

図2　現生のアワ *Setaria italica* 種実 SEM 画像

コラム1 雑穀の見分け方

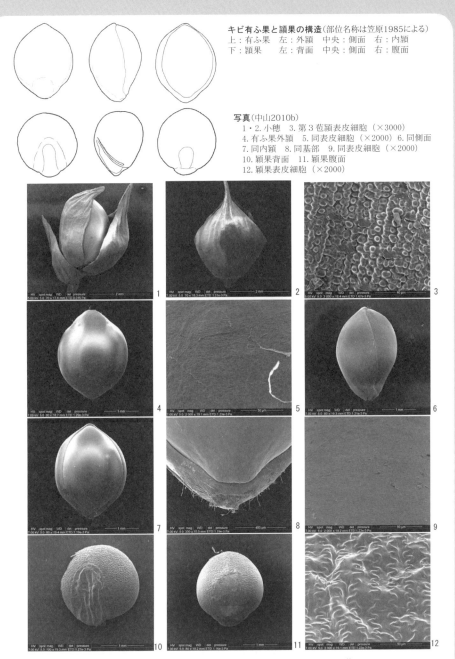

図3　現生のキビ *Panicum miliaceum* 穎果 SEM 画像

第Ⅱ部 研究史

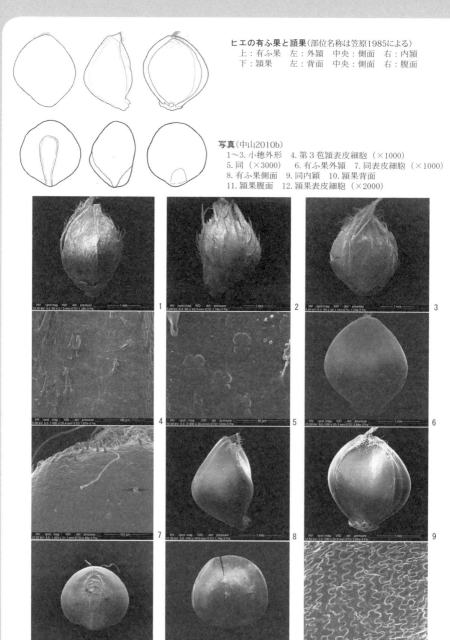

図4　現生のヒエ *Echinochloa utilis* 頴果 SEM 画像

の外穎は亀の口先状にわずかに鍵状となる。表皮細胞には波状の「長細胞」と呼ばれる細胞組織が見られる（図3-5・9）。

　穎果は、全体的に球形または広卵形となるが、背面の基部から粒長の1/2程度の胚部が発達する（図3-10）。また、腹面基部にはヘラ状の形態の「へそ」が認められる（図3-11）。表面全体に「長細胞」と呼ばれる波状の隆帯が並行して一面に広がっている（図3-12）（椿坂1993）。

　ヒエ　*Echinochloa utilis* Ohwi et Yabuno　イネ科、キビ亜科、キビ族、ヒエ属*Echinochloa*の1年生草本である。

　穎果は、長さ2.3〜3.5mm、光沢のある内外穎に包まれ、背面はほぼ平らである。

　山口らによれば、ヒエ属の種の同定には小穂の外観、第1苞穎の長さと小穂の長さの比率、第1苞穎の形が重要視され、日本のヒエ属については種や変種の同定に有効とされる（藪野・山口2001）。変種の識別に使われる芒は第1小花の外穎に走る脈が集まって穎の先端にのびたものである。

　苞穎の表面には縦方向に隆帯が並行して走る（図4-3）。表皮には糸に縒りをかけたような縄状の細胞が細長く並び、四葉形をした「石英細胞」が分布し、長さ30〜200μmの刺毛が大小密生している（図4-4・5）。

　有ふ果は、全体に丸みを持ち両先端部がやや尖る砲弾形をしている（図4-6・8・9）。外穎および内穎の表皮は非常になめらかで、光沢をもつ。表皮細胞には波状の「長細胞」と呼ばれる細胞組織が見られる（図4-7）。外穎の先端部には四葉形の「石英細胞」が認められ、ヒエのみに見られる特徴である（図4-7）（椿坂1993）。

　穎果は全体的に球形となるが背面の基部がやや括れ、そこから楕円形胚部が発達する。胚は粒長の2/3程度を占め、楕円形環状の隆線が胚を取り囲んでいる（図4-10）。腹面の基部には尖った「へそ」が見られる。表面全体に、「長細胞」と呼ばれる波状の隆帯が並行して一面に広がっている（図4-12）（椿坂1993）。

中山誠二

第2章

弥生時代研究と海

杉 山 浩 平

はじめに

　本稿では、弥生文化の多様性を追い求めるなかで、「海」をめぐる人類史において解決すべき多くの課題が残されていることを明らかにする。四周を海に囲繞された列島社会にあって、古来、海における漁業を含めた諸活動は極めて重要な生業の一部をなしていた。しかし、弥生時代・古墳時代の研究が、農耕社会としての性格づけに傾倒し、なおかつ海に関する資料が非常に断片的であったため、漁業に対する評価が極めて低く（和田 1982：p.305）、関心がもたれてこなかったと言える。

　第 1 節では、「海」を研究の対象として、「なにを」求めているのか、「なにを」明らかにしようとしているのか、その動向を記す。第 2 節においては、発掘調査報告書や考古学の概説書等における「海」に関する記載を振り返り、研究者が「海の視点」をどのように考えていたのか述べる。第 3 節では、そうした研究動向においても、積極的に「海の視点」を取り上げていた、江藤千萬樹・赤星直忠の研究を振り返りながら、経済活動・社会活動としての海の視点に触れていく。そして、最後に展望を述べたい。

1. 海の研究の視点

　「海」を考古学的研究の素材として取り上げることの意義について、まずイントロダクションとして検討しておきたい。特に「海」から何を見いだしてきているのか。

　考古学の研究において、「海」を見る場合、その対立的な概念にあるものは、「陸」である。「海」は「陸」との対比として捉えられる傾向にある。ここでは、海の問題において、しばしば取り上げられる以下の 3 つの観点（交通・漁

撈・集団）についてまとめる。

（1）交通：舟・船の問題

はじめに海上交通についてである。そこには、移動手段としての舟・船の構造上の問題と、交通により運ばれるモノ・情報および関与する集団（ヒト）の交流の問題が挙げられる。

縄文時代に使用された丸木舟は、海岸や琵琶湖などの内水面域から出土する例があり、また完形資料も比較的多い。一方、弥生時代に出現する準構造船は完形資料がなく、破損後（もしくは不要になった後）に井戸枠等に転用されてしまい、その多くが部材として出土している。そのため、船の構造などの諸問題の解決のためには、土器などに描かれた絵画資料や古墳時代の船形埴輪から類推するしかない。

同じ木製品でも、櫂は船材のなかでは、転用されることが少なかったためか、比較的多くの低湿地遺跡から出土している。関東地方の弥生時代の遺跡に限ってみても、神奈川県逗子市池子遺跡・同県海老名市河原口坊中遺跡・千葉県君津市常代遺跡などから出土している。また、池子遺跡では水掻き部の先端が突起状を呈するなど、櫂の形態にも地域性が認められる。西日本の弥生土器には、しばしば舟（船）や櫂が線刻で描かれることがあり、弥生時代の人々の海への想いが表されている。

交通によりもたらされるモノ・情報および関与する集団（ヒト）の交流については、搬入された異系統土器などの資料が分析の対象となってきた。特に臨海部の遺跡における、異系統土器の存在は、海を介してもたらされたものであり、そこに集団（ヒト）の地域間交流を読み取ってきた。

（2）漁撈：漁具の問題

縄文時代に多く形成された貝塚は、弥生時代になると激減する。弥生時代では総じて貝類の採取は主たる生業戦略にならなかったために、貝塚の形成が少ない（阿部 2009）。また、骨角製漁具の出土がほぼ低湿地遺跡に限られ、弥生時代の漁具の解明を一段と難しくしている。弥生時代の骨角器研究は、狩猟・漁撈活動を行う集団や縄文時代に系譜を持つものであるのか否かなど、その解明が目的の一つとなっている（川添 2018：p.3）。特に弥生時代の骨角器には、銛や釣針のように、東北地方からの系統を引くものがある一方で、西日本に

主に分布する鯨骨製のアワビオコシのように、朝鮮半島に系譜を持つものがある。弥生時代の漁撈文化の系統性と地域性に、「伝統の維持」と「新たな技術と文化の導入」という、2つの側面が認められる。

（3）集団：海人の問題

集団：海人の問題とは、漁撈を行うヒトおよび集団の性格づけと専業性に関する問題である。一つは、漁撈民と稲作を行う農耕民をそれぞれ独立した集団と想定して、その両者がそれぞれの獲得（収穫）物を交換・交易させていたとする立場がある。一方で、農耕民が営む集落において、一部の集団が稲作等を行いながらも、漁業に非専業的に従事をしていたとして、農耕民・漁撈民併存型を想定する立場がある（秋山2007）。もしくは外洋にて漁撈を行う集団が農耕集落に寄留していたとする立場（樋泉1999、設楽2005）がある。つまり、問題の一つは農耕民以外の生業を営む集団に専業性と独立性を認めるか否かにあるといえる。

漁撈民を独立した集団であると考えた場合、その人々の活動範囲を近海における漁撈活動に留めることなく、広域な交易や移動に従事する集団として捉える傾向がある。貝製品や金属製品など稀少物資の流通や、新しい文化要素・情報の伝播に携わるなど、独立した集団として地域間の仲介等なども行う、単なる漁撈民の域を超えた専門性（専業性）の高い集団を想定することもできる。そうした集団を「海人」や「海民」と呼び、専業的な活動とその集団が帰属する社会を描き出そうとしている。

縄文時代の研究においては、この視点をみることができない。例えば、神奈川県横浜市称名寺貝塚のように、大型魚類やイルカなどの海生哺乳類を専ら捕獲している集団について、縄文文化研究の中で「海人」や「海民」という用語を用いて評価されることはない。それは、縄文文化の集団全体が狩猟採集を基本としているなかで、大型魚類や海生哺乳類の獲得に傾倒したものであり、狩猟採集集団のバリエーションの一つと認識されているためであろう。むしろ、歴史的には農耕という生業が始まる弥生時代以降において、漁撈や海上交通・交易に営む人々の姿をどのように描くかという観点から、「海人」・「海民」という概念が創出されてきたとも言える。

2. 考古学者は弥生時代の海をどのように見てきたか

　ここでは戦後の代表的な遺跡の発掘調査報告や、出版された代表的な概説書などで、弥生時代研究で海がどのように描かれてきたかを振り返り、その傾向を明らかにしたい。

（1）海を低く評価

　戦後の弥生文化の研究の方向性を決めたとも言える静岡県静岡市登呂遺跡の発掘調査では、サメ科やイワシなどの魚骨が出土している。漁撈具としても、石錘や鹿角製釣針などが出土しており、漁撈活動は行われていた。しかし、動物遺体を分析した直良信夫は、魚骨について種類が少ないため、「漁夫としてのこの生業に甘んじていた人々ではなく、農を主体としての生活のかたわら、ごちそうあさりする程度の出漁であった」と述べ（直良 1954：p.341）、弥生時代の漁撈活動の比重を低く見ている。一方で、同じ縄文時代以来の生業であるイノシシやシカの狩猟については、食用を目的とする以外に、獣皮や角・骨の利用があるため継続して営まれたとして、漁撈と異なっていることを指摘したのは興味深い。

　概説書類では小林行雄や乙益重隆が比較的早い段階から漁撈活動に言及しているが、その評価は決して高いものとは言えない。小林行雄は、『日本考古学概説』のなかで、縄文時代以来の貝塚の形成は弥生時代前期にまで継続するが、その後は一部の地域を除いて消滅していることを指摘した。だが、後期になると、大型石錘の集中的な出土事例が沿岸地域に集中し、組織的な網漁が行われたと推定した。しかし、こうした漁撈活動は、弥生式文化の集落の低地進出と、農耕生活における農閑期の季節的労働力の余剰の結果で生じた半農半漁集団によるものと推定している（小林 1951：p.113）。乙益重隆は『世界考古学大系』のなかで、漁撈生産は二次的または三次的なものであったとし、個々の遺物にはあまり進歩が見られないと述べ、弥生時代における漁撈活動の比重を低く見ている。ただし、網漁の錘には顕著な変化が見られ、小規模な家族労働による漁獲法から大規模な集団労働による漁獲法への変化を指摘している（乙益 1960：p.111）。乙益には、戦前の國學院大學の上代文化研究会にて学びあった江藤千萬樹の影響をみることができる。

第Ⅱ部　研究史

　1960〜70年代の日本考古学の研究がまとめられている『岩波講座　日本歴史』においては、どのような記載がされているのであろうか。1962（昭和37）年刊行の『岩波講座』では、弥生時代に関する項目を近藤義郎が担当した（近藤1962）。この書では、弥生文化の成立・農業の発展による集団の規制や手工業生産の展開が重点的に述べられており、漁撈活動等には触れられていない。

　1975年に刊行された『岩波講座　日本歴史』にて弥生文化を執筆した佐原眞は、山内清男が明示した弥生文化の3つの系譜を資料に即して整理していく中で、漁撈活動についても触れている。その中では、洞穴遺跡や製塩などを取り上げて、時期的・地域的に限定されたものであり、半農半漁などの自然的分業が行われていた可能性を指摘するに留まっていた（佐原1975b）。

（2）海を高く評価

　一方で、漁撈活動などを高く評価する研究者もいる。江藤千萬樹・赤星直忠の見解を紹介しておきたい。

　江藤千萬樹は、1917（大正6）年にアメリカで生まれ、その後、帰国し静岡県沼津で幼少期を過ごした。江藤は、伊豆地方の考古学研究に傾倒し、遺跡から多数出土する大型石錘に着目し、重要な論文を執筆した。石錘の研究開始時は、その機能を祭祀具として捉えていたが、藤森栄一の指摘をうけて漁撈具との認識を持ち、その後1937年に「弥生式末期に於ける原始漁撈集落」を発表した（江藤1937）。

　江藤の一連の研究については、設楽博己が評伝をまとめるなかで、1937年の論文を高く評価している（設楽編2009）。戦前の考古学研究において、この論文を弥生時代の漁撈活動から当時の社会構成へ言及した論文として評価している。江藤は、弥生時代末期に駿河湾沿岸地域で大型の石錘が多く出土することから、この石器を用いた共同（集団）的な定置沿岸漁撈が行われたと推定した。また、その漁期は漁村経済学的な見地から、農閑期にあたる10月から3月に行われたであろうと推定している。こうした農繁期と農閑期の生業活動の分化が時代とともに専門的漁民を生み出し、その後専業化し、漁村と農村からなる「複式集落」による社会の形成を推定した。しかし、こうした見識は残念ながら、戦後の考古学研究に活かされなかった。江藤の戦死を設楽は悔んでいる（同：p.288）。

赤星直忠は、1902（明治35）年に神奈川県の横須賀で生まれ、小学校の教員等の傍ら、地元である横須賀・三浦をはじめ、神奈川県下を主なフィールドとして考古学研究に邁進した。そのなかでも、三浦・横須賀地区に多い、海蝕洞穴遺跡の発掘調査とその研究は、戦後の弥生文化研究においても、「コメ・金属器・戦」というテーマが主流であった弥生文化研究とは一線を画したものであった。

赤星は、富山県氷見市大境洞穴で行われた発掘調査に感化され、横須賀市鳥ヶ崎洞窟をはじめとした、三浦半島の洞穴遺跡を発掘調査した。その成果を記した『海蝕洞窟』（赤星1953）には、三浦半島各地の洞穴の様相が記されている。洞窟遺跡では、弥生時代から古代に至るまでの各種遺物が層位的に出土し、特に弥生時代の層では灰層や貝層が検出され、小型巻貝やアワビの出土が目立つことを指摘している。そのほか、金属器や銛などの骨角器、アワビ製の貝庖丁など、多岐にわたる生活物資が出土していることから、赤星は洞窟遺跡を「金石併用時代に漁人の生活場所として使われたのを手始めに、その後も年をへだてては魚を追って海岸を転々と移動した先人達の無言の記録をとどめた遺跡」と評価した（同：p.91）。赤星自身は、漁撈民の姿を明確にすることを目的としており、当時すでに発掘で明らかになっていた登呂遺跡や唐古遺跡のような農耕集落との対比を明示している。

（3）小　結

戦前・戦後の弥生時代の研究では、コメの文化を明らかにすることが重要な課題であったのは言うまでもなく、そこには稲作中心史観とも表される価値観が大きく作用していた。その点で、漁撈は相対的にその意義が見いだされなかったのかもしれない。唐古遺跡や登呂遺跡の調査と研究を先導していった大学関係の研究者たちが「コメの文化」を重視していったのに対して、それぞれの地域の資料をもとにした、いわば在野の研究者が漁撈文化を高く評価しているのは、非常に対照的な姿である。

3. 漁撈民と海人—用語と性質の問題—

海に生きる人々をどのように表現し、ほかと区別するのか。その用語の問題について、ここで触れる。単純に漁撈活動の従事者としての「漁撈民」と捉え

第Ⅱ部　研究史

るだけではなく、専門的技術を持つ集団に特別な意義を見いだしてきた。その
中で、集団を表象する用語も様々である。ここではその背景を含めて整理する
ことにしたい。

歴史学：網野善彦の海民論

　中世史研究の網野善彦は、「百姓」は本来一般平民を指す言葉であり、多様
な非農業的生業を営む人々も含まれているという（網野 1998：p.14）。そのため、
「百姓」の中には水田・畑作を行う「農民」のみならず、海を舞台として様々
な活動を行い生活を営む人々である「海民」も含まれている。「海民」は、農
民と対峙的な関係にある用語として用いられていることは言うまでもない。ま
た「海民」は漁撈活動だけではなく、製塩を行い船を操り、海・湖・川を通
じて広域に活動し、交通や物資の運搬や海産物の交易など商業活動をした人々
である（同：p.25）。こうした人々を、縄文時代の翡翠の交易や弥生時代の金属
器の輸入に伴う海上交通の担い手なども含めて、網野は「海民」を考えている
（同：p.28）。

　「海民」について、中世ではその身分に即して農村の百姓と同様に年貢や公
事を負担する「平民的海民」、そして古代に贄を納めた海民集団の系譜にあり、
専業的に漁撈・製塩・廻船などを行う「職人的海民」、最後に太夫や領主に属
し、海上活動に広く従事した「下人的海民」に分かれる（網野 1985）。漁撈活
動を含む海上活動への従事者を細分する視点、特に専門的（専業的）な活動を
行った人々を沿岸漁業の従事者から分けて特別視する傾向は、歴史学・民俗学
の研究において一般的に強い。

民俗学・民族学からの海人論

　宮本常一は漁民を半農半漁型と専漁型とに分類した。半農半漁型は、漁民が
海岸域に居住して生活をしている一方で、陸地にも土地を持ち少なからず農耕
を行っていた形態とする。こうした地域は、郷や郡を作り、文献には「海部
郷」や「海部郡」と記載される。専漁型は海への依存度が高くなり、陸地に住
居は持っていても、生活は主として海上で展開していたと推定している（宮本
1964）。

　田邊悟は「海人（かいじん）」について、海を生業の場として暮らし、今日
まで文化を脈々と引き継ぐ人々と定義している（田邊 1987：p.233）。そして、

海人の主たる属性を漁撈活動と航海活動の二大要素に大別した。しかし、漁撈活動そのものが操船作業を伴うものであるため、二つの要素は不可分の関係にあるとも述べる。また、航海活動には、単に海路に関する知識（潮流や風向きに関する知識）のみならず、長距離にわたっての交易などを行うために造船技術や操船技術が必要で、海人はそれにも秀でていると指摘した（同：p.250）。

大林太良は、黛弘道の研究（黛 1987）「古代において航海民と漁民とを分けることは難しく、また区別することはかえって、海人族の実態を見誤る危険をあり、本来両者は流動的なものであっただろう」と引用しつつも、両者に分かれる海人は多彩であったと考えている（大林 1996：p.124）。海人の一部には、国際性があり、外来要素の需要において意外な積極性を見せることも稀ではないと指摘し、地域間交流（文化の伝播や通商）に海人（大林の想定では航海者となるであろう）が大きく関与している可能性を述べ、それが日本列島の沿岸地域における同質性の発達（同：p.133～139）へと繋がったと推定している。

後藤明は漂海民のように船をねぐらとして、海岸部を転々と移動していく集団に加え、臨海性の定着村を持っているが、一年の大半を家から離れる集団などもあり、これらを総称して海人と呼ぶ（後藤 2003・2010：p.147）。後者の集団では、特殊な漁や交易のために長期間、海を越えて生活することを特徴としている。朝鮮半島から日本列島にかけて出稼ぎにきた海女のような女性も存在するという（同：p.147）。そして、民俗学者宮本常一の見解を強く意識し、漁撈技術や航海技術に優れた人々が農耕や動物飼育を行い、作物や家畜を連れて、海を越えて遠方に赴く現象は世界中で確認される。そして更に、農耕文化が進むと、これら「水人・海人」は内陸民と交易関係を結ぶのである。さらに国家が形成されると交易や儀礼に用いられる貴重な魚介類を供給し、同時に水運や軍事を担う政治的な役割を持つ、特殊な民として国家機構の中に組み込まれていくことになると、海人の段階的発展を説く（後藤 2010：p.149）。

以上、歴史学・民俗学・民族学の研究において、海での生業を営む人々（集団）のなかから、その専門性と特殊性をいかに抽出し峻別してきたのかを振り返った。網野の「職人的海民」、田邊・大林・後藤の「海人」として括られた人々は、航海や潜水による海産物の採取などを行い、『魏志』倭人伝に記載された「水人」や古代国家への貢納物である贄の獲得作業に従事する人々（その

第Ⅱ部　研究史

地域も含む）として特殊視され、沿岸漁撈の従事者とは区別された。先にみた江藤千萬樹や赤星直忠らの考古学者が、漁民の専門性・専業性を指摘しつつも、概念として確立できていなかったなか、歴史学・民俗学・民族学においては、早くから農耕民と峻別して認識されてきた。

　考古学では、漁具や海産物など自然遺物の出土事例が少なく、また物質文化研究からは漁民の専門性を議論することの難しさなどもあり、これらの議論は活発であったとは言いがたい。しかし、そのなかでも岡崎敬、下條信行、木下尚子の諸氏は、海への従事者の専門性を考古資料から高く評価し、先に挙げた江藤・赤星の評価とは、異なる視点で議論を進めることとなった。

4. 考古学からみた海人論

(1) 倭の「水人」

　岡崎敬は考古学資料を用いて『魏志』倭人伝に記される海士などの海人の姿に具体的に言及した（岡崎1968）。岡崎は長崎県壱岐島のカラカミ遺跡やハルノツジ（原の辻）遺跡の調査を実施し、豊富な自然遺物を得た。なかでも、遺跡からは岩礁性の貝類（特にカキ・アワビ・サザエ）が多く出土しており、「カキとアワビの採取法とはいかなるものか」を議論の出発点とした。カラカミ遺跡からは鯨類の骨で製作され、従来「へら状骨製品」・「骨剣」と呼ばれていた骨角器が出土していることに注目した。その機能を形態的に類似した民具のなかに求め、アワビなどを採る際に使用する「アワビオコシ」と推定した。

　また、『魏志』倭人伝の、

　　　今倭の水人は沈没を好くして魚蛤を捕らえ、文身し亦もって大魚、水禽を
　　　厭う。後にやや飾りとなす

との記載に「末盧国」など西北九州における漁民の姿を見いだしている。この『魏志』倭人伝にある水人（漁民）が後の『日本書紀』・『肥前国風土記』・『万葉集』などで文字に記される海士・海女・海人・白水郎であり、その部落は、海部郡、海部郷と称され、起源は古墳時代にまで遡ると指摘した（同上）。こうした集落は、弥生時代に農村が急増する中で、海産物の需要が増大したゆえに、各地で発展したと推定している。そして、水人の部落はその漁獲物と、農耕集落で生産されるコメなどの穀物や衣類、鉄器などとの互助的関係を築くこ

46

とで、村の共存の光景を描いた。

そのほか、『魏志』倭人伝にある正始8年（247）倭より白珠五千孔が魏に贈られたという記載について、白珠をアワビから採取した真珠と推定した。「倭の水人」が沈没して、捕えた鰒の中より真珠を採取したものであり、倭の水人について漁撈活動のみならず、貢納物の獲得への関与も指摘した。

アワビに関する研究はその後、主にアワビオコシへと関心が集まり、下條信行（1998）や中尾篤志（2005）、武末純一（2009）、小林青樹（2006・2009）、河合章行（河合2014）などへ継承され、形態分類に基づく系譜論やアワビなどの海産物の採取活動の議論へと展開していった。

（2）玄界灘の海人と海村

下條信行は、西北九州から北部九州地域で出土する石錘の型式と分布をもとに「九州型石錘」を設定し、その意味を問うた。この石錘は、玄界灘周辺の遺跡から多く出土し、糸島地域と福岡地域における弥生後期前半以後、古墳時代中期にいたるまで、「鉄製アワビオコシ」や「鉄製釣針」、「鉄製銛」などと共伴しているものの、網漁に用いる管状土錘に比較して出土量が少ないのが特徴である。そのため、この九州型石錘は漁撈用の錘（特に釣漁に用いる沈子と認識）であったと想定した。

「九州型石錘」は福岡・糸島のそれぞれの地域で特徴的な形態を示す。特に「福岡湾型」と分類された資料は、同地域のみならず、壱岐を始め、南九州から近畿地方まで広い分布が確認された。この分布を下條は古代海人の行動の足跡であると推定した（下條1984）。

下條の石錘の型式分類は、後に森本幹彦によって再検討を迫られる（森本2015）。しかし、先の江藤千萬樹の研究にあるように、漁撈方法の推定に力点が置かれてきたこれまでの研究に比べて、石錘の分布が漁民（海人）の行動範囲を示し、海を通じた文化と経済の交流に果たした海人の役割を強く下條が意識していたことは、論文の最後に未完とある後二章のタイトル「第6章 玄界灘海人の生活と構造」・「第7章 玄界灘海人の役割」が示している。

その後、武末純一は、こうした漁民（海人）の村に関する議論として、海に面した立地で、漁撈具が多く、農耕具の出土が少ない遺跡、そして銭貨などの中国系文物や楽浪土器などの朝鮮半島系文物などが出土する遺跡（長崎県カラ

第Ⅱ部　研究史

カミ遺跡や原の辻遺跡や福岡県御床松原遺跡など）が「海村」として、海上交易活動への従事を想定した（武末 2009）。これらの遺跡の中には、鉄製品の加工を行うなど単純に海への依存とは限らない特殊性も帯びており、武末が指摘する「海村」の概念がどこまで列島内で普遍化できるか現段階では判断が難しい。しかし、北部九州域における縄文時代から弥生時代の遺跡立地の変化は、かつて甲元眞之が示した、山と海と里の文化の形成（甲元 1983）、つまり、縄文時代では山と海の集落であったものが、弥生時代になり、農耕が沖積地で開始されることで、里の文化が形成され、海の村と山の村が里の村を介したネットワークの中に取り込まれていく文化において、それぞれ集落の独立性が強められていく流れの中で、武末も海浜部の集落を理解していると考えられる。

　（3）　列島をめぐる貝の道

　弥生時代に外洋への航海を行った人々の活動の痕跡として、南海産の貝製品の生産と流通の問題は、山口県下関市の土井ヶ浜遺跡出土の集団人骨や三島格の研究などから注目されはじめ、木下尚子の総括的研究（木下 1996）により、その到達点を迎えた。

　オオツタノハ・ゴホウラやイモガイなどの入手において、縄文時代では、南島の地域がいくつかのブロックに分断されて人・モノの交流と交易が行われていたのが、弥生時代にはそれぞれの地域が採集者・運搬者・消費者として機能し、計画的・組織的な行動により南から九州へと連なる「貝の道」が成立したとして、縄文時代との差を指摘する（木下 1996）。また、縄文時代では貝輪の多くが近海産の貝で製作され、女性の装身具であったものが、弥生時代になると、遠方の南海へとその素材を求め、貝輪等の形状も立体的な構造へと変化した。貝製品の装着の性差についても、ゴホウラ製貝輪は男性の右腕に多く装着され、イモガイは女性の左腕もしくは両腕に装着されるなど、大きな変化が見て取れる。そして、この南海産貝輪は、外来の祭祀観念を弥生人がみずから解釈し、適材を琉球列島産の巻貝の中に見いだし、入手路を遠方（琉球列島）に開拓して取り寄せるという行為が日常化したものである（木下 1998）。

　木下が提示した南海産貝類がトレースする「貝の道」の研究は、その後、橋口尚武や忍澤成視による伊豆諸島産の貝をめぐる「東の貝の道」の研究（橋口1994、忍澤 2009・2010）や、沖縄から九州における貝輪の製作技術の研究へと

展開・深化していった。

　この南海産貝製品をめぐる議論では、物質文化の研究から広域にわたる航海者の存在が指摘されており、その形質人類学的な姿を近年長崎県佐世保市宮の本遺跡の石棺墓で検出された、保存状態の良い弥生人骨などにみることができる。今後理化学的な分析を進めることにより、海人の具体的な姿が浮かび上がってくることが期待される。

おわりに　海の視点をどのように形成していくか

　本稿においては、弥生文化における「海」の研究をまとめてきた。研究の対象として交通・漁撈・集団の課題があり、それらは常に「陸」と「海」との対比で捉えられる傾向にあった。

　交通については、長崎県壱岐市原の辻遺跡での港湾施設の検出例を除けば、多くは船（舟）の部材や絵画資料などの検討が行われてきた。漁撈については、戦前から弥生時代の漁撈具が取り上げられ、江藤千萬樹の研究など特筆すべき研究はあったものの、総じて縄文時代との比較のなかで、関心が低調のまま近年に至っている。ただし、集団の問題については、漁撈活動の一部や遠距離移動を行った集団を分けて考えるあり方は、縄文時代の漁撈研究にはない視点である。それは、弥生時代の研究では、『魏志』倭人伝の記載のなかの「水人」の姿を考古資料の中から見いだそうとする意識が少なからず働いているためであろう。さらにそこに、縄文時代からの変化や違いを強調する傾向もある。それが研究者側の意識のなかでは、狩猟採集から農耕への変化を強調することと軌を一にしていることは気に留めておくべきではないだろうか。ただし、その変化が生業の変化による食料の量の変換ではなく、質的転換であり、その内容はさらに詳細に検討されなければならない。

　弥生文化研究において、地域間交流の問題については、かつては弥生土器の遠隔地への移動などが問題視され、取り上げられてきた。しかし、この20年で弥生時代の石器の研究などが進み、土器からはみることのできない、地域間交流の姿も見えてきた。今後、弥生時代の海の研究が進み、さらなる地域間交流の様相が明らかにされ、より重層的な弥生時代の姿が明らかにされることを期待したい。

コラム **2** 弥生時代のブタ

　弥生時代の遺跡から出土するイノシシ類をめぐり、それらがブタかイノシシかの論争は、長い研究の歴史を持ちながら、いまだ決定打とも言える分析方法が確立しているとは言いがたい。家畜としてのブタは、安定的な動物質タンパク質摂取のための資源であるとともに、その糞尿は畠作における肥料にもなりうる。弥生社会にとって、大きな意味を持つものである。本コラムでは、弥生時代のブタの存否論として、研究史を振り返りつつ、現状と展望をまとめたい。

1. 弥生時代とブタ

　離島のイノシシ　弥生時代におけるブタの存否論は、離島という限定された自然環境のなかで出土したイノシシ類の出土骨をめぐり、今からおよそ80年前に始まった。そもそも離島に本来生息しないイノシシ類が、島内の先史・古代の遺跡から出土することから、食料としての持ち込みか否か、イノシシの幼獣の持ち込みか否かとする議論が、ブタの存否論よりも前に、日本考古学の黎明期に存在した。

　直良信夫はその博物学的見識から、出土骨の形態などを分析することで弥生時代にブタがいることに初めて言及した。1937（昭和 12）年から 1938 年のことである。直良は壱岐のカラカミ遺跡出土のイノシシ類をはじめとして、日本列島周辺地域のイノシシ類を調べる中で、中国から朝鮮におけるブタ飼育の風習が壱岐島などを経由して弥生時代に日本へもたらされ、有畜農耕が行われたと推定した（直良 1937）。

　また、三宅島のコハマ濱（筆者註：現在のココマ遺跡）で採集された下顎の歯は、臼歯が全体的に小形で歯冠巾が狭く、歯冠に丸みが少なかった。この形態的特徴が、本土のイノシシのメスに類似しながら、一方で満州地方の古代の半

野生豚（ムカシマンシュウブタ）とも類似していた。直良は、本土のイノシシかムカシマンシュウブタを持ち込み、飼養したと考えた。その際に着目したのは、臼歯が著しく齲歯になっていたことである（直良1938）。「齲歯」は、その後のブタ肯定論の根拠の一つにもなっていく。

出土イノシシ類の年齢構成　この研究は、大阪府池上遺跡の出土イノシシの年齢構成に偏りがあり、幼獣が大多数を占めていたことから始まる（金子・牛沢1980）。自然状況の年齢構成と比較すると不自然であった。縄文時代・弥生時代を通じて、イノシシはシカとともに狩猟の対象となった動物である。縄文時代では、イノシシはシカとほぼ同程度の量が獲られていたが、弥生時代になるとその比は4：1となり、圧倒的にイノシシのほうが多く捕獲されている。また、遺跡出土のイノシシ類の分析から推定される年齢を考えると、縄文時代のイノシシの多くが成獣であるのに対して、弥生時代には幼〜若獣が増えている（西本1995）。弥生時代のイノシシ類に関する飼育をめぐる議論の論点の一つは、出土比率の数字と年齢構成の解釈にある。

弥生時代の自然環境とイノシシ類の生態に着目し、この数字と年齢構成を解釈することもできる。安部みき子は、弥生時代の大規模な伐採活動により二次林が生じ、現在の里山の景観ができるなかで、里山の環境を好むイノシシに人間からの捕獲圧がかかった。そして、出産頭数の多いイノシシの若い個体が多く捕獲され、結果として遺跡出土の個体数が多く、またその年齢構成も幼獣が多くなったように見えるとした（安部1996）。新美倫子は、捕獲数の増加は、通常狩猟されるイノシシの数に、家畜としてのブタが増えた分だけ増加している。そして、年齢構成は家畜のブタは若齢で屠殺されるので、狩猟されたイノシシと合わせて計上した結果、若いイノシシ類が多くなる「見かけの数字」であるという（新美2010）。

弥生ブタの提唱　弥生時代のブタ肯定論の大きな展開は、西本豊弘による形態的分析に始まる（西本1989）。西本は野生イノシシとブタの相違点を列挙する（西本1991）。

◉第1頸骨の大きさの違い。縄文時代のも含めて野生イノシシは上面が高く
隆起するが、ブタは上面が低い。

◉歯は、上顎第3後臼歯が小型化している。縄文時代の平均値が33.6㎜以
上であるのに対し、弥生時代では平均値32㎜以下になる。

◉ブタは頭蓋骨の後頭部が丸く、そして高い。

◉前頭骨の幅は広く、やや骨密度が粗い。

◉下顎骨の連合部が短くなり、連合部と下顎底のなす角度がブタは大きく
なる。

こうしたイノシシとブタの相違点を列挙する一方で、最も多く出土する四肢
骨では、その差を見いだしにくいと指摘している。西本はこれらの基準と年齢
構成を踏まえて、大陸から持ち込まれたブタ（「弥生ブタ」）を提唱した（西本
1991・1993）。その後、姉崎智子は神奈川県池子遺跡のイノシシ類を分析した結
果、それらは「弥生ブタ」であり、東日本においても遺跡外から持ち込まれ飼
育されていたと指摘した（姉崎1999・2003）。

　ただ、問題がないわけではない。まず、最も多く出土する四肢骨からの分析
ができない点で対象が限定されてしまう。また、イノシシとブタという区分は
あるものの、それは分類学的には同一種の関係にあり、骨格等の違いは種内で
の連続的な変異であるとも言われる（黒沢2013）。

2. イノシシ類研究の新しい視点

セメント質年輪の研究　家畜化された場合、年間を通して同質の飼料が給餌
されたであろう。一方、野生の場合は季節や年まわりにより、摂取することが
できる食料の質と量が異なるであろう。イノシシの下顎第1臼歯に形成される
成長線のセメント質年輪に着目し、家畜か否かの判断材料とした。現生の家畜
ブタでは、歯牙にセメント質年輪が形成されない。一方、野生のイノシシでは
年輪が形成されるという違いが認められる。こうした現代のイノシシ類の所見
をもとに弥生時代のイノシシを観察したところ、すべて年輪が形成されてお
り、野生種も多く狩猟されていたことが指摘された（中川2009）。イノシシ類

の歯牙類は遺跡からの出土事例も多いため、今後の研究に期待される。

イノシシ類の食性分析　出土人骨の分析に用いられてきた炭素・窒素安定同位体比分析法は、イノシシ類の分析にも応用されている。雑食性であるイノシシ類は、生息する自然環境に摂取食物を依存するため、多様な食性を示すことがあるが、ヒトの管理のもとで給餌された場合などには食性が限定されてくる。神奈川県池子遺跡の出土イノシシ類の分析では、コラーゲンにおける窒素同位体比が大きく2分される結果となった。ヒトの近くと野生とを自由に行き来することができる粗放的な飼い方が行われたとは考えにくいため、この2群はそれぞれの生息環境（家畜と野生）を反映している可能性が高い（米田2018）。今後、出土骨の形態学的分析と併せてさらなる検討が行われることを期待したい。このほかの遺跡においても、四肢骨で実施が可能となる食性分析は、弥生時代の家畜を検討する上で有効だろう。とりわけ、東日本においては弥生時代前期後葉と弥生時代中期中葉に水田稲作の導入における各種社会の変化が見られる。これまでは主にコメ・水田の導入を主軸に据えて弥生社会の検討がされてきたが、飼育・家畜の始まりも併せて検討していくことも今後可能であろう。

ブタの飼育場所　ブタの存否論は、出土骨が主に研究対象となり、繰り広げられた。しかしブタが存在するならば、その管理施設が必要である。愛知県朝日遺跡を例にとると、200年で5,000〜6,000頭、1年間で約30頭のブタを飼うためには、囲繞した所での集団飼育が必要であり、その場所の確保の問題が挙げられている（安部1996）。

近年、関東地方では、弥生時代後期の台地上の大規模集落遺跡で環状にめぐる柱穴列が検出されている（田村2017）。これらの遺構は、集落内の大型建物のそばもしくは、集落の端など隔絶された所で検出されている。その大きさは直径約3〜16mであるという。田村は、この環状柱穴列を飼育施設か祭場と考えている。環境汚染や感染症の可能性を考慮すると（米田2018）、隔絶された地で検出された環状柱穴列は飼育施設の可能性も考えられる。今後、このような遺構が検出された際には、土壌のサンプリング分析が必要になるであろう。

　　　　　　　　　　　　　　　　　　　　　　　　　　杉山浩平

第**3**章

弥生集落の研究史

浜 田 晋 介

はじめに

　弥生時代の集落（以下、弥生集落と略記。同じように縄文集落とする）の研究
史についてはすでにまとめたものがあり（浜田 2006・2011a・2018）、全体的な
学史はそれらを参考にしていただきたい。ここでは南関東地域でこれまで台地
上の弥生集落で描き出してきた弥生社会像が、近年発見が相次いでいる低地の
弥生集落の成果を受けて、どのような転換を余儀なくされるのか。今後の研究
のための問題点を抽出することを焦点として論じていく。

1.　台地上の集落論形成の原因

　弥生集落研究は関東で群集した竪穴が発見されたことに始まるが、そのきっ
かけは鉄道（東京都道灌山遺跡・亀山遺跡）や道路（東京都久ヶ原遺跡）の開設
によるものであり、各地でこうした開発に伴う断面での竪穴の観察が増える
（愛知県熱田高蔵貝塚、福岡県雑餉隈遺跡など）。その多くは台地を削ることで判
明し、台地の上に弥生集落が存在することを印象づけることとなったが、その
後西日本では福岡県比恵遺跡、福岡県高槻遺跡、大阪府安満遺跡、奈良県唐古
遺跡など低地に展開した広範囲の弥生集落の存在が確認され、戦前には弥生集
落が低地に進出することは常識化されていた（山内 1939）。しかし、東日本で
は千葉県菅生遺跡の調査（大場 1938・1939a・b）を除けば発見される場所は台
地の上であり、この状況は低地の静岡県登呂遺跡の調査が行われた戦後になっ
ても変わらず、むしろ西日本に比較して台地上での弥生集落の事例が増加し、
それを前提に研究が進められていくこととなる。

　前提となった原因の一つには、台地上の弥生集落が眼下の谷水田（近藤
1952、和島 1958）あるいは沖積地を耕作地とする推定（田辺・佐原 1964、安藤

54

1992)、すなわち仮説の提示によって、台地の上の弥生集落は、低地の集落と同じであると理解したことにある。しかし、この仮説が未検証のまま前提となって、以後の論が形成されることとなる。検証のための発掘や分析も一部行われたが、集落直下の谷から水田を検出する成果はあがっていない。水田を検出していないため、検証結果が報告されることも稀である点は注意する必要がある。

　もう一つの原因には1960年代からの経済成長とともに増加する、未造成地であった山を削り、谷を埋めて進められる工法によって遺跡の発見が相次ぎ、関東地方、特に開発が盛んであった南関東地域では、台地上での遺跡の発掘調査に追われるようになったことがある。また、低地部分は市街地化されすでに遺跡が存在しないか、もしくは厚い河川堆積物に阻まれて遺跡の確認ができないとする想像が働いていたためか、低地の遺跡の存否についての関心は低かった。低地の遺跡については、先にふれた1938（昭和13）年、1948年、1972年に発掘調査がなされた菅生遺跡から弥生時代中期・後期の遺構（乙益1980）などが存在していたものの、南関東地域の弥生集落の研究は、数の上で圧倒する台地の上の集落を素材として分析されるようになった、と私は考える。こうした研究の背景を踏まえて、まず台地の集落研究がどのように進んだのかを具体的に見ていきたい。

2. 台地上の集落論の展開

　弥生集落が群集し大規模になるという考えは、弥生文化研究の黎明期からすでに認識されていた（蒔田1896）。その理由は農業文化に伴うものであることが鳥居龍蔵によって説かれ（鳥居1925）、同じ頃弥生集落が低地に多く存在し、弥生土器に伴ってコメが確認されたことで、弥生文化が水稲を行っていたことが明確になっていた（中山1920・1923、山内1932a）。集落が大規模になる原因を三澤章（和島誠一）は、唯物史観の論法で採集経済から生産経済が必然的に生産力の発展を促し、人口の増大をもたらしたからであるとした（三澤1936）。そしてそれまで断面で竪穴を確認し大規模な集落を想定していた段階から、奈良県唐古遺跡などで広範囲にわたり竪穴住居が確認されたことで、時期別の弥生集落の変遷を理解できるようになった。小林行雄は全国的に群集・大規模と

第Ⅱ部　研究史

なるのが弥生集落の特徴であるとし、群集する集団の発展がより大きい集団の結成へと結びつく、その原動力こそが農業経済の発展にあったと断定した（小林1938）。こうして形成された弥生集落の大規模化という命題は、後述する大規模と小規模な集落との関係も含めながら、現在まで水稲農耕を念頭において、解明が行われてきたといえるだろう。

　戦前に注目された弥生集落が群集化・大規模化するという命題は、戦後にそれとは対照的な小規模な弥生集落の確認で深められることとなる。近藤義郎は台地上の岡山県沼遺跡や、鏡山猛が戦後に図を公開した低地に複数の環濠を有する比恵遺跡など、数戸の竪穴からなる集落を「経営と消費」を行うグループとして「単位集団」の用語を設定した。そしてこの単位集団が弥生集落の基礎的な単位であり、複数の周辺の単位集団が集合することで、一つの共同体を形成していたことを論じた（近藤1959）。このなかで近藤は集落人口の増大に対する処置として、台地上の集落は谷水田など限られた耕地の経営に当たっていた段階にあっては「分村」の形をとり、平野部に人口灌漑によって経営できる段階では大規模になるという見通しを述べた。近藤は弥生時代前期から中期に遺跡数が増大する現象を「人口の増大が、生産の段階に呼応して、「分村」の形をとった結果」とし続けて「いうまでもなく一定の土地に定着して増大しつつある人口を絶えずその土地の開発に投入することが、可能でありかつまた有効であるならば、「分村」に向かうよりも、そこで大規模な集落を構成していくであろう」（同：p.17）とした。

　またこの論文に先駆け、登呂遺跡を事例に「こうした人口灌漑は、弥生中期を媒介として、後期に急速度に進展すると考えられ、また、大規模な集落が平地に形成される事と相表裏する」（近藤・岡本1957：p.15）と述べている。この考えの前提には初期の水田は谷水田など湿潤地による小規模集団（単位集団）による経営であり、灌漑の導入など技術的進展によって湿田から乾田へ発展するという史観が存在していた。弥生集落の事例が断片的であり、集落全体を調査した事例が乏しかった段階において、近藤の示した仮説は大きな影響を持つこととなった。しかし、開発に伴う発掘件数が増大する1960年代以降、福岡県板付遺跡の前期の段階で灌漑用水を持つ水田の存在や、前期から後期にわたっての低地遺跡での集落の全貌がうかがえる事例の確認によって、この発展

56

第 3 章　弥生集落の研究史

段階的な集落論は機能しなくなる。ただし、近藤が設定した「単位集団」は、農業経営の最小単位であり、集落を構成する単位と考えられていたため、研究者の間では 1960 年代以降も弥生集落を考える基礎的な単位となり得たのである。そして現在でも概念と名称を変えながら受け継がれている（若林 2001、小澤 2008）。

　この近藤の仮説を一歩進めて、小規模な集落と大規模な集落が併存するという点に注目して、両者が有機的な繋がりを持つと考えたのが田中義昭である。田中は横浜市の小河川の限られた範囲ではあるが、一定の間隔を置いて大規模な集落が台地上に存在し、その周辺の台地上に小規模な集落が展開することを指摘し、前者を拠点的集落、後者を周辺的集落と呼称した（田中 1976・1982）。両者の関係を「二つ以上の集落が一定の可耕地をめぐり、拠点―周辺という関係でもって併存するスタイル」（田中 1976：p.57）であるとした。この場合の可耕地は谷水田を想定していたものであったが、このモデルは低地の遺跡が多い西日本でも適用された。

　その先駆的な事例としては、大阪府の低地に存在する安満遺跡を母村とし、そこから分村した丘陵上の天神山遺跡・紅取山遺跡などの複数遺跡を含めた遺跡群モデルであった（原口 1977）。大規模な弥生集落を拠点集落・母村とし、小規模なものを周辺集落・子村とするモデルは、この頃から全国的に認知されるようになった。しかし、両者のモデルには大きな相違点が存在することに注意しなければならない。それは拠点集落・母村と周辺集落・子村が立地する地形の違いであり、安満遺跡とその周辺の弥生集落は、母村となる安満遺跡が長期に水稲耕作を行える低地に存在することで、集落も長期に継続し人口が増え新たな可耕地を求め、あるいは資源獲得などの別の目的を持って分村していくという図式が一応描けるのに対して、台地上に拠点と周辺の集落が存在する南関東のモデルは、拠点となる大規模な集落を、不安定な谷水田の農業経営で支えることができるのか、という疑問が生まれるのである。そのため、田中が分析対象にした鶴見川流域の拠点集落・母村について、安藤広道が台地下の沖積地に水田可耕地を想定した（安藤 1992）のは、明確には述べていないが、西日本の遺跡群との整合性をつけるためには必然的な作業であったのである。しかし、谷水田・沖積地の水田とも発掘によって確認されたわけではなく、また、

57

第Ⅱ部　研究史

安藤が行った台地上の弥生集落の人々の、食料摂取カロリーの算出方法には不確定要素が多く、そこから割り出した水田面積の算出値を歴史復原には利用できないものと筆者は判断した（浜田 2002）。さらに筆者は谷水田も冷水害対策を行わないと安定的な収穫が望めない農法であり、弥生時代の遺跡からこうした冷水害対策の遺構が確認されていないことから、谷水田の存在確認あるいは谷水田からの安定的な収穫の再検討が必要であること論じた（浜田 2007b）。この問題は谷水田に支えられてきたとする台地上の弥生集落の生業の再検討にも繋がるものであり、実際に谷水田以外には水田可耕地が存在しない、つまり、眼下に沖積地が広がらない台地上の弥生集落の存在が確認できるため、こうした台地上の弥生集落では水稲以外の穀類栽培の存在を意識せざるを得ない、とも考えた（浜田 2011a）。

3. 低地の集落の評価

こうした研究と相前後しながら、次第に南関東でも低地に展開した弥生集落が確認されるようになったのである。中期中葉の千葉県常代遺跡（甲斐 1996、小高 1998）、埼玉県池上遺跡・小敷田遺跡（横川 1983、中島 1984）、神奈川県中里遺跡（戸田 1999）、中期後半の千葉県潤井戸西山遺跡（鈴木 1986、高橋 2004、小川 2005）、潤井戸中横峰遺跡（千葉県教育委員会 1998・1999）、神奈川県池子遺跡（桝渕ほか 1994、桝渕・高村 1995、桝渕・新開 1996、桝渕・植山 1998、山本・谷口 1999a・b）、倉見才戸遺跡（弥生時代研究プロジェクトチーム 2007）、埼玉県北島遺跡（吉田 2003・2004）、後期前半では千葉県芝野遺跡（笹生 2000）、倉見才戸遺跡、後期後半では神奈川県宮山中里遺跡（井澤ほか 2004）などが 1980 年代以降、陸続と報告されてきた。こうした低地の遺跡の増加を受けて、筆者は多摩川低地での古墳や出土遺物を整理・報告し、これまで低地遺跡を評価して来なかった反省と、低地遺跡の重要性に言及した（浜田 1998）。また、これまで多くは方形周溝墓として考えてきた遺構を、「周溝を有する建物跡」と評価した及川良彦（及川 2001）は、関東地方での低地遺跡の検討を通して、長期継続型集落（佐原 1975b）の存在を積極的に推測した（及川 1998・1999・2001・2003）。及川の想定した「周溝を有する建物跡」の、弥生時代後期前半・千葉県芝野遺跡が水田と住居群のセット関係を有しているという指摘は、筆者の構想のもと

となった（浜田 2009a）。しかし、この及川の低地の弥生集落論については、安藤によって希望的観測ばかりが目立つ強引な解釈であると批判され、その上でこれまでの低地の弥生集落を集成し、形成要因と周辺の台地のあり方から分類し次のような結論が導き出された。「台地・丘陵の卓越する南関東地方では、広い低地の場合、その縁辺に可耕地が分布しており、そうした可耕地をめぐり、台地平坦面が残る場所では台地に、それがない場所では付近の微高地に集落が形成されたと理解できる」（安藤 2004：p.120）と述べ、台地上の集落は低地の可耕地の存在を前提に形成されていることを想定した。しかし、安藤の設定した台地の平坦面が広いか・狭いか、台地・丘陵から離れた場所であるかの基準が定かではないため、判断に苦しむ事例があった。そのことを踏まえ、筆者は狭い谷しか存在しない（周辺に広い低地がない）台地上の大規模な集落の事例、台地上の大規模な集落の直下に同時期の集落が存在する事例、そして新たに成果が公表された、約 1 km 離れた台地上の大規模な二つの集落の中間の低地に、環濠集落（千葉県潤井戸西山遺跡）が存在する事例などを整理・分析し、安藤の想定モデルが成立しないことを立証した（浜田 2011a）。

4. 南関東弥生集落の課題

　その後も神奈川県河原口坊中遺跡（かながわ考古学財団 2015）、同県中里遺跡（戸田ほか 2015）など大規模な低地の遺跡の報告が刊行されることで、低地遺跡の内容を具体的に分析できるようになった。こうした事例の積み重ねによっても、安藤が想定した台地平坦面の広狭とは関係ないものの、台地と低地に集落が同時存在するという現象は、安藤が指摘するように西日本も東日本もかわらない集落形態の一つであることが理解できるのである。その前提に立ったとき、従来の台地上に展開する拠点・母村集落と周辺・子村集落が、低地の水田を共同で管理・運営するという図式は、低地の集落の存在によって、再考されなければならないのである。それにはいくつかのモデルが存在するが、最も有力視されるのは次の四つのモデルであろう。

　一つ目は台地上の拠点集落を中心に、台地上の集落と低地の集落が結びつく姿である。これはいわば従来の図式に低地の集落を加えたモデルである。二つ目は低地の集落が拠点・母村としての機能を持ち、これに台地上の拠点集落・

第Ⅱ部　研究史

周辺集落と想定していた遺跡が結びつく姿である。従来の低地の安満遺跡と台地上の集落が結びつくモデルである。三つ目は台地上の集落と低地の集落は同一の水田経営の直接的な関係を持たないというモデルである。四つ目は台地と低地の集落がそれぞれ時間的には重ならないとする考えである。これは特に環濠集落の比較で取り上げられる。それぞれの問題点は次のように集約される。

　一つ目のモデルは低地の水田の管理・運営を共同で行うという前提を持つならば、台地上に形成した集落が上位に立つとする考えは成立し難い。低地に展開する水田を中心とした生活において、台地上の集落が社会的上位に立つという図式になるため、このモデルの説明が必要になる。そしてこれは、次の二つ目のモデルを否定することにも繋がる。二つ目のモデルは西日本での事例で想定されてきたモデルであり、すでに存在しているモデルであるため、最も説明が付きやすい解釈であると考えられる。ただし、この考え方をとるならば、一つ目のモデルである、拠点・母村集落と想定してきた東日本の台地上に展開してきた大規模な遺跡の役割が変化してしまうため、従来の弥生集落・弥生社会像を根底から再考し、組立直す必要がある。拠点集落の台地上から低地への分布変更といった単純な議論ではなくなるのである。その点三つ目のモデルは問題なく成立するとも考えられるが、数百m〜数kmの距離のなかに同時期の台地上と低地の集落が存在する事例も多く見られるため、両者の関係性を明確に示すことができない難点が残る。地形的環境や沖積化する過程も、ほとんど同じ様相である限定された地域に、低地と台地の集落がある理由の解明、という問題である。四つ目のモデルは仮に時間を異にして集落が台地あるいは低地に存在するとしても、時期によって低地と台地に棲み分ける必然的な理由が描けない。特に生業面との関わり合いでいえば、洪水などで居住空間として低地が不適であることを理由とするならば、それは水田耕地としても不適であることと表裏をなす。このように、南関東で増加しつつある低地の弥生集落の確認と、その位置づけのモデルの検証はそれぞれにおいて、克服すべき課題を持っているのである。

　考古学が新たな発見によって、遺跡群や時代像の評価が変更するのは、学問の性格上やむを得ないことである。しかし、こうした評価変更に関して、これまでの通説の論理過程に欠点・瑕疵が存在していたか否かの検証なしに、新た

なデータを通説の範囲を逸脱しないように解釈していこうとするのは、建設的な研究態度とはいえないであろう。これまでの台地上の弥生集落研究の欠点の解明をまず行うべきなのである。

5. 群集化と大規模集落

弥生集落研究のこれまでの欠点について筆者は、日本史学と同様に水田単作史観（用語については木村 1996 参照）が大きく作用していたと考えている。つまり水田単作史観に基づいて、弥生集落・弥生文化を解釈してきたということである（浜田 2006・2011a）。その一つに弥生集落の群集化・大規模化の理由を、水稲農耕の定着性に求めるという問題がある。

先述したように、弥生集落が群集化・大規模化するという現象は、弥生文化研究の初期から理解されていた。そして弥生時代の生業が水稲農業に特化していくため、一度作った水田は放棄しないという前提のもと、水稲農業の発展による生産力の向上、それに伴う人口増加、そしてその結果としての集落規模の拡大（佐原 1975b）という図式化された集落形成論といえる。しかし、このステレオタイプの集落形成論は、水稲を前提にできない縄文時代にも、現象として群集する集落が存在することから、集落の群集化・大規模化には水稲以外にも要因があることを想定できるのである。すなわち、弥生集落が群集化・大規模化するという現象の解釈に、水稲とは関係ない要因が存在する可能性も否定できないのである。縄文集落の大規模化の要因追究は戦前からの問題点であったが（浜田 2018 参照）、戦後はどのように考えられてきたのであろうか。

縄文集落にみられる群集化の要因を求める研究は、1970 年代以後にみられるようになる。それは縄文集落が移動した累積として住居が多く存在し、その結果集住あるいは大規模な集落景観となる（末木 1975、石井 1977、土井 1985、黒尾 1988）、という「移動論」で理解しようとするものであった。筆者は竪穴の重複事例と覆土の状態から、弥生集落にも「移動論」を適用できることを論証した（浜田 2008）。しかし、縄文時代と弥生時代の大規模集落を同一的な視点で分析していこうとする研究姿勢は提案されているが（松木 2008）、現在弥生集落の形成過程に「移動論」が議論されることはほとんどないといってよい。確かに弥生集落研究では他地域（土器型式を異にする地域）からの「移動」

第Ⅱ部　研究史

「移住」（東京都下戸塚遺跡、神奈川県中里遺跡、神崎遺跡）や、中期後半・後期前半といった一定時間レベルでの「移動」は議論されるが（安藤1991・2008など）、これは筆者の述べる大規模集落の形成過程を「移動論」で理解することではない。こうした弥生集落での「移動」「移住」は、最初に「移住」後、一定期間（出土土器型式の連続する最古と最新型式の間）は同じ集落に居住し続けるということであり、最新の土器型式以後は、どこかに移動していくという理論である。弥生集落から細分された土器型式が出土するならば、集落はその細分土器型式中に存続し、集落内の土器型式を出土する住居の数が、一時期の集落の規模であると推測するわけである（佐原1975b）。しかし、細分された連続（直前・直後）する土器型式が出土する住居が重複して存在していても、古い住居（直前の土器型式の時期）が埋まるまでの時間があり、人為的に埋めて新しい住居を構築しない限り、連続する土器型式が出土する住居を営むには一定の時間が必要になる。つまり連続する土器型式が存続する間でも、断絶する時間が存在することを排除できないのである。この問題は人為的に埋め戻されたことが論証されれば、連続して同一集落に居住していたということは想定できる。しかし、従来この問題（埋め戻し）を論証した事例は管見にして知らない。未検証のまま出土土器型式の時間幅のなかで、集落は継続するとして、集住化・大規模化することが弥生集落の特徴として取り上げられることとなる。

6.　弥生集落論の課題の抽出

　連続する土器型式が出土していても、その間には集落の断絶が存在するのではないか。この問題について筆者は重複する竪穴覆土内の堆積を観察し、火災住居の建築木材が壁際の三角堆積の直上に存在する事例があることから、これらの竪穴は一定期間上屋が存在していた後、火災にあったと判断した。また基盤土壌であるロームブロックやその風化した土層が覆土内に存在しないものは、自然堆積であると判断できる（浜田2008）。この問題提起は重複する竪穴の新しい遺構は、一定期間（上屋が存在し焼失する時間、あるいは自然に堆積する時間）の後に構築されたのであり、古と新の竪穴の構築時期は時間的に連続していなかったのではないか、というものであった。この分析から弥生集落は、細別土器型式の時間の中にあっても断絶する時期がある、つまり頻繁な

第3章　弥生集落の研究史

移動が行われていたのではないか、と推定したのである。そしてその移動の背景に、特に台地上の集落は畠作を行うため、定期的な休耕地の確保のための集落移動が行われていたことを想定したのである（浜田 2011a）。この問題は、先述した周辺に水田可耕地を持たない台地上の弥生集落は、谷水田を想定せざるを得ないものであるが、その谷水田の検証や植物学的あるいは農業史から見れば、存在したかも疑わしいことに立脚している（浜田 2007b）。また、レプリカ法によるコメ以外の穀類栽培の実証とも関係し、これらは水田単作史観の欠点を克服することを目指したものだった。

　しかし、水田単作が弥生時代に成立しなかったことと同様に、畠作だけによる生業もリスクが高いのであり、炭化種実やレプリカ法の結果からも、コメの存在を無視することは不可能である。また、本書でも述べるように、海をめぐる集団の活動も明らかになりつつあり、農業経営に従事しない人々の集落の存在も想定すべき段階になってきたといえるであろう。したがって、将来の弥生集落の研究は、農業民と非農業民の集団の集落も想定しながら、弥生文化の様相を理解していくことにある（浜田ほか 2017）。しかし、これまでの研究成果から、農業民と非農業民の集団を理解して語れる材料が蓄積されているわけではなく、水稲作と畠作の複合的な農業経営を前提とした集落分析が、ことのほか少ない。弥生集落での喫緊の課題は、低地と台地の集落の関係を導き出すことであり、そのためには複合的な農業経営を前提に分析する必要があると考えるのである。そして農耕集落である弥生集落が、移動を伴って形成されたことを前提に議論する必要があると考える。

コラム3 戦争の時代

　「弥生時代は、日本で初めて戦争が起きた時代であった」（佐原 2002：p.247）とされる。しかし東日本、特に関東で発掘調査を行っている筆者にとって、「弥生時代は戦争が起きた時代」ということを、調査成果から感じることはほとんどない。一般論としての戦争は弥生時代が農業社会であるから起きる、という説明とは異なり、戦争は以前から存在したことを考慮に入れながら、再生可能な穀類は保存特性を持ち、収奪の主たる対象となったことで、激化した。そうした理解を持っているが、関東では環濠集落が唯一戦争を想起させるものかもしれない、といった消極的な証拠しか思いつかない。そのため、各種出版物や web 上で見られる弥生時代の戦いについての言説に対して、理解はできるが共感することは稀である。しかし、学生を含め一般の社会人にとっては、メディアで流される弥生時代の戦争情報などで、それは常識の範疇であるかもしれない。

　あたりまえだがこの弥生時代＝戦争の時代という図式は、考古学的な証拠に基づいて組み立てられ、事例を積み重ねながら推論されてきたものである。そしてその材料が西日本―北部九州、山口・愛媛～大阪・香川の瀬戸内海沿岸―の資料であり、これに東海地方や山陰地方の同様の事例を加えることで、「戦争の時代」論が形成されてきた。その事例として殺傷人骨があり、高地性集落が弥生時代に特有の存在である、などを根拠としたことから判断する限り、西日本のこれらの地域で戦争があったことを推論することは間違っていないと思う。しかし、こうした推論で使用された戦争の証拠になる資料の出土が、東日本では少なく、冒頭で触れた実感のなさに繋がっているのである。弥生時代＝戦争の時代という場合、それは戦争を裏付ける証拠のある、西日本の一部の地域にあてはまると、註釈付で記述した方がよい、とも言いたくなる。

　さらに、もう一つ筆者のなかで弥生時代＝戦争の時代とすることに抵抗が

あるのは、西日本で認められた事象―この場合は戦争を裏付ける事象―を、弥生時代という共時性と、類似の資料が存在することで、東日本に適用してきた研究に対して、証拠資料の再吟味を行う必要があると考えるからである。また、その前提になった戦争の証拠とする事象が、どこまで弥生時代の戦争を証明できるのか、論理的な有効性の確認が不充分である、とも感じるからである。本書第Ⅰ部でも触れたように、20世紀まではさかんに東日本への戦争の波及が語られてきた。そこでこれまでの「戦争」論に見られた根拠を検証し、戦争の時代を考えてみようと思う。

　「戦争」の定義は、その規模、対象、条件、使用武器などにより変化するが、このテーマをリードしてきた佐原眞は「考古資料にもとづいて認めることのできる」「多数の殺傷をともない得る集団間の武力衝突」（佐原1999）と定義し、「戦争」を証拠だてる考古学的事実として次の項目を挙げている。

- ◉　A　守りの村＝防禦集落（町・都市）

　　　A1：高地性集落　　A2：環濠集落

　　　A3：守りの集落＝防禦（2002年に「守りの壁＝防壁（土塁）」と改める）

　　　A4：守りの壕（濠）　　A5：守りの柵＝防禦柵　　A6：逆茂木

　　　A7：のろし　　A8：出入口の防禦的構造

　　　A9：出入口付近の戦いのあと　　A10：村の破壊・火事

- ◉　B　武器

　　　B1：遠距離武器と近距離武器　　B2：武器の破損と再生

　　　B3：守りの武器である武具（盾・よろい・かぶと）

- ◉　C　殺傷（されたあとを留める）人骨
- ◉　D　武器の副葬＝遺体に副えて武器を葬る
- ◉　E　武器形祭器＝武器の形を模した祭り・儀式の道具
- ◉　F　戦士・戦争場面の造型

　この戦いの考古学的証拠について、佐原も述べるように単独で有力な証拠になるものがある反面、たがいに補って証拠とされるものもある。前者はB・C群が該当し、後者の代表はA群の10項目であろう。ただしC群については、

松木武彦が述べるように喧嘩や殺人なども想定できる（松木2001）ので、狭義には人を殺めるという行為を直接示す証拠といえるのである。

　そうしたなかで、東日本で弥生時代の戦争を議論するとき、考古資料として検討できる大部分の資料はA群である。B群に関しては磨製石鏃・銅鏃・石剣などの出土はあるが、盾などとともに事例は少ない。これらを西日本と同じように対人用の武器と想定した場合、再葬墓を含めた土器棺内や、方形周溝墓の内部主体から出土してもよいが、集成してもほとんど確認できない。想定される木鏃・牙鏃などの木・骨製品は、低地遺跡の調査事例の増加で、出土の可能性はあるが現段階では比較できる資料はない。Cについても骨が残り難い関東ローム層を基盤とする、台地の遺跡の調査事例が多く弥生時代の人骨の確認は少ない。近年Dの鉄剣副葬やEの銅剣、銅戈などの出土が関東・中部地方で報じられているが、これを実戦用とする根拠が論じられていない。Fにいたっては筆者の知り得ている情報のなかでは、確認できていない。これらは比較し判断できるだけの資料がないため、東日本のA群の「証拠」について考えてみたい。

　さきに挙げた佐原の「防禦集落」を形作る10項目は、それぞれ具体的な研究成果や出土事例に基づいたものである（佐原1999・2002）が、A2環濠集落・A4守りの壕（濠）は集落を壕で囲う、あるいは区切るといった意味では同じである。またA3守りの集落＝防禦（守りの壁＝防壁）は、A4守りの壕（濠）で掘削した土を壕の外あるいは内に土壘とすることが、A2環濠集落の常態と想定できるので、A3とA4は組み合わされてA2となると解釈できる。また、A5守りの柵＝防禦柵は、群馬県中高瀬観音山、秋田県地蔵田B遺跡などで確認されているが、この柵列だけで遺跡全体が防禦遺跡と判断することはできない。例えば中高瀬観音山遺跡では、高地性集落という要素と組み合わせられて初めて、防禦施設であると判断できるのであり、高地性集落であるかが柵列を防禦用と評価する大きなポイントとなる。A6逆茂木、A7のろし、A8出入口の防禦的構造、A9出入口付近の戦いのあとは、東日本の弥生時代の遺跡に該当するものはないが、A6・8・9は、環濠とそのあり方とセットになって考え

るべきものである。A7 は前漢代の「烽燧制」を導入したとは思えない（浜田 2018）。さらに焼土遺構が「のろし」の痕跡であることの蓋然性は乏しいと考える。これらを含めて、東日本での A1 高地性集落・A2 環濠集落・A10 村の破壊・火事を検討してみよう。

　高地性集落と環濠集落は、戦後の弥生集落を代表する主題であり、これまで多くの議論がなされてきた（以下、高地性・環濠集落に関する具体的な研究動向については浜田 2018 を参照）。高地性集落については、紫雲出山遺跡出土の打製石鏃が大形化し、増加することを対人用の武器の出現と捉え、これと軌を一にして高地性集落が増加・衰退する現象を「倭国大乱」の時期に一致させて、弥生時代中期に「戦争」が存在したと結論づけた研究の影響は大きかった（佐原 1975a）。その後、武器の多量出土、高地性集落の出現には複数時期存在することが追究され、愛知県朝日遺跡の環濠から逆茂木が確認されたことなどを代表例として、高地性集落と環濠集落は「戦争」に関連した遺跡とする評価がされてきた。これは高校の教科書にも採用されており、一般的にも周知されているといってよい。

　しかし、高地性集落を「戦争」に関連づけた論理展開の一つの支えであった、「倭国大乱」の時期は当初中期の遺跡を想定していたが、年代の見直しで後期になったことは、研究の進展による結果でありやむをえないことだとする意見もある（田中琢 1991）が、論証方法としては大きな瑕疵があったことは間違いない。新たな証拠が発見追加されたわけではなく、事実誤認であったのであるから。これは石鏃の大形化が対人用に変化した証であるとする考え方も同様で、実際に弥生人骨に刺さっているのが、縄文時代のものと変わらない小形の石鏃である事例からも明らかなように、論理的推測と実態資料との間に齟齬が生じていた。こうした研究上の認定手続きに問題を持ちながらも、1970 年代以降に弥生時代＝戦争の時代像が形づくられていく。それが変化するのは 21 世紀に入ってからである。高地性集落については、それらがすべて「戦争」に関連した遺跡や遺構であったという前提をすてて、分析するという視点で 2002（平成 14）年と 2006 年に『古代文化』（54 巻 4 号、58 巻Ⅱ

号）誌上で特集が組まれ、否定的な意見も多く提出された。環濠集落に対しても外土塁の存在をめぐる防禦性への疑問、近接する環濠集落の密集性など、「戦争」に関連した性格論に否定的な意見も存在する。そのため、20世紀に定着した感のある「戦争」を裏付ける証拠として、高地性集落と環濠集落の存在は、再検討の段階にあるといえる。

　これを前提にしたときに、東日本の弥生集落では高地性集落自体の存在が、西日本より明確ではない。例えば群馬県中高瀬観音山遺跡の場合、比高差60m、石鏃の帰属時期、磨製石鏃・鉄鏃などをどのように評価するかによって、高地性集落であるか判断は分かれるであろう。また、中高瀬観音山遺跡にも共通するが、関東では周辺との比高差が10～40mほどの台地上に展開する弥生集落が普遍的に存在し、縄文集落や古墳集落と同じ場所に存在することが多いのである。弥生時代の集落に限定して台地上に集落が誕生するのではない点は、西日本の弥生集落と大きく異なる。また、標高ではなく周辺の水田耕作可能な低地との比高差が数百mを超えるような高所にある集落の存在はほぼなく、ネットワーク構築が困難である。これらの諸点から考えれば、東日本の高地性集落の存在を、確かな事実として歴史上に位置づけることはできない。

　環濠集落は東日本において千葉県佐倉市大崎台遺跡、群馬県高崎市競馬場遺跡、長野県長野市篠ノ井遺跡群、新潟県新潟市（旧新津市）古津八幡山遺跡などを北限としており、東北からは未発見である。古津八幡山遺跡も高地性集落と考えられているが、石鏃の出土が南関東の集落とは異なるものの、比高差40mの台地上に環濠集落が展開する状況は、南関東の集落と変わらない。

　環濠集落が防禦的な役割を持っているという推測は、確認された当初から想定されていたことである。その理由は城塞の塹壕を思わせるという小野忠凞の想定（小野1953）から、集落に環濠をめぐらせるのは弥生時代と戦国時代であると提言した佐原眞（佐原1979）などの言説が代表である。しかし、これらの推測は環濠だけでは「戦争」に関する施設であることを確認したことにはならない。武器の出土、逆茂木、防禦的機能、戦いの痕跡などといった要素を組み合わせることで、環濠を防禦的役割と論証しようとした試みなのである。しか

し、東日本では環濠に付随した「戦争」要素が乏しい。東日本の環濠集落には
大小規模があり、環濠の存在しない集落もあり、高所と低所にも環濠集落は存
在しており、ほぼ例外なく1条の環濠である。そのため、仮に敵の来襲を想定
する集落づくりであった場合、無防備の非環濠集落は周辺の集落群のなかで、
どのように位置づけられるのか説明がしにくいし、弓矢の射程は1条の環濠を
越えて届く可能性があり、防禦性は高くないのである。こうしたことが東日本
の環濠集落が西日本のそれと大きく異なっている諸点である。現状において
は、東日本の環濠をもって西日本の「戦争」の時代と同質な社会である、と決
定できるだけの証拠と論理的な説明が不足していると思う。西日本でそうであ
るから東日本でも同じであろう、という意識が働いてはいないか。筆者にはそ
のように感じられてしまうのである。

　村の破壊・火事についても疑問がある。佐原は「日本には、戦いで破壊され
た村あとは知られていない。しかし、複数の縦穴（竪穴）住居が焼けている場
合、火矢や焼き討ちによる焼失の可能性が指摘されている」（佐原 2002：p.251）
と集落で複数の火災住居が存在している場合に、戦争の可能性が指摘されてい
るという。この根拠となった論文の典拠は示さないが、横浜市三殿台遺跡の調
査を基に物語風に記述した田中義昭の文献（田中 1974）であることが、下記の
佐原論文から判明する。佐原の支援論文を書いた田中はその後「問題は類焼を
惹き起こす火災の原因である。中には類焼グループと同じ時期に属している住
居で罹災していない例もあるからあるいは集落が別の集団によって襲撃され、
一軒一軒火を放たれたというような想定もあながち荒唐無稽なこととして否定
しさることはできない」（田中 1976：p.59）と想定した。そして、環濠集落であ
る横浜市朝光寺原遺跡にこの考えを適用し、宮ノ台期の17軒のうち12軒が焼
失家屋であり、これらは同時に罹災したと推断した。これを基に、佐原は「南
関東でも緊張状態があったらしいです。この時期には、集落全体が火事で焼け
ているという実例が非常に多い。そういうことから、やはりこれも戦いと関連
するのではないか、と考えられる方もあるのでして、私もそうだと思います」
（佐原 1979：p.19）と述べている。しかし、三殿台遺跡の宮ノ台式土器は細分以

前のものであり、現状で5〜6期に細分されており、すべて同じ時期の類焼ではない。また、朝光寺原遺跡は、報告書が未刊であるため検証ができない。火災の原因は落雷など自然営力による火災、過失による出火、居住できなくなった家の処分のための焼却など、「戦争」以外にも想定できることは多くある。

　これまで東日本の「戦争」の存在について、現状での資料・データから見て、否定的な意見を述べてきた。従来台地上の遺跡を対象にしてきた東日本の調査成果の特性が、こうした推測を導き出したのである。しかし、今後低地の発掘調査が進展しこれまで発見され難かった有機物の資料を中心に、新たなデータが集積されてくるであろう。そうした資料・データを併せて分析することで、より実像に近づくはずである。東日本での弥生時代の「戦争」については、それから判断してもよいのではないか、と思っている。

浜田晋介

第III部

各　論

第1章

栽培植物からみた弥生型農耕の系譜

中山 誠二

はじめに

　日本列島の農耕起源を考える時、縄文時代＝食料獲得経済、弥生時代＝食料
生産経済という二律背反的な理解、稲作中心の弥生時代の捉え方が大きく揺ら
いできている。その理由は大きく二つある。

　一つは、縄文時代においてこれまで明らかにされてこなかった栽培植物の存
在が明確になってきたことによる。西アジアや東アジアの農耕起源において
は、特定植物の栽培化が開始されてから、数千年後にようやく栽培植物の栽培
に基づく農耕の段階へと移行していることが明らかにされているが、同様な現
象が日本列島の縄文時代でも認められ、世界における新石器時代との対比が可
能となってきた。

　二つ目は、弥生時代において水稲農耕にアワ・キビなどの畑作農耕が組み合
わされた複合的な穀物農耕の存在が明らかになってきたことによる。

　本章では、そのような研究趨勢を踏まえてもう一度縄文時代から弥生時代の
栽培植物を確認し、その上で弥生農耕の系譜を「重層性」と「複合性」という
キーワードを使って捉え直してみたい。

1. 農耕に関わる用語の定義

　その際重要になるのが人間の植物利用に関する用語の整理である。多くの研
究者が農耕起源問題の前提として確認を行っているが、ここでは、ピーター・
ベルウッド（P. Bellwood）の定義を再確認することとする（Bellwood 2005）。

　・資源管理（resource management）

　　生物の繁殖や発育、保護に役立ち、種のあいだの競争を低減し、収穫を伸
　　ばし、特定の場所、特定の時期にその種が現れるのを保証し、その性質や

第Ⅲ部　各　論

分布、密度を伸ばすか、あるいは変化させる人間の行為。

・栽培（cultivation）

作物の種子あるいはその他の部位を植え、保護し、収穫し、さらにつぎの
生育期に、意図的に、整備された一定の土地に植え付けるという、連続し
た人間の行為。

・ドメスティケーション（domestication：栽培化、家畜・家禽化）

人間による管理や栽培が原因となって起こる野生植物とは異なる形態上の
変化。人間による形質の選択による遺伝子型への意識的、無意識的な干渉
が原因となる。

・農耕（agriculture）

栽培と栽培化を含むあらゆる行為。畠地における穀物類をはじめとする単
種の作物作付け活動としての農耕と、一定の場所で様々な作物を栽培する
「園芸（horticulture）」、樹木生産を基盤とする「育樹（arboriculture）」とを
区分する傾向があるが、考古学的にはこの区別はできない場合が多い。

　上記のような用語以外に、「半栽培」という用語がある。この用語は、植物
民族学者の中尾佐助が、世界の農耕起源を考える際使用した概念で、採集、半
栽培、根茎類栽培、ミレット栽培へと発展していく植物利用の過程を段階的に
整理したものである（中尾 1966）。この半栽培の概念は、松井健の動植物のセ
ミ・ドメスティケーションとも通ずる概念で、人間と動植物の関係では、野生
と栽培・飼育の中間的な段階として、世界的にも極めて普遍的なあり方である
と考えられている（松井 1989）。佐々木高明は、この概念を積極的に評価して
日本の縄文時代に適応し、原初的農耕（incipient agriculture）への階梯と位置づ
けている（佐々木・松山編 1988）。今日的にこの半栽培の概念が適用されるとす
れば、どの段階にあるのかも含め、以下ではこれらの用語規定にしたがって考
察を加えていきたい。

2.　縄文時代の植物栽培

（1）草本の栽培植物の特定

　縄文時代の植物利用に関してはこれまで、野生植物の利用や一部の植物の管
理、半栽培などの用語で語られてきたが、近年の植物考古学では、ウルシや

第1章　栽培植物からみた弥生型農耕の系譜

クリなどの一部の木本植物にも人による積極的な管理・栽培関与の可能性が指摘されている（能城・佐々木 2014、鈴木 2017）。その詳細はそれぞれの論考に譲るとして、ここでは後述する穀物栽培と対比する意味で、草本の栽培植物について見ていこう。

　近年の植物考古学の一つの方法として特に注目されている手法に、土器の圧痕分析がある。この方法は1世紀以上前から知られているが、圧痕の型取りにシリコーン樹脂を使用し、型取りしたレプリカを走査型電子顕微鏡で観察することで、同定の精度が飛躍的に進歩した（丑野・田川 1991）。また、圧痕は焼成前の土器につけられた陰影であるため時代比定が確実で、試料汚染（contamination）の危険性がないという優れた特徴を持っている。

　これまで行われた縄文土器の圧痕調査では、シソ属、ダイズ属、ササゲ属アズキ亜属、イネ、アワ、キビ、ミズキ、ニワトコ、サンショウ属、ウルシ属、ヌルデ属、エノコログサ属、ブドウ属などの多種類の植物が確認されている。このうち、アワ、キビは紀元前1千年紀にイネとともにもたらされ、九州、四国、本州の島々に拡散する。その一方で、ダイズ属やササゲ属などのマメ科、シソ・エゴマなどのシソ科の栽培植物が、すでに縄文時代中期の段階で高い検出率を示すことが明らかになってきた（中山 2010b、中山編 2014）。以下では、この3種の植物について栽培との関わりで見ていこう。

ダイズ属のマメ利用と栽培

　ダイズはマメ科（Fabaceae）ダイズ（*Glycine*）属 *Soja* 亜属に属する1年生草本である。*Soja* 亜属にはダイズとツルマメの2種、*Glycine* 亜属には7種の多年生野生種が知られている（島本 2003）。

　遺跡から出土したダイズ属の植物遺存体は、これまで弥生時代前期以降とされ、縄文時代の確実な類例はほとんど確認されてこなかったが、近年レプリカ法による圧痕研究により発見され、にわかに注目を集める存在となった。そこで、圧痕分析から得られた縄文期のダイズ属種子を集成し、その大きさと形態を年代的に比較して時間的変化を追うこととした（図1、中山 2015a）。

　日本列島でのダイズ属の試料は、宮崎県王子山遺跡から検出された縄文時代草創期（13,350〜13,300 cal BP 前後）の事例が最も古い（小畑・真邉 2012、工藤 2012）。

75

第Ⅲ部　各　論

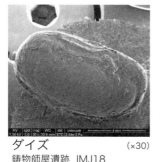

ダイズ　　　　　　（×30）
鋳物師屋遺跡　IMJ18

図1　縄文時代のダイズと種子の大きさの時代変化

　一方、中部日本では、縄文時代早期中ごろ（約9,000年前）からこの種のマメが出現する。早期から前期の試料は、乾燥値の簡易体積が24.6〜77.4㎜³で、現生ツルマメの数値の中に収まるものと、それより若干大型のものが存在する。

　ところが、縄文時代中期になると、様相が一変する。この時期の試料は、乾燥値の体積を比べてみても25.7〜342.8㎜³と大きな開きがあり、現生ツルマメの平均値34.1㎜³（N＝50）と近い数値を示すものがある一方、ツルマメの最大値60㎜³を凌駕する種子がこの中期前葉を境に、一挙に顕在化するのである。

　九州地方の縄文後晩期では、長さ6.6〜10.7㎜、幅5.3〜7.9㎜、厚さ3.7〜5.0㎜、簡易体積が129.4〜422.7㎜³で中期の中部高地に分布するダイズよりさらに大型の試料が検出されている。

　さらに種子の形態に着目すると、縄文時代のダイズ属のマメは次の四つの種類に分類される（図2、中山2015a）。

　　A型：ツルマメ型：15〜60㎜³程度の体積をもち現生ツルマメと同じ大きさ
　　　　　の範囲に収束するタイプで、厚さ比（種実の長幅厚の比率を示す）が
　　　　　25％未満の扁平形と25％を超える楕円形のものを含む。

第1章 栽培植物からみた弥生型農耕の系譜

A型：ツルマメ型
（Wild soybean type）

TNJ012-2

B型：小型扁平ダイズ型
（Small flat soybean type）

IMJ18

C型：大型楕円ダイズ型
（Large oval soybean type）

MTI007

D型：大型扁平ダイズ型（クマダイ型）
（Large flat soybean type）

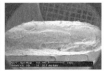

ON1020

5 mm

図2　縄文時代のダイズ属種子の形態タイプ

B型：小型扁平ダイズ型：61〜150㎣の体積をもつ小型栽培型の種子で、厚さ比が全体の25％未満のタイプ。

C型：大型楕円ダイズ型：151〜350㎣の体積をもつ大型栽培型の種子で、厚さ比が全体の25％を超えるタイプ。

D型：大型扁平ダイズ型：151〜450㎣の体積をもつ大型栽培型の種子で、厚さ比が全体の25％未満のタイプ。

この4タイプのダイズ属を年代的に比較すると、A型は縄文時代草創期〜中期まで継続的に存在し、B型は縄文時代中期の中部地方に集中する。C型も縄文時代中期の中部高地に見られるが、時期が確実視されるのは中期後葉の曽利式になってから出現する。D型は現段階では九州地方の縄文時代後晩期に限定される。

ダイズ種子に見られるこれらの形態の多様化と時代的な変異を、個体別偏差を超えた品種差として捉えることが可能であるならば、縄文時代のダイズは野生型から栽培化の過程で、いくつかの品種分化が進行した可能性がある。

現生ダイズの中には、ツルマメと栽培ダイズの中間型の形態形質を持つ「グラシリス」と呼ばれるダイズがあり、栽培植物への進化過程の中間型として、または栽培植物と野生祖先種の間の雑種として栽培植物の進化の過程で重

要な役割を果たしたのではないかと考えられている（阿部・島本 2001）。縄文時代における栽培型ダイズの種子は、まさにこれらの中間型タイプと同じ形態的特徴を持っているのである。

このように見ると、縄文時代中期以降のダイズは種子の大型化という点で、栽培化症候群（domestication syndromes）による形質変化を示す、栽培化初期段階の植物と捉えられるのである。これらの栽培起源地は、アジア地域で複数の候補地が挙げられているが、日本列島もその起源地の一つである可能性が高い（中山 2009・2010b）。

ダイズは畑の肉とも言われるように、たんぱく質や脂質などが多く含まれ、極めて栄養価の高い食品である。現在では枝豆や煮豆、発酵食品を含めた様々な加工法が知られ、日本人にとっても必要不可欠な食料となっているが、縄文時代における利用法についてはまだ不明な点が多い。

アズキ亜属の利用

ササゲ属アズキ亜属はアジアヴィグナ（The Asian *Vigna*）ともいわれ、友岡憲彦らによる研究では、3節21種類が存在し、このうち6種については栽培型が存在することが明らかにされている（Tomooka *et.al.* 2002）。また、山口裕文は葉緑体 DNA の塩基配列から求めた合意系統樹を作成し、アズキ亜属をアズキ類とリョクトウ類に分類している（山口 2003）。

これらのマメは、北海道大学の研究グループが行ったマメの縦断面の幼根と初生葉の形態差による分析によって、アズキ型とリョクトウ型に分類されている（吉崎・椿坂 2001）。吉崎昌一らは、この同定基準（北大基準）を縄文時代の遺跡出土の小型ササゲ属に応用し、縄文時代の小型のマメの多くがアズキ型に属することを明らかにした。同様の方法により、山梨県中谷遺跡、大月遺跡、富山県桜町遺跡、東京都下宅部遺跡出土の小型マメがアズキ型ないしアズキ仲間（ヤブツルアズキ、アズキ、ノラアズキ）と同定されている（松谷 1997、吉崎 2003、佐々木ほか 2007）。

このうち、下宅部遺跡出土のマメは、第1号・2号クルミ塚から出土し、AMS による年代測定によっても、中期中葉の勝坂式期（ca.5,300～4,800 cal B.P）であることが確実とされている（佐々木ほか 2007）。野生のヤブツルアズキの利用は、縄文時代早期前半の滋賀県粟津湖底遺跡出土例が最古であるが（南木・

第1章 栽培植物からみた弥生型農耕の系譜

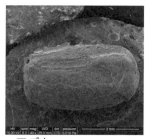

アズキ　　　　　　　（×40)
酒呑場遺跡 SAK26

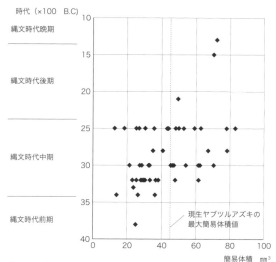

図3　縄文時代のアズキと種子の大きさの時代変化

中川 2000)、かつてリョクトウと考えられていた鳥浜貝塚出土の前期のマメも、その後の研究によってヤブツルアズキの可能性が高いとされる（松本 1994)。

　一方、圧痕分析においてもササゲ属アズキ亜属の種子は、縄文時代前期から晩期にかけて安定的な広がりを見せている。筆者は、現生のアジアヴィグナと縄文時代のアズキ型の種子圧痕との形態や臍構造の比較を行い、それらが植物種としてのアズキ（*Vigna angularis*）であると判断している（中山 2010a・b)。問題は、これらの中に、栽培型（種）のアズキが存在するかである。そこで、現生のヤブツルアズキや栽培アズキと圧痕種子の大きさを比較することとした（中山 2015b)。

　その結果、現生ヤブツルアズキでは、簡易体積（俵形を楕円柱とした場合）が20粒の平均で 22.6㎜³、最大でも約 45.0㎜³ 程度であるが、縄文時代のアズキ圧痕の乾燥値は 12.7㎜³ 〜 83.1㎜³ の種子が存在することが判明した（図3)。特に、縄文時代中期中葉の藤内式期以降ヤブツルアズキより大きな個体が目立つようになる。この傾向はダイズ属よりも若干時期的に遅れるものの、種子の大型化と言う点では同一の現象と捉えられる（中山 2015b)。

　したがって、アズキもダイズ属同様に、縄文時代中期中葉には栽培型（種）が出現している可能性が高い。

第Ⅲ部　各　論

エゴマの利用

　縄文時代の遺跡から確認されるシソ科植物として、シソ属（Perilla sp.）のシソ・エゴマが知られる。シソとエゴマは植物学的には同一種に分類され、エゴマが P. frutescens var. frutescens、シソが P. frutescens var. crispa という変種として扱われ、相互に自然交配可能である（新田 2001）。

　遺跡から出土するシソ科シソ属（Perilla sp.）の植物遺存体は、縄文時代早期〜晩期まで継続的に存在し（笠原 1981、松谷 1983）、粟津湖底遺跡の自然流路内では早期中葉のエゴマの存在が知られている（南木・中川 2000）。全国的な出土事例の中には単独の果実ばかりでなく、炭化した塊状またはクッキー状炭化物の状態でも発見されている（長沢 1989）。シソは独特の臭気を放ち、殺菌作用がある。また、現在のエゴマは食用に加え、灯用や漆製品を製作する際の油などとしても利用されるが、縄文時代におけるエゴマの利用法についてはまだ不明な点が多い。

　シソ属やイヌコウジュ属は、形態や表皮の構造が類似するが、種子の大きさに着目して、エゴマ、シソとさらに小さいレモンエゴマ、ヒメジソ、イヌコウジュの区別が可能とされている（笠原 1981）。鳥浜貝塚出土のシソ属の種実では、湿ったままの測定値で長さ 1.4〜1.5mm、幅 1.1〜1.2mm のものをシソ、長さ 2.0〜2.8mm、幅 1.8〜2.5mm の果実がエゴマに分類されている。松谷暁子は遺跡から出土するこの種の果実が、エゴマ、シソ、レモンエゴマ、ヒメジソ、イヌコウジュ属の順に小さくなり、大きさによる分類の可能性を肯定しながらも、遺跡から出土した個別試料については種レベルの断定を避け、「シソ属またはシソの類」としている（松谷 1988）。筆者が行った計測では、エゴマ、レモンエゴマ、シソの順で小さくなり、エゴマ（N = 20）が長さ 2.2〜2.7mm、幅 2.2〜2.6mm であるのに対し、レモンエゴマの中にも長さ 2.2mm、幅 2.0mm 程度の大きさのものがあることが判明した（図 4）。個別試料の区別は難しいが、少なくとも長さ 2.3mm、幅 2.1mm を超える大型の果実はエゴマとして、他のシソ属とは区別できそうである（中山 2015b）。

　シソ属の果実圧痕は、縄文時代前期前葉以降確認されているが、特に前期〜中期では、マメ科植物と並んで高い検出率を示す。これらのシソ属種子圧痕をみると、長さが 1.7〜2.9mm、幅 1.6〜2.5mm で、シソやレモンエゴマの大きさを

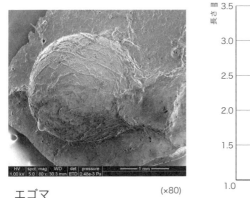
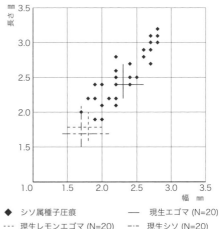

エゴマ
大師遺跡 DIS09 (×80)

◆ シソ属種子圧痕　　　— 現生エゴマ (N=20)
--- 現生レモンエゴマ (N=20)　--- 現生シソ (N=20)

図4　縄文時代のエゴマおよびシソ属の大きさ比較

もつものもある一方で、エゴマと見られる大型の果実も確実に存在している（図4）。富山県小竹貝塚から出土した縄文前期の土器 ODS64 では復元個体で換算すると 1,730 個の果実が含まれ、多量のエゴマが混入されていることが明らかにされている（小畑2015）。

現在、シソは通常放任栽培され、エゴマは毎年畑に播種され栽培される。これは両者の発芽特性の違いによるもので、自生的な状態で育成するシソと雑草型の種子は休眠性を持ち、人の保護下で安全な時期に播種されるエゴマは休眠性を持たないという違いが指摘されている（新田2001）。エゴマの育成にとっては人的栽培、管理が不可欠であり、エゴマの存在は栽培行為を前提に成り立つことになる。このように考えると、縄文時代のエゴマも当時の人々によって栽培されていた可能性が高い。

(2) 生業内における栽培植物の割合

上記のような栽培植物は、縄文時代においてどの程度利用されていたのであろうか。小畑は、縄文中期の中部高地のダイズ、アズキなどが一時的ではあるがメジャーフードとして非常に大きな存在であったと評価する（小畑2011）。それに対し、筆者は同時期のほかの植物質食料との比較の中で、それらが堅果類などの補完的な食料であったと考えている（中山 2010b・2015b）。この評価は、縄文期の生業観に大きく関わる重要な問題である。

この点に関して近年、中部高地の八ヶ岳から茅ヶ岳、南アルプス山麓の縄文遺跡の植物質食料に関する研究が、佐野隆によって進められ成果を上げている。佐野は、縄文時代前期から中期にかけての遺跡・遺構から検出される炭化材、炭化種実、圧痕種実に着目し、それぞれの植物の比率の時代的変化を捉えた（佐野 2018）。その結果、建築材や燃料材として利用される樹種は、前期段階ではクリ、クヌギ節、コナラ節、オニグルミ、クワ属、カバノキ属、サクラ属などの広葉樹を主体とした多様な構成を示すのに対し、中期になるとクリ材の構成比率が高くなり、利用樹木の多様性が低下する。このことは、樹木利用が継続的にクリなどに偏重した結果、遺跡周辺の植生が改変されたと捉えられている。
　中期における炭化樹木に見られる多様性の減少と一部の樹種への指向性は堅果類利用にも認められ、前期の中越式、諸磯式段階でコナラ属が9割前後の圧倒的な比率を示していたが、中期中葉の藤内式段階ではオニグルミが卓越し、これにクリ、コナラ属が加わる構成を示す。依存する植物は変化するものの、堅果類はやはり縄文時代の基幹となる食料資源であったと評価されている。
　一方、圧痕分析による種実は、前期ではシソ属が8～9割を占めこれにマメ科やニワトコ、ミズキが加わる構成であったものが、中期になるとダイズ属、アズキ亜属が全体の半数を占めミズキ、サンショウ、シソ属がこれに続く構成へと変化している（図5）。佐野はこれらの植物資源を堅果類の豊作、不作によ

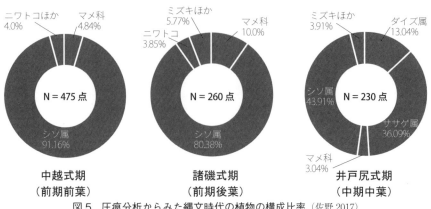

図5　圧痕分析からみた縄文時代の植物の構成比率（佐野 2017）
左・中央：堰口遺跡　　右：柳坪北遺跡

る結実変動に対応した補完食料と捉え、特に水産資源が乏しい中部高地での貴重な植物性蛋白源として位置づけている。

(3) 縄文時代の植物栽培

二次植生帯を利用した植物の管理・栽培と縄文型農耕

　以上、縄文時代中期の中部高地を中心として確認されたマメ科、シソ属の種子圧痕の中に補完食料としての栽培植物が存在する可能性を指摘したが、これらの草本植物は当時どのように栽培されていたのであろうか。

　筆者は、縄文時代の植物栽培の発生過程を「遷移畑（succession field）」論を援用し理解をしているが（福井1983）、この植物利用システムを、今日の植物考古学の知見をいかして以下のように描き直してみた（図6、中山編2014、中山2015b）。

　つまり、人間による既存植生の伐採や火入れのクリアランスにより、集落と一次植生の間には、二次植生帯とも言うべき空間が出現する。ここでは、クリアランスの直後にワラビ、ゼンマイ、ノビルなど裸地を好む植物が自然に繁茂し、肥沃な土地ではそれがクズやツルマメ、ヤブツルアズキ、ジネンジョなどのマメ科植物や根茎類などへと変わり、人による利用性の高い草本植物が出現する。

　やがて、これらの地点にはクリやクルミ、トチなどの木本類が育成し、同時に繁茂するコナラ、クヌギ節、クマシデ属、ヌルデ属などの樹木は、薪炭材や道具の材料として利用される。二次林中のクリやクルミなどは意識的に管理され、中には純林に近いクリ林などが維持された。この空間

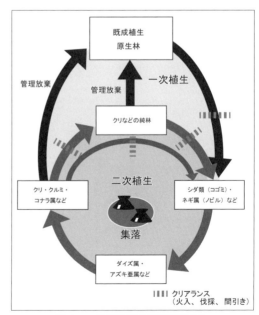

図6　二次植生帯の環境モデルと
植物の栽培管理（中山2017）

が伐採や火入れによりクリアランスされれば、再び好日性の裸地植物が繁茂し、二次植生の循環がなされる。集落の移動などに伴って二次植生帯の人為的管理が途絶すれば、その地域はやがて自然植生に回帰する。

土壌学の分野では、縄文時代の火入れの証拠として列島各地に分布する「クロボク土」が注目されている。クロボク土といわれる土壌には火山性と非火山性起源の土壌が知られているが、後者には植物起源の微粒炭とともにゼンマイなどのシダ類の胞子が多量に含まれることが明らかにされており、山野井はその成因を縄文人による継続的な「野焼き・山焼き」行為の痕跡と捉えている（山野井 2015）。

また、辻誠一郎は、更新世末期から完新世にかけての植生史モデルを示す中で、縄文時代の自然の生態系が、日本列島の南では照葉樹林、北では落葉広葉樹林から成り立つこと、生態系に働きかける様々な人間の活動による多様な「人為生態系」の形成を指摘する（辻 2009）。この人為生態系ともいえる二次植生には人間が利用可能な植物が豊富で、人の選択的な関与と利用により豊かな森が維持される。同時に二次林は動物にとっても格好の餌場となり、狩猟の場ともなり得た。このような人為生態系の管理は、おそらく栽培植物が出現する以前の野生植物の利用段階に遡る可能性があり、数千年におよぶこの営みと選択圧が、やがてダイズ属、アズキ亜属などの栽培型植物を生むことになったと考えられる。

もちろんこのような植生循環システムは概念的なモデルであり、実際の場面では下宅部遺跡（能城・佐々木 2014）のようにそれぞれの植生空間が集落周辺に同時併存したとみられ、図6は植生遷移モデルであると同時に空間モデルとしても理解することができる。縄文人が集落周辺の二次植生帯の一定空間において多種類の植物を管理・栽培したと考えると、そのあり方は園耕・園芸（horticulture）という言葉が最もふさわしいのではないだろうか。冒頭の定義にしたがえば、縄文時代のこのような植物栽培は農耕の初源的な一形態あるいは一階梯として位置づけられ、ここでは縄文型農耕と呼んでおきたい。

それでは、縄文時代の耕作遺構はどのように捉えられているのであろうか。今のところその問いに明確に答えられる事例は極めて少ない。北海道美々北貝塚では、墓域内側に東西2ヵ所の長さ40〜45m、幅4〜7mの範囲に不規則な

凹凸面が認められ、土壌の撹拌状況や団粒構造、キビ族（ヒエ属）のプラント・オパールの存在から縄文時代前期の畠状遺構であったと推定されている（高橋1998）。検出例が極めて少なく確実なことは言えないが、少なくとも縄文時代晩期中葉以前に畝などを伴う定型的な耕作空間は発見されていない。

ツルマメやヤブツルアズキなどの場合、筆者の経験では莢から豆を選別する際にこぼれ落ちた地点から自然発生的に発芽、成長することもあるため、育種において耕起は必須条件とはならない。あえて言うなら、収穫対象の植物以外の雑草を取り除く除草が重要な作業と見られ、明確な考古学的な遺構として検出することが極めて難しいと思われる。こうした事例を含めた実験考古学的な検証作業も必要となってこよう。

縄文時代の植物栽培化のプロセス

次に問題となるのは、野生植物から栽培植物の出現を生み出すプロセスの人間による植物関与のあり方である。ドリアン・フラー（D.Fuller）によれば両者の関係は、図7のように整理されている（Fuller 2007）。つまり、採集民による植物の採集、野焼き、育成を示す野生植物食料の利用段階から、移植、播種、収穫、貯蔵といった野生植物の管理・生産の段階、土地の整理、耕作を伴う組織的な耕作・栽培段階を経て、栽培型植物の栽培による本格的な農耕段階に至る。これらの人的行為の変化の中で、植物そのものも野生型から雑草型、栽培型へと変容を遂げ、栽培型の遺伝子特性を持つ植物が優位となっていく。

この図に縄文時代の植物利用のあり方を重ねて見ると、野生植物の利用は旧石器時代まで遡り、縄文時代草創期〜早期には主要な食料源となる植物が選択され、食料以外の様々な目的に応じた素材利用のために収穫・加工されたと見られる。縄文人にとって利用価値の高い一部の有用植物は、野生種が播種、育成され、収穫される段階に至る。この段階はおそらく早期〜前期における植物利用形態を示していて、いわゆる栽培化以前の植物栽培（pre-domesitication cultivation）が行われた期間が数千年間継続したと推定される。筆者は、この野生植物の栽培段階が従来からいわれてきた「半栽培」の段階に最もふさわしいと考えている。集落周辺は人間が廃棄した有機物のゴミなどによって土壌が肥沃となり、無意識的な生育あるいは継続的な栽培過程で野生植物の中でも大きな種子や有用な特徴を持った個体が選抜され、徐々にあるいは突然変異的に栽

第Ⅲ部　各　論

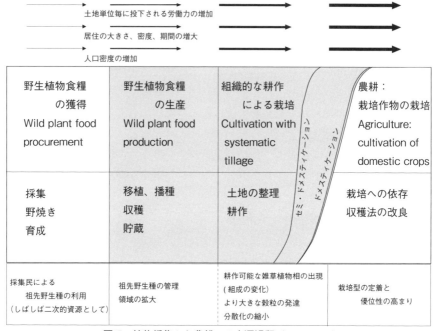

図7　植物採集から農耕への変遷過程（Fuller 2007）

培化症候群の特徴を示すものが遺伝的に固定され、栽培植物を出現させたと考えられる。したがって、那須浩郎（2018）が指摘するように植物のドメスティケーションは、人間の意識的な耕作のみならず、無意識的なレベルでも進行している可能性がある。

　ダイズ属を例にとると、縄文時代中期には野生型と栽培型の形質を持つ種子が混在しており、その利用は過度的な状況を示している。図7の示す最終段階の栽培型の定着と優位性が高まりを見せてくるのは、九州地方の事例を見ても縄文時代後期から晩期にかけてと推定されるが、まだ全国的な資料が不足しており不明な点が多く残されている。

3．朝鮮半島の農耕起源と拡散

（1）朝鮮半島における農耕の起源

　日本列島の穀物農耕の伝播を考える前に、新石器時代から青銅器時代におけ

る朝鮮半島の穀物利用の変遷を簡単に振り返っておきたい。それは、後述する弥生時代における複合的な農耕の理解に不可欠と思われるからである。

　日韓の農耕起源に関しては、それぞれの地域の研究者によって多くの先行研究が蓄積されているが、アジア地域全体のより広域的な視点に立った考察が近年、宮本一夫（2003・2005・2009）、小畑弘己（2011）等によって積極的に行われている。

　中でも、宮本は東北アジアから日本列島までの農耕の拡散について、以下のように整理している（宮本2009）。

①東北アジア農耕化第1段階（紀元前3300年頃）

　　華北から遼西・遼東などの中国東北部を介して沿海州南部や朝鮮半島南部までアワ・キビ農耕が華北型農耕石器（石鏟・磨棒・磨盤・柳葉形磨製石器）とともに広がる。

②東北アジア農耕化第2段階（紀元前2400年頃）

　　これまでのアワ・キビ農耕にイネが加わり複合的な栽培穀物が出現。イネは、山東半島の東南部など黄海沿岸から山東東端を経て遼東半島を介して黄海沿岸の西海岸を南下し、朝鮮半島中西部から南部へと拡散。

③東北アジア農耕化第3段階（紀元前1600年頃）

　　朝鮮半島で無文土器社会が始まり、農耕を主体とする生業形態への転換。山東半島東端から遼東半島、朝鮮半島西海岸に沿って、朝鮮半島中西部から南部へと灌漑農耕とそれに伴う農具などが拡散。

④東北アジア農耕化第4段階（紀元前8世紀頃）

　　朝鮮半島において集約的農耕化が伸展し、集団内部での拡大生産から新耕地を求める人の動き。日本列島の弥生社会の成立。

　この宮本説は、弥生農耕の開始を列島内部のみならず中国北東部から朝鮮半島を含む東北アジア全体の視点で俯瞰的に捉えている点で極めて重要な仮説である。ところが、近年、韓国内において農耕起源の根拠とされてきた植物遺存体の見直し検証作業が進み、改めて年代や同定の確実な資料を確認する必要が出てきた。

（2）韓国内における穀物遺存体の再検証

　韓国内の穀物遺存体の見直し作業は、安承模（2008）、李炅娥（2005）、小畑

弘己（2011）、庄田慎矢（2009）らによって行われている。

　この中で、旧石器時代まで遡るデータを出した小魯里遺跡のイネ[1]、新石器時代の大川里遺跡のイネ・オオムギ・コムギ・アワ・アサのセット、上村里遺跡のオオムギ、大坪里魚隠1地区のイネ・アワ、山新都市遺跡群の泥炭層出土のイネ・ヒエ、青銅器時代の欣岩里遺跡のオオムギ、アワ、モロコシなどの中には、植物の誤同定や後世の遺構からのコンタミネーション（試料汚染）の資料が存在することが再検討の結果などで明らかにされている。特に新石器時代のイネに関する資料は、これらの資料を削除すると注葉里、早洞里、農所里遺跡などの土器胎土から検出されたイネのプラント・オパールのみが残される。庄田は、当該期のイネの存在に関しては、決定的な直接資料が得られていない現状を踏まえ、積極的に肯定も否定もできないとしている（庄田 2009）。

　一方、同定や年代比定の信頼性が揺らぐ中、G.クロフォードや李晏娥による研究によって、東三洞遺跡から出土したアワの^{14}C 年代が4590±100BP に遡り、新たに新石器時代中期に朝鮮半島南部において雑穀農耕が行われていることが明らかにされている（Crawford and Lee 2003）。また、韓国の平居洞遺跡では新石器時代中期のダイズ、アズキと考えられる種子が発見され、その年代もダイズが4200±40BP、アズキが4350±25BP、4175±25BP のデータが得られている（Gyoung-Ah Lee 2011）。

（3）圧痕分析から見た韓国新石器時代のアワ・キビ農耕の普及

　以上の研究上の課題を踏まえ筆者らは、韓国内の新石器時代から青銅器時代の土器に付着した植物圧痕調査を実施してきた（中山編 2014）。その遺跡は、密陽サルレ遺跡（新石器前期）、華城石橋里遺跡（新石器中期）、安山大阜北洞遺跡（新石器中期）、金泉智佐里遺跡（新石器後期）、陝川鳳渓里遺跡（新石器後期）、金泉松竹里遺跡（新石器中期、青銅器前期）、密陽新安遺跡（青銅器前期）、燕岐大平里遺跡 B 地点・C 地点（青銅器前期〜中期）における8遺跡9地点である。新石器時代前期以前の資料が少ないため以下では、近年韓国内で行われた他の圧痕分析の結果を加えながら、穀物農耕の動向を捉えておきたい（図8）。

　韓国釜山東三洞貝塚における圧痕調査では、新石器時代の櫛文土器早期（紀元前6000〜5000年）のキビ、櫛文土器前期（紀元前4500〜4000年）のアワの発見例が報告されており、アワ・キビの穀物が、中国の裴李崗文化期とほぼ同

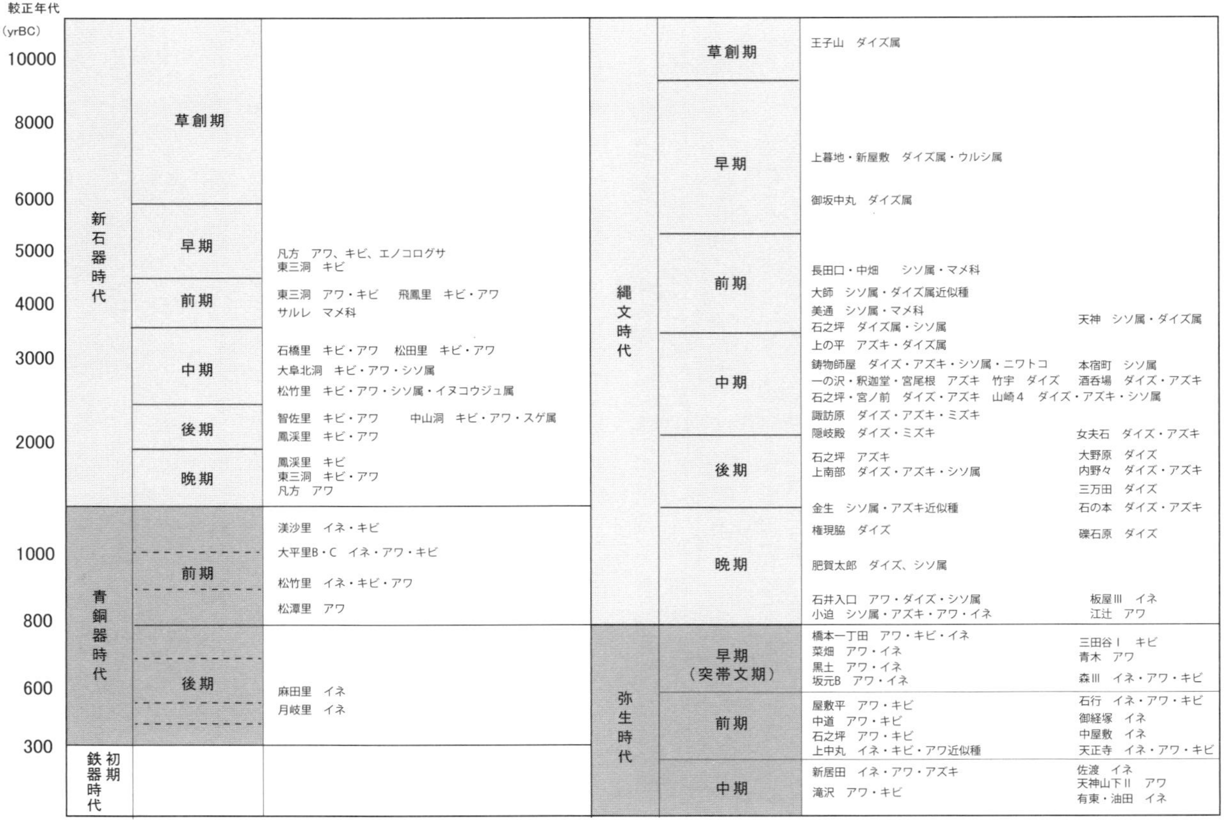

図8　圧痕分析からみた日韓の穀物（一部野生植物を含む）

較正年代（yrBC）

【朝鮮半島】

新石器時代	草創期	
	早期	凡方　アワ、キビ、エノコログサ／東三洞I　キビ
	前期	東三洞　アワ・キビ・アワ／サルレ　マメ科
	中期	飛鷹里　アワ・キビ・アワ／松田里／石橋里　キビ・アワ　松田里　シソ属／大泉北洞　キビ・アワ・シソ属／松竹里　キビ・アワ・イヌコウジュ属
	後期	智財里　キビ・アワ／鳳溪里　キビ・アワ／中山洞　キビ・アワ・アワ・スゲ属
	晩期	鳳溪里　キビ／東三洞　キビ・アワ／凡方　アワ
青銅器時代	前期	漁沙里　イネ・キビ／大坪里B・C　イネ・アワ・キビ／松竹里　イネ・キビ・アワ
	後期	松澤里　アワ
鉄器時代	初期	麻田里　イネ／月岐里　イネ

【日本】

縄文時代	草創期	王子山　ダイズ属
	早期	上暮地・新屋敷　ダイズ属・ウルシ属／御返地中丸　ダイズ属
	前期	長田口・中相　シソ属・ダイズ属近似種／大師　シソ属・マメ科／美浜　シソ属・シソ属／石之坪　ダイズ属・シソ属／上の平　アズキ・ダイズ属／天神　シソ属・ダイズ属
	中期	礫館師屋　ダイズ・アズキ・シソ属・ニワトコ／一の沢・秋津堂　アズキ・宮畑堂　アズキ・ダイズ／竹平　アズキ／石之坪・宮ノ前　ダイズ・アズキ・アズキ／山崎4　ダイズ・アズキ・シソ属／岡防原　ダイズ・アズキ・ミズキ／隠岐堂　ダイズ・ミズキ／本宿町　シソ属／酒呑場　ダイズ・アズキ・アズキ／女夫石　ダイズ・アズキ
	後期	石之坪　アズキ／上稲部　ダイズ・アズキ・シソ属／大野原　ダイズ・アズキ・アズキ／内野々　ダイズ／石の本　ダイズ・アズキ
	晩期	金生　シソ属・アズキ近似種／榎垣脇　ダイズ・シソ属／礫石原　ダイズ
弥生時代	早期（突帯文期）	肥賀太郎　ダイズ・シソ属／石井入口　アワ・ダイズ・シソ属・イネ／小迫　シソ属・アズキ・アワ・イネ／板屋III　イネ／江辻　イネ
	前期	橋本一丁田　アワ・キビ／栗畑　アワ／黒土I　イネ／坂元B　アワ・イネ／三田谷I　キビ／青木　アワ／森川　イネ・アワ・キビ
	中期	扇敷平　アワ・キビ／中道　アワ・キビ／石之坪　アワ・キビ／上中丸　イネ・キビ・アワ近似種／新居屋田　イネ・アワ・アズキ／滝沢　アワ・キビ／石行　イネ・アワ・キビ／御経塚　イネ／中屋敷　イネ・アワ・キビ／天正寺　イネ・アワ・アズキ・キビ／佐渡　イネ／天神山下II　アワ／有東・油田　イネ

第Ⅲ部　各　論

時期の極めて早い時期に朝鮮半島南端まで到達していたとされる（小畑ほか
2011）。小畑らによれば、新石器時代中期～晩期でも、アワ・キビ・シソ属な
どの種子が認められ、その検出割合は晩期になって増加現象を見せるという
（小畑 2012）。新石器時代早期のアワ・キビ圧痕の事例はこの他に、凡方貝塚が
知られるが（小畑・真邉 2014）、この早期の事例に関しては、土器の時期比定の
問題が指摘されており、古澤は新石器時代前期以降のアワ・キビの存在を確実
視する（古澤 2017）。

　続く新石器時代前期では、凡方貝塚、飛鳳里遺跡、東三洞貝塚から、アワ・
キビの圧痕が検出されている（小畑・真邉 2014）。出現期の問題は残るにして
も、小畑らの研究は、宮本が設定した農耕化段階第1段階以前に開始された
アワ・キビ農耕の可能性を示していることになる。

　一方、新石器時代中期では、石橋里遺跡、大阜北洞遺跡の土器から、アワ、
キビ圧痕が検出され（中山編 2014）、この時期に朝鮮半島西海岸においても
アワ・キビの存在を確認することができた。また、松竹里遺跡の調査において
も、アワとキビがシソ属ないしイヌコウジュ属の果実とともに確認されてい
る。したがって、当該期においては、朝鮮半島南部の海岸部から内陸地域にこ
れらの穀物が栽培されていたことは確実といえる。松竹里遺跡から検出され
たイヌコウジュ属／シソ属の圧痕は、日本列島での同時期の利用を考えると、
エゴマの栽培起源に関わる問題ともなろう。

　新石器時代後期では、智佐里遺跡、鳳渓里遺跡で、アワ・キビの雑穀が確
認された。このことは、当該期における朝鮮半島の内陸地域においてもアワ・
キビ農耕が安定的に普及・定着していた可能性を示している。智佐里遺跡では
半島海岸地域から内陸部への人々の動きを示す海水性の二枚貝の圧痕が確認さ
れており、両地域の相互交流の中でアワ・キビ農耕が内陸部へと波及・浸透し
ていったとも考えられる。

　一方、宮本が東北アジア農耕化第2段階の根拠とした新石器時代のイネの存
在は、現状では確実な資料を欠いている。圧痕調査においても確実な資料は、
青銅器時代前期初頭以降増加する傾向にある。したがって、雑穀にイネが加わ
り複合的な農耕が展開していくのは、現段階では青銅器時代と判断するほうが
矛盾はない。

（4）朝鮮半島における稲作の出現

　筆者らの一連の圧痕調査では、燕岐大平里遺跡 B 地区および C 地区、金泉松竹里の青銅器時代の土器からイネの圧痕が検出された。朝鮮半島の当該期の稲作の開始に関しては、この時期を定点としてさらに古い時代に遡及するかが今後の課題となろう。同時にアワ、キビなどの雑穀類はこの時期でも引き続き検出され、新石器時代の早い段階から栽培されたアワ・キビが、青銅器時代前期に稲作が導入された後も、重要な食料の構成要素としてイネとともに定着している様子がうかがえる。このことは、水稲農耕と雑穀畑作農耕が複合した当該期の農耕形態を裏付ける有力な手がかりとなりうる。

　朝鮮半島の青銅器時代の開始は紀元前 1300 年頃と考えられており、日本列島の縄文時代晩期初頭に並行する時期には、すでに水稲・畑作農耕複合が成立していたことになる。

4. 日本列島への穀物農耕の伝播と拡散

（1）見直しが迫られる穀物伝播論

　縄文時代におけるササゲ属アズキ亜属、ダイズ属、シソ属などの植物栽培が有力視されるなかで、イネ科の穀物はいつ、どの地域で大陸からの伝播し、日本列島内に拡散したのであろうか。この問題に今改めて注目が集まっている。

　筆者は、1990 年代において稲作農耕に関わる構成要素を、稲作農耕を直接的に実証しうる植物遺存体資料を第一次資料群、稲作農耕の技術面での存在を示す資料を第二次資料群、その波及の結果として誘引された人々の生活変化を示すものを第三次資料群の 3 つに分解し、それぞれの要素の各地での出現時期を捉えることで、国内への水稲農耕の伝播と拡散について論じた（中山 1999）。この段階では、縄文時代晩期前半以前の第一次資料群（炭化米、籾痕土器、イネのプラント・オパール、花粉化石など）は、37 遺跡がカウントされていたが、2000 年代に入り AMS 法による高精細の年代測定と較正年代の採用により、弥生時代の開始年代が紀元前 1 千年紀初頭に押し上げられる一方、これまで縄文時代とされてきたイネ試料が後世の遺構からのコンタミネーションである可能性が高いこと、縄文後期と判断されていた岡山県南溝手遺跡の籾痕土器が再検討によって突帯文期に時期が降ることなどの結果を受けて、その開始年

第Ⅲ部　各　論

代の見直しが迫られるようになった。

　一方、2000年代に入り一挙に市民権を得た分析法に、レプリカ法による圧痕分析がある。この分析法を用いて、縄文時代から弥生時代への移行期の穀物農耕の実態がより鮮明に浮かび上がってきている。そこで、現段階での圧痕分析による各時期の検出状況を整理してみよう。

（2）圧痕研究から見たイネとアワ・キビの出現

　弥生時代の農耕起源に関わる議論は、これまで稲作を中心に語られてきた感があるが、1980年代の寺沢らによる論考以降、それ以外の植物利用についても、視野が開かれるようになった。今世紀に入り、レプリカ法を用いた圧痕研究が普及して以降、イネばかりでなく、アワ・キビなどの穀物の存在が改めて注目されており、水稲と畑作の複合的な農耕が朝鮮半島から伝播した実態が明らかになりつつある。一方で、穀物栽培の日本列島への伝播時期をめぐって、改めて縄文時代晩期の土器編年が細分化、整理され、厳密にその時期を精査しようとする動きも活発化し、北部九州に加え、山陰地方の重要性も認識されるようになってきた。

　現在、縄文時代晩期末葉から弥生時代後期にかけての遺跡から穀物圧痕が検出されている事例は、管見による限りでも134遺跡が報告されている（図9）。これらを基に国内における穀物の出現と拡散について見てみよう（図10）。

　2000年以降の圧痕分析による穀物の出現に関する研究をみると、熊本県大矢遺跡（阿高式土器）、石の本遺跡（鳥井原式、古閑式土器）、太郎迫遺跡（太郎迫式）でのイネ、石の本遺跡（天城式）のオオムギと同定された植物圧痕が報告されたが（山崎2007a・b）、前三者は中沢によってイネの同定要件を満たさないことが指摘されている（中沢2009）。また、石の本遺跡のオオムギについても、小畑によってその頴果の要件を満たさないことが指摘され（小畑2008）、突帯文式期以降のイネであると判断されている（中沢2009、宮地2013）。

　その一方で、縄文時代晩期前半期の黒川式期までの圧痕で検出される植物組成は、東日本から伝播したとされるダイズ、アズキ、エゴマなどの畑作物を主体とすることが確認されている（小畑2018）。

　小畑は、九州地方における圧痕研究を基に、縄文時代晩期後葉の突帯文出現前後における穀物の存在を指摘する。しかし、宮地によれば、無刻目突帯文土

第1章　栽培植物からみた弥生型農耕の系譜

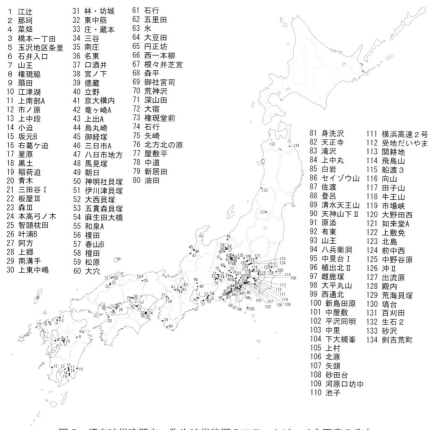

図9　縄文時代晩期末〜弥生時代後期のアワ・キビ・イネ圧痕の分布

器の出現時期は地域によって異なっており、松添式とされた右葛ケ迫遺跡（宮崎県）のアワの圧痕土器についても、刻目突帯文期にくだる可能性が指摘されている（宮地2016）。

　したがって、イネ・アワ・キビなどのイネ科の穀物が出現するのは、弥生早期段階よりも一段階古い縄文時代晩期後葉の突帯文Ⅰ期に絞り込まれて来ているのが現状といえよう。

　その出現地域は、北部九州だけではなく、日本海側に面した山陰地方にも広がっており、その後の日本列島への穀物農耕の広がりに関する考え方も変化し

93

第Ⅲ部　各　論

図10　圧痕資料からみたアワ・キビ・イネの拡散

ている（濱田2013、中沢2014）。

　また、図10が示すとおり弥生時代早期を含む突帯文期には、北部から南部を含む九州地方全域、山陰地方、瀬戸内地域、四国地方、近畿地方まで、穀物農耕が拡散していることがわかる。したがって、イネの水田農耕とアワ・キビを中心とした畑作農耕は朝鮮半島から伝播した初期段階から、両者が複合して普及・定着化していったと考えられる。

　続く弥生時代前期前葉から中葉では、穀物農耕の痕跡は、北陸地方、西部

から東部にかけての東海地方、中部高地、太平洋沿岸地域および島嶼地域を含む関東地方など、さらに東へと展開している様子が見て取れる。この時期は近畿地方の長原式、中部高地の浮線文段階（女鳥羽川式～氷I式）など従来縄文時代晩期末葉に位置づけられてきた土器群の中にも、農耕の痕跡が多く認められる点で注目される（図10）。徳島県庄・蔵本遺跡ではこの時期の水田跡や畠状遺構が発見され、水稲と畠作農耕による複合的農耕の痕跡を示している（図13上）。

　一方、この時期の東海地方から中部高地にかけての植物圧痕は、長野県石行遺跡のイネを除いては、ほとんどの遺跡でアワ・キビによる畠作物が卓越しており、水稲農耕の痕跡が極めて少ない点も指摘されている。本地域のプラント・オパール土器胎土分析では、浮線文期以降イネ資料が増加傾向にあることから（外山・中山2001）、水稲農耕が一部の限定された地域で開始された可能性も捨てきれないが、圧痕分析の結果からはアワ・キビなどの畠作農耕が一段階早く広範囲に定着したと判断される。

　弥生時代前期後葉ではさらに東進し、青森県砂沢遺跡で発見された水田跡からも、稲作が本州北端にまで及んでいたことがわかる。一方、東北地方の圧痕調査ではイネ資料は確認されるものの、アワ・キビの出現については現状では判然とせず定着化が遅れるという指摘がある。東北地方では縄文時代からヒエ属の利用が普及しており、同種の小粒穀物であるアワ・キビにあえて転換する必要がなかったとも考えられ、穀物伝播の地域的な違いを示す事例として興味深い。一方、前時期にアワ・キビが優位であった中部地方から関東地方にかけてはこの時期からイネ圧痕資料が増加し、中期になると水田稲作の普及・定着に向けた動きが本格化していく。

(3) 穀物農耕の重層性と複合農耕の定着

　筆者が2000年代当初のまでの情報で整理を行った第一次資料群、第二次資料群、第三次資料群の伝播図は、その後の再検証や圧痕研究によって修正が必要になってきた。そこで、現状の研究をこれまでの図と重ねあわせて、加筆修正を加えたものが図11である。

　灌漑型水稲や農耕社会の定着を第一次から第三次資料群がすべて出そろう段階と捉えることが可能ならば、その時期は従来の理解とあまり変更する点

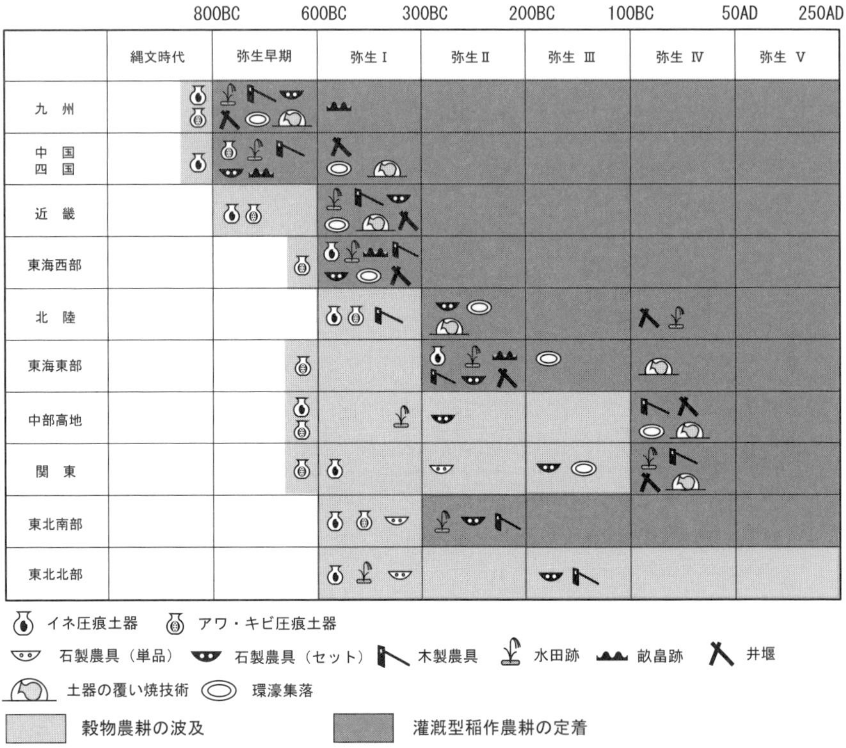

第Ⅲ部　各　論

		縄文時代	弥生早期	弥生Ⅰ	弥生Ⅱ	弥生Ⅲ	弥生Ⅳ	弥生Ⅴ
九　州								
中　国 四　国								
近　畿								
東海西部								
北　陸								
東海東部								
中部高地								
関　東								
東北南部								
東北北部								

（上軸目盛：800BC　600BC　300BC　200BC　100BC　50AD　250AD）

凡例：
イネ圧痕土器　　アワ・キビ圧痕土器
石製農具（単品）　石製農具（セット）　木製農具　水田跡　畠畑跡　井堰
土器の覆い焼技術　環濠集落
穀物農耕の波及　　灌漑型稲作農耕の定着

図11　穀物農耕の波及と定着の時間差

はない。

　問題となるのが、各地で稲作波及期とされていた時期の生業の評価である。この移行期ともいえる時期は従来、食料獲得を主体とした縄文時代の伝統的な生業に稲作農耕が萌芽的に加わりやがてそれが生業の大きな部分を占めるようになると考えられてきた。しかしながら、この時期にはダイズやアズキ、エゴマなどの植物栽培がすでに定着しており、そこにアワ・キビなどの畠作物が加わったと考えると、その導入の過程が理解しやすいのではないか。つまり、縄文時代に基幹食料であった堅果類がアワ・キビ、やがてイネなどの穀物に置き換わり、マメやシソ属などは補完食料として弥生時代以降も継続する。近年、弥生時代の遺跡からもトチの実などのアク抜き作業を行った水場遺構などが検出されており、堅果類の利用は相対的に低下するものの、弥生時代の初期にお

いても貴重な食料源として継続していたとみられる（高瀬 2009）。

このようにしてみると、弥生時代の農耕とは、縄文的な生業や栽培技術の上に大陸系の穀物栽培が加わった重層的な農耕と看做すことができるのではないであろうか。

とすると、日本列島の弥生型農耕は、単純に朝鮮半島から伝播した穀物農耕がそのまま定着したのではなく、外来の水稲農耕と縄文時代の作物にアワ・キビなどを加えた畠作農耕が組み合わされて定着した、日本列島に新たに適応した複合農耕として位置づけることができる。

（4）弥生中期から後期への展開

弥生時代前期後葉以降、各地で灌漑水田の普及、拡大が図られ、時期差はあるものの大規模拠点型の農耕集落が出現してくる。灌漑型水田農耕の拡大は日本列島全体の生業変化をもたらし、農耕社会が成熟化していく現象が見て取れる。しかし、一方でアワ・キビなどの畠作物も一定程度の割合で多くの遺跡から確認されており、食料としての雑穀の存在は安定的であったと思われる。

この時期の栽培穀物については、イネを中心とする見方（安藤 2002）と、イネに加えて雑穀類の存在を重視する見方（浜田 2007a）に分かれていたが、圧痕分析からは、雑穀類も無視できない存在となっている。神奈川県池子遺跡の圧痕分析を行った遠藤は、宮ノ台式期を通じて雑穀の占める割合は 20％程度で、イネが中心でありながらも雑穀も一定程度の割合で検出されるという。また、同時期の関東・中部高地・北陸地方の栽培穀物の割合は、「あえて土器型式別の傾向を読み取ろうとするなら、宮ノ台式土器圏や北陸ではイネへの集中度が高く、対照的に栗林式や北島式の遺跡では雑穀も組成に加わっているといえそうだが、データが多い栗林式遺跡群ではばらつきがみられた」としている（図 12、遠藤 2018）。

一方、池子遺跡から出土した弥生人骨の炭素・窒素同位体分析では、水稲および海産物の依存度が高いと評価されている（米田 2018）。また、深鍋に付着した炭化物の炭素・窒素同位体分析においても、海産物を調理したと考えられる大型甕を除いては、大半が C_3 植物を中心としたデータが得られており、コメを主体的に調理していたと判断されている（白石・中村 2018）。これらの分析から、杉山らは弥生時代の池子遺跡では、C_3 植物の中でも特にコメの摂取

第Ⅲ部　各　論

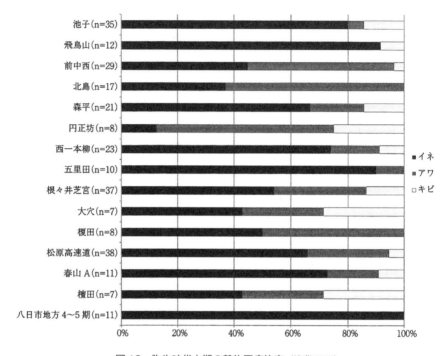

図12　弥生時代中期の穀物圧痕比率（遠藤 2018）

を主体とし、C_4植物である雑穀類や縄文時代以来の堅果類への依存度は相対的に低いものであったと結論づけている（杉山編 2018）。

　しかし、群馬県岩津保洞穴の人骨における炭素・窒素同位体分析では、C_4植物の依存度が高いデータが得られている（山口ほか 2017）。東日本の弥生時代における食生活においては、中期以降イネへの依存度が高まりをみせるものの、平野部や海浜部、丘陵部、山間部などの集落立地の違いに応じて、雑穀を含めて多様な穀物利用の実態が読み取れる。

　雑穀栽培が弥生時代後期においてもなお重要な生業の一部であったことを示す事例として、静岡県愛鷹丘陵上の弥生遺跡群がある。この丘陵上には、八兵衛洞遺跡、中見代第1遺跡、植出北Ⅱ遺跡、北神馬遺跡などの著名な弥生遺跡が点在している。北神馬遺跡の調査では、尾根に挟まれた浅い谷地形を利用して畠状遺構が発見されている（岩崎 2000）。しかし、畠状遺構からの植物分析

ではここで栽培されていた作物は不明であった。筆者らは、これらの丘陵上遺跡群と丘陵下の沖積地に存在する雌鹿塚遺跡出土土器の圧痕分析を通じて、丘陵上の遺跡群ではアワが栽培されていたことを明らかにした（中山・木村2017）。沖積地に展開する雌鹿塚ではイネのみが検出されることを考慮すると、丘陵上における畠作農耕を主体とする集落と沖積地における水稲農耕を主体とする集落が分化していた可能性もある。中部・関東地方の丘陵上の遺跡群は特に弥生時代後期〜末葉に増加傾向があり、かつては防御的な性格をもつ高地性集落として注目されてきた。しかし、筆者は今、それらの集落を支える生産基盤はアワやキビなどの畠作農耕であった可能性を基に、それらの生産拡大に伴う集落の展開と考えている。

　今後、遺跡の地形環境や性格などの違いによって、同時期内における生業の違いが読み取れてくるのではないか。

（5）水田、畠の出現と農耕空間の広がり

　庄・蔵本遺跡ではこの時期の井堰や水路、水田跡が発見され、その規模も1万㎡を超えるものと推定されている。また、水田域の一角に畠遺構が確認されている（図13上、中村2011）。この畠では、東西約17m、南北約11mの範囲に東西方向に10条、南北方向に3条の畝が確認された。この遺構の南西隅の炭化物層からはイネ・アワ・キビ、マメ科の種実が検出されている。年代測定の結果、アワは2420±30BP、キビは2400±30BPの年代が測定されており、年代的にも整合性を持っている。並行する畝立ての技術は、朝鮮半島の同時期の遺跡でも展開しており、アワ・キビ作物ばかりでなく、畠作耕作技術を含めた文化複合の伝播を知ることのできる貴重な調査例となっている。

　それでは弥生時代の人々は、当初水田をどのように開拓していったのであろうか。長野県屋代遺跡の事例が極めて重要である。

　屋代遺跡は、長野県北部の千曲川右岸の自然堤防上に立地する遺跡群の一つで、弥生時代中期の水田開発に伴う低地林の開墾跡が発見され、以下のような水田開発の過程が考察されている（寺内1998）。

　　1段階　ケヤキ・カツラなどの低地林が立ち木として存在。

　　2段階　低地林の伐採。伐採された木は、木製品の作成に利用された可能性がある。

第Ⅲ部 各 論

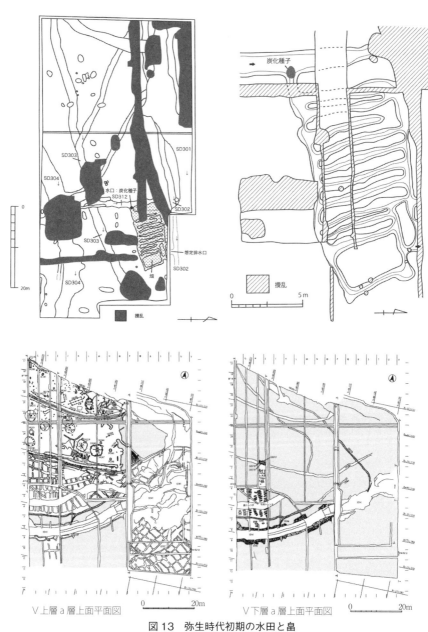

図13 弥生時代初期の水田と畠
上：庄・蔵本遺跡（中村 2011） 下：筋違遺跡（三重県埋文センター− 2014）

3 段階　水田面確保のための伐根。

4 段階　掘り起こした根の焼却。

5 段階　伐根による土坑は、焼土塊や炭化材とともに埋め戻され、水田面
　　　　として整地。

6 段階　中期の水路が新たに掘削。全長 1 km を超える地域で水路網の整備。
　　　　大規模な水田化が、栗林式期直前から始まる。

　こうした過程は、水田利用以前の沖積地の植生環境を水田利用するためにど
のように人為的に開発していったのかを見る上で、極めて重要な発見である。

　同様の痕跡は、大阪南部泉北丘陵の開析谷に位置する小阪遺跡でも観察され
ている。ここでは、著しく炭化した立ち木の根の部分が数多く検出され、人為
的に火を使って木が伐採された痕跡と考えられている。高橋学は、伐採の年代
測定の数値が B.P. 2700〜2600 に集中すること、開析谷中には同時代の水田遺
構と考えられる地層が存在しイネ科の花粉が増加することから、森林を焼き払
い開析谷に水田を拓いた状況を示すものと捉えている（高橋 2003、大阪文化財
センター 1992）。

　また、畠作の耕作を示す事例は、先の庄・蔵本遺跡のほか、弥生時代前期段
階に三重県筋違遺跡などで検出されている（図 13 下）。これらの遺跡では、い
ずれも畝立を示す点では、縄文時代にはなかった耕作技術が朝鮮半島からもた
らされた結果と考えられる。

　その一方で、北神馬遺跡などの弥生時代後期の畠状遺構では、畠の内部を並
行した畝ではなく、方形の溝で区画している事例も見られ、独自の耕作法が地
域的に発生している可能性もある。

　耕作形態の違いは、農耕技術の系譜を明らかにする意味でも非常に重要な要
素であり、東アジア全体の中での再整理が必要である。

5.　まとめ

　本稿では、栽培植物を中心に日本列島の農耕起源について考えてきた。その
結果は以下のように整理される。

①縄文時代においても、狩猟・採集・漁撈など補完食料としてダイズやアズ
　キ、エゴマなどの生育管理または、栽培が行われていた可能性が高い。

第Ⅲ部　各　論

②これらの草本作物は、クリやウルシなどとともに集落周辺の二次植生帯を
利用して栽培されていた可能性が高い。したがって、当時は多種の植物を
同時に育てる園耕・園芸に近い農耕形態であったと考えられ、本稿では日
本列島の初期農耕として改めて縄文型農耕と位置づけた。

③九州から山陰地方にかけては、縄文時代晩期後葉の突帯文土器段階の初
期にイネ・アワ・キビなどのイネ科の穀物が伝播し、それ以降日本列島
に拡散・定着していく。拡散の過程で、中部日本ではアワ・キビなどの
畠作農耕がいち早く定着し、水稲作は若干定着の時期が遅れる傾向が認
められる。

④弥生時代において、アワ・キビ・イネなどの外来作物がそれまで主要な食
料であった堅果類に置きかわる一方、マメ科やシソ科などの伝統的作物は
継続的に栽培され、構成作物の基本が形作られる。

⑤朝鮮半島の青銅器時代に成立した水稲と畠作の組み合わされた複合的農耕
が弥生農耕の一つの核となっていく。この段階で、灌漑水田や畝立ての畠
作技術も伝わり、弥生時代の農耕技術形態の主流となっていく。

したがって、日本の九州島・四国島・本州島に広く定着していった弥生型の
農耕は、縄文時代の作物栽培の上に重層的に構築されている一方で、新たに朝
鮮半島から伝播した水稲と畠作複合農耕の技術を取り込みながら成立した日本
列島に適応した農耕形態であると再評価することができよう。

註
1)　ただし、宮本は小魯里遺跡のイネの存在を認め、温帯ジャポニカ起源に関わる資料として再
評価している（宮本 2017）。

第2章
「海」からみる東日本の弥生文化

杉 山 浩 平

はじめに

　四方を海に囲まれている日本列島においては、海を介した人の移動、物資の流通は、古くから行われてきた。特に準構造船が登場する弥生時代・古墳時代には、前代にもましてその規模が大きくなったと推定される。当時の人々にとって海を介した交通と交流が重要だったからこそ、土器などにその図像が描かれたのであろう。

　しかし、研究史で見たとおり、これまでの弥生文化において「海」からの視点での研究は、低調であったと言わざるをえない。しかし近年、遠隔地間の交流を示す資料の増加、低湿地の遺跡などからの木製品を含む自然遺物の出土量の増加、そして、筆者が現在行っている海蝕洞穴遺跡の発掘調査の進展からみて、弥生時代を農耕社会と一義的に考えられ、ともするとその思考から抜け落ちてしまいかねない「海」の重要性とその位置づけを改めて検討する必要を感じている。それが、弥生文化を多元的に捉え、弥生文化の姿の一端を解明することにつながると考えているためである。

　そこで、本論ではまず東日本での「海」をめぐる議論を踏まえることから始める。東日本の「海」の研究は主に、海上交通と漁撈民について検討されてきた。次に、「海人」を定義し、弥生時代前期から中期の遠隔地交流、弥生時代中期から後期の海蝕洞穴遺跡と弥生時代以降に顕著になるアワビ漁を取り上げて、弥生文化の海人を論じ、農耕社会における海人を位置づけたい。なお、筆者の海人に関する研究では、すでに拙書（杉山2014a）にて、伊豆諸島の研究成果として、黒曜石とオオツタノハ製貝輪をめぐる諸問題については述べており、本稿ではそれらに改めて詳細に触れることはしない。本稿と併せて参照していただければ幸いである。ただし、前書でも取り上げた遠賀川系土器については、その後の知見もあるゆえ、本稿にて再論する。

第Ⅲ部 各 論

1. 研究史の視点—東日本から—

(1) 海上交通の議論

弥生時代の海上交通については、東北地方に関する研究が多い。東北地方北部の沿岸部の遺跡分布は、日本海沿岸から津軽平野にかけては、半島や山麓などに分布が集中するのに対して、三陸海岸では複雑に入り組む地形であるがゆえ、湾口に遺跡が形成されることが多い。この地域の海上交通のあり方について、前者をランド・マーク依存移動型、後者を指標小刻み移動型と齋藤瑞穂は呼び分けた（齋藤2005）。前者では一つ一つの遺跡の存続期間は長くないものの、集中している遺跡のうちのいずれかが営まれていたのに対して、後者では遺跡の継続期間が長い。しかも後期になると遺跡が増加し、その背景を後北C2式・D式土器の南への分布の広がりと関連づけている（同上）。こうした特定の土器の長距離移動を根拠に海上交通を想定する例として、石川日出志は、弥生時代中期の秋田県男鹿半島と新潟平野との交流（石川2012）や南関東地方と近畿地方の交易（石川2011）などが、海上交通によるものであると推定している。

齋藤の遺跡立地の分布論は、「海」をめぐる問題を理解する上で、遺跡の分布論をもとにした重要な研究である。どの時代を対象としていても、これまでの研究においては、特定の地域のみを扱う傾向が強いため、こうした俯瞰的分析と調査されている遺跡の内容の吟味が必要である。

(2) 漁撈民の議論

漁撈民に関する議論は、出土魚類の特異性、釣針や銛などの骨角器の観点から議論されてきた。弥生時代の貝塚や低地部の調査例が少ない関東地方において、魚類をはじめとした食料残滓が、発掘調査で検出される例は限定的であった。しかし、自然遺物に恵まれた神奈川県逗子市池子遺跡の報告（山本・谷口1999）を機に、近在する海蝕洞穴遺跡との関連を含めて、樋泉岳二・設楽博己が弥生時代の漁撈集団について言及した。

池子遺跡の出土魚骨を分析した樋泉岳二は、調査区内で水田址は検出されていないが、旧河道から大量の木製農具（未成品を含む）と炭化米が出土している点を挙げて、池子遺跡では水田稲作が行われていたことを想定した。そのう

えで、鹿角製の銛などの骨角器やサメ類やカツオの骨が多く出土することから、刺突漁など高度な漁撈技術もあわせ持った集団がおり、農業と漁撈に携わるもの同士が一つ集落の中に、共存していた可能性を指摘した（樋泉 1999：p.335）。

一方、設楽博己は漁撈集団が農業集団に取り込まれ、寄留していたと推定している。その根拠には、漁撈集団が狙っていたものが外洋性の大型魚に特化する点を挙げた。縄文時代以来の伝統的な漁撈集団が、農耕化することなく、海蝕洞穴を拠点として活動し、その「分かれ」が専業的漁撈集団として池子の農耕集落に寄留したと想定している（設楽 2005：p.318）。設楽は、池子遺跡は単純な農耕集落ではなく、複数の生業基盤を有する集団が一時的であろうかなかろうかを問わず、共生していた遺跡であると想定している。

こうした農耕民と漁撈民とをあえて区別して考える意見に対して、高橋健は骨角器の分析から異議を唱え、関東地方の漁撈技術はあくまでも在地集団（農耕民）が、他地域の技術を取り入れ、外洋漁撈を発達させたものであるとしている（高橋 2017）。

この三者の議論は、「漁撈民」の位置づけを問題にしている。しかし、一口に「漁撈民」としても、その内容は様々であり、第Ⅱ章の研究史で記したように民俗学の薫弘道は、本来沿岸を主とした漁民と外洋にでる航海民を区別することは難しいと指摘しているとおり、外洋での漁撈活動を行ったか否かを基準の一つとして漁撈集団の特異性を議論することは、その実態のすべてが考古学資料に反映されてくるわけではないので確かに容易ではない。ただ、漁撈集団もその活動内容により性格が異なることを想定することは可能であろう。例えば、民俗学の高桑守史が指摘したように、漁撈のなかにも、海への志向性の強い海民漁業のなかに、特殊漁民集団としての「あま漁民」・「つき漁民」があり、そのほか「釣・縄漁民集団」がある。そして、もともとの農民が漁業を営むようになり、海への志向性をあまり持たない農民漁業としての「網漁集団」がある（高桑 1984）（図 1）。「漁撈民」といっても、その活動および生活様式はさまざまであろう。

こうした漁撈民の分類を考古資料で見た場合、遺跡からの魚骨・貝類・骨角器の出土の有無で、集団と集団の違いとして理解することができる。しかし、漁撈具の分析によって専業的な漁撈集団を認めたとしても、それが集落内分業

105

第Ⅲ部　各　論

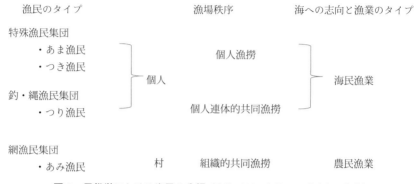

図 1　民俗学における漁民の分類（大林 1996、高桑 1984 をもとに作成）

もしくは集落間分業であるのか、あるいはその時代の特殊性もしくは普遍性なのかによっても解釈が異なるものの（山崎 2004）、遺跡という空間を利用した人々の生業の痕跡と採取された食料残滓が残されているのであり、そこには明らかな差が認められると考え、解釈し研究を進めていくべきであろう。

　これまでの弥生時代の漁撈民の議論においては、農耕民と対峙的に捉え、その専業性と特殊性のみを主張してきた。しかし、先に挙げたような漁撈民内での差異を考慮することがなかったのではないだろうか。そこで、本論では漁撈民内での差異を意識しつつ、最も独立した集団としての「海人」集団に着目して、弥生文化を捉えることにしたい。

2．海人の定義

　論を進めるにあたり、筆者が用いる用語について説明をしておく。本論ではしばしば「海人（かいじん）」を用語として使う。本稿でいう「海人」とは、沿岸における漁撈活動の枠を越えて、外洋航海をする技術を持ち合わせ、外洋性の漁撈活動および交易など海を主な生業の場とする人々を「弥生海人（やよいかいじん）」もしくは「海人」と呼び、その集団組織を「弥生海人集団」と呼ぶ（杉山 2014a：p.4）。先の高桑の分類に当てはめてみると、「あま漁民」・「つき漁民」と「釣・縄漁民集団」は海人の中に入れて考えている。

　付け加えて、沿岸と外洋・外海との境界をどこに置くのかを記す。筆者はその両界について、陸から目視できる範囲が「沿岸」であり、天候等にも左右さ

れるが、通常目視できない範囲を「外洋」・「外海」と捉える。

この捉え方は、一面的には筆者の感覚的なものである。小田原の海岸端で育った筆者にとって、晴天時に沖合に見えるのは伊豆半島から江ノ島、そして大島ぐらいの領域である。そして時に、快晴で空気が澄んでいれば、利島ぐらいまでは、その島影を見ることができた。しかし、新島・三宅島などは、1年の間でもほとんど見ることができない。相模湾から見た場合、この島の間に「沿岸」と「外洋」の境界を感じる。

この感覚は、決して筆者の独善によるものでも必ずしもない。以前、縄文時代後半から弥生時代前半の黒曜石の流通を検討した際に、大島の下高洞遺跡・新島の田原遺跡・三宅島の島下遺跡を取り上げ、遺跡内での石材消費のあり方と利用される石材について検討を行った（杉山・池谷 2010）。その結果、田原遺跡と島下遺跡では剥片総数における大型剥片類の比率が極めて高いのに対して、下高洞遺跡では大型剥片類の比率が低く、石材を徹底的に消費している姿が明らかになった。

また、ほかの伊豆諸島の島々では神津島産黒曜石が圧倒的多数を占めるにもかかわらず、下高洞遺跡では対岸の天城産黒曜石や箱根産のガラス質安山岩など、多彩な石材が石器製作に用いられていた。その姿は、本土部（神奈川県や静岡県の相模湾沿岸地域）の同時期の遺跡と同様であった。つまり、下高洞遺跡は、伊豆大島の遺跡ではあるが、相模湾を交易の舞台とする本土部の遺跡の最前線の遺跡であると評することができる（杉山 2014a：p.71）。つまり、伊豆諸島から相模湾を俯瞰した場合、大島の南あたりが沿岸と外洋との境界としてみることができるだろう。実際に、黒潮の流れが北上した場合、新島近海を流れることがあり、海流から見た場合でも、大島や利島の南で境がある。

3. 稲作を伝えた海人―弥生時代前期から中期の問題―

(1) 遠賀川系土器を携えた海人

前著において筆者は、関東地方へ水田稲作を最初に伝えたのは、伊勢湾西岸の遠賀川系土器を携えた集団であると想定した（杉山 2014a）。その根拠は以下の通りである（図2）。

・関東地方で出土する弥生時代前期の遠賀川系土器の分布は、伊豆諸島から

第Ⅲ部　各　論

神奈川県西部に集中する。特に伊豆諸島から多く出土している。
・同地域で出土する遠賀川系土器は大型壺が多く、甕などほかの器種は極めて少ない。
・現段階において、弥生時代に稲作を行った証左とされる炭化米やコメの圧痕は、伊豆諸島から神奈川県西部に集中している。
・三宅島島下遺跡の調査において、条痕文土器の2点からコメの圧痕を検出した。その土器は胎土分析によると、フォッサマグナ以西からの搬入品であった。また、出土した遠賀川系土器についても胎土分析を行った結果、フォッサマグナ以西からの搬入品であり、施文・装飾方法などから、その土器の出自を伊勢湾西岸地域と推定した。
・遠賀川系土器の出土分布が集中している伊豆諸島・神奈川県西部では、神津島の砂糠崎産黒曜石が流通しており、石器の点からも両地域における交流が確認される。

　まず、遠賀川系土器は伊勢湾周辺以東において、極めて限定的な出土となる。静岡県内では破片が数点出土しているものの、伊豆諸島や神奈川県西部に比較すると東西方向の距離が長いにもかかわらず出土量は少ない。

　遠賀川系土器では蓋・甕、そして複数の大きさの壺で様式として成立する。今回取り上げる遠賀川系土器は、伊勢湾西岸に主に分布する「金剛坂式土器」（紅村1975、永井2010）である。この土器型式の器種構成では壺と甕が主で、鉢を少量伴い、蓋と高坏がない。そして大型壺が多いのが特徴である（永井2010：p.33）。伊豆諸島で出土する遠賀川系土器は大型壺が大部分であり（図2）、甕の破片は新島の田原遺跡のみで1点出土しているに過ぎない（同図20）。本土側をみても、神奈川県秦野市平沢同明遺跡から可能性がある刷毛目の破片が1点、静岡県富士市山王遺跡の未報告資料の中に1点あるだけで、ほかはすべて大型壺である。こうした状況証拠から、伊勢湾沿岸域で条痕文土器を用いる集団と関わりのある遠賀川系の大型壺を携えた集団が、主として海沿いに進み伊豆諸島へ渡り、そこから北上するように伊豆半島・相模湾へ進み、足柄平野および秦野盆地へたどり着いたと想定した（図3）。

　土器の移動形態を類型化した森岡秀人の研究を参考にすれば、「特定単器種移動」類であり、土器の機能自体が移動目的となる場合や内容物と深く絡まる

第 2 章 「海」からみる東日本の弥生文化

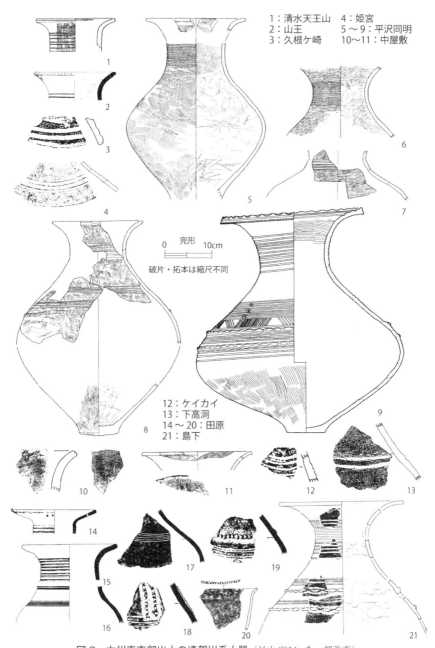

図2　本州東南部出土の遠賀川系土器（杉山 2014a を一部改変）

第Ⅲ部 各 論

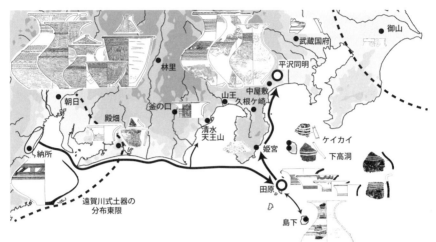

図3　遠賀川式（系）土器の分布と伝播ルート（杉山2014aを一部改変）

ケースが想定される（森岡1993）。遠賀川系土器の製作地と推定される伊勢湾沿岸と伊豆諸島では、250km以上離れており、しかも出土資料からみると両地域は相互交流ではなく、西から東への一方的なものである。また運ばれる土器が大型土器に限定されることから、「内容物運搬型移動」類であり、その内容物はコメではないかと推定している。

　44点の土器の胎土分析を行った島下遺跡では、必ずしもそのすべてがフォッサマグナ以西地域からの搬入土器で占められているわけではなかった。島下遺跡からは他にも、相模地域に特徴的な縄文施文の土器や条痕文土器なども出土しているため、伊勢湾沿岸の海人だけが島に到来して、その後北上しつつ稲作を伝えたわけではない。そこには伊勢湾沿岸地域にもあるような、遠賀川系土器と条痕文系土器を使う集団との混在と交流が伊豆諸島においても行われたのである。

　同じ時期、日本海側でも水田稲作は、東北地方北部に至るまで海沿いに急速に広がる。ただし、それではこの地域でも遠賀川系土器の集団が伝えたのかというと、異なる。東北地方では「類遠賀川系土器」の出土例は多いものの、遠賀川系土器そのものの搬入例は極めて少ない（高瀬2000）。また、在地の粘土で製作される類遠賀川系土器についても、壺のみならず甕・蓋など複数の器種で構成される点も関東地方の例とは異なる。佐藤由起男はこうした資料をもと

に、東北地方への水田稲作の導入においては、東北地方からの「派遣者」が、技術を習得し、持ち帰ることで開始したと推定している（佐藤 2003）。

関東地方のように、伊勢湾沿岸の地域の海人の直接的到来による水田稲作の開始と東北地方のように、派遣者による開始とに相違が見られる。関東地方への伊勢湾沿岸の海人の渡航が、「招聘」によるものか、「冒険的・偶発的」なものかは、考古学資料からは検討が難しい。しかし、東日本における水田稲作の開始の様相が一様ではないことは確かである。弥生時代前期の遠賀川系土器を携えた海人集団の渡来が、関東地方への「稲作伝播の第1波」といえる。

（2）近畿系・東海系土器を携えた海人

弥生時代中期中葉の関東地方も、前期同様の遠隔地からの集団の到来を受け入れている。神奈川県小田原市中里遺跡では、近畿地方（東播磨から西摂津地域）の土器（近畿系土器と以後略す）が大量に出土している。2016（平成28）年に待望の発掘調査報告書が刊行され、その全体像が明らかになった（戸田ほか 2015）。中里遺跡出土の土器では、在地の土器型式である中里式土器が主体を占めている一方で、近畿から東北地方南部に至る各地の土器も出土している（図4）。中里遺跡に占める外来系土器の比率はおよそ4%である。そのなかでも最も多いものが、近畿系土器である（同図1〜22）。その他、東海地方の貝田町式（23・24）、瓜郷式（25）、飛騨の大地系（26）、北陸の小松式（27）や図示していないが信州の栗林式、関東北部の池上式、南東北の南御山2式など各地の土器が出土している。

中里遺跡の近畿系土器の器種構成は多様であり、壺（35%）・甕（28%）・鉢（3.8%）・高坏もしくは台付鉢（4.4%）・蓋（0.6%）。不明底部（19.5%）・不明胴部（8.6%）である。約35,000㎡を発掘し、竪穴住居なども多数検出した集落遺跡であるゆえ、出土量が多く、土器器種も多岐にわたっている。単純に弥生時代前期の例と比較できないものの、器種構成において壺が多い点は前期の遠賀川系土器と類似しており、通常の集落遺跡で見る土器の器種構成とは異なる。

壺も当該期の近畿地方の土器に多い、櫛描文を施した装飾性の強い土器が中里遺跡で少ないことは、すでに発掘調査直後の検討会で安藤広道が指摘したことである。そのほか、壺では、頸部に指頭圧痕による突帯を貼り付ける広口壺（同図1〜8）や、短く外反する口縁部を持つ大型の広口壺（同図10〜13）など、

第Ⅲ部 各 論

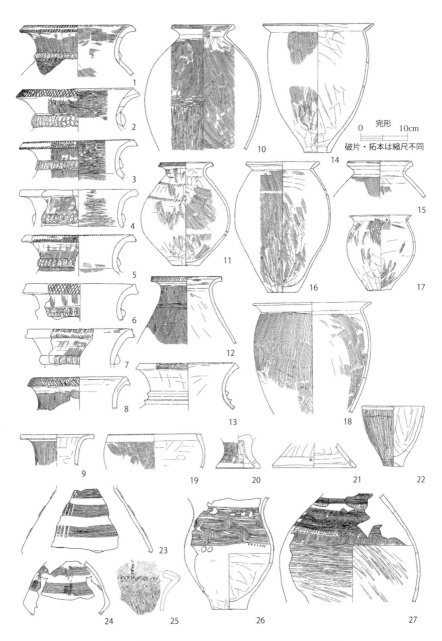

図4 中里遺跡出土の非在地系土器（戸田ほか2015）

第2章 「海」からみる東日本の弥生文化

装飾性の低い大型の広口壺が 54 点と最も多い器種となっている。この器種構成の偏りを根拠として、石川日出志は移住ではなく、交易を目的とした渡海を推定した（石川 2011）。筆者は石川からの指摘を受け、この器種を古代ローマ時代の輸送用土器であるアンフォラになぞらえて、近畿地方からの船団が大型の広口壺に内容物（実際にはコメなどと推定）を納め、輸送目的で準構造船に積み込み、渡来したものと推定した（杉山 2014b）。近畿系土器の出土例が多いことをみると、その最終目的地が南関東地方だったのだろうか。

交易を目的とするなら、近畿地方から関東地方へ向けて沿岸航海をしながら進む中で、これらの大型の土器が消費されながら（もしくは荷下ろしされながら）、進むのではないだろうか。しかし、中里遺跡以西の東海地方（伊勢湾沿岸は除く）において、同時期の近畿系土器の出土例は極めて少ない。管見の限りでは、静岡県菊川市宮ノ西遺跡で広口壺が 1 点（報文：SK220、1576）（髙木・蔵本 2016）、出土している。そのほかに長野県下伊那郡喬木村阿島五反田遺跡か

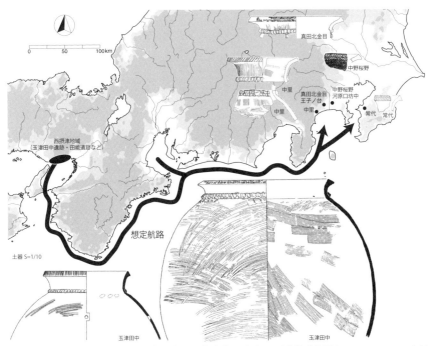

図5　弥生時代中期の海人の想定航路と関東地方で出土する近畿系土器（杉山2014bを一部改変）

第Ⅲ部　各　論

らも出土している（未実見、石川日出志氏教示）。むしろ、神奈川県および千葉県の弥生時代中期中葉の遺跡から、中里遺跡と同じように頸部に突帯を持つ広口壺または甕が出土している（杉山 2014b）（図 5）。

　また、近畿系土器と同様に東海系土器の動きにも注目する必要がある。中里遺跡で出土している貝田町式土器や瓜郷式土器は、東海地方東部（静岡平野）から関東地方の沿岸部（相模地域・内房地域）の遺跡から多く出土している（杉山 2009）

　遠賀川系土器同様に、大型の壺が主体を占める近畿系・東海系土器の移動、そして、関東地方では中里遺跡が営まれる中期中葉段階からの低地への進出（石川 2001）、炭化種子や土器に残る圧痕からみて中期中葉以後にイネの検出率が増加する傾向（遠藤 2018）を勘案すると、中期中葉の近畿系土器・東海系土器を携えた海人集団の渡来が南関東地方へ行われ、それは「稲作伝播の第 2 波」だったのではないだろうか。

　東北地方では「派遣者」による導入を契機として、内陸を玉突き的に稲作がその大部分に広まっていったのとは対象的に、南関東地方では複数回の海人集団の渡来を受け入れることで、水田稲作が広まっていったと考えられる。

（3）海人（漁撈）と農耕—民族学・地理学の視点—

　本章では、拙書（杉山 2014a）での議論に中期中葉の事例を加え、海人により関東地方への水田稲作の展開を述べてきた。農耕民と海人という、陸と海の関連性については、これまでの日本考古学においてほとんど結びついて考えられることはなかった。しかし、隣接学問分野では、農耕と海人（漁撈）との関わりは、比較的早くから指摘されていたのである。

　民族学の岡正雄は、石田英一郎・江上波夫・八幡一郎との対談において、弥生文化を構成する主要な種族文化として「（Ⅲ）父権的社会　村落共同体、年齢階級組織（中略）。いちじるしく男性的な原理が支配している。漁撈民的、栽培民的、戦士的、年齢階級的、男性的社会（後略）」（岡 1958：p.70）としている。岡がこのように漁撈民的要素を弥生文化のなかに見たのは、紀元前 4・5 世紀頃の中国江南で水稲栽培と漁撈文化を持ち合わせた民族が、朝鮮半島を経由して日本列島へ到達し、縄文文化の地盤の上で新たな文化を形成したと捉えていたためである（同：p.14〜17）。

第2章 「海」からみる東日本の弥生文化

　この 1958（昭和 33）年の段階で、弥生文化には漁撈的要素が強く、栽培文化との関連性を指摘しているにもかかわらず、考古学に影響を及ぼさなかったのは、対談・討論において弥生文化の考古学的説明を行った八幡一郎が古い認識（年代観）で提示したためであり、岡の論説が活かされない結果となってしまった（石川 2013：p.195）。しかし、民族学においては、その後、大林太良によって民族文化の系譜の研究が引き継がれ、海人の移動による文化同質性など、広域への伝播における海人の重要性は指摘されたものの（大林 1983・1990）、考古学の研究において参照されることはほとんどなかった。

　地理学のザウアー（Carl O. Sauer）は、その著書 "Agricultural origins and dispersals"（邦題：『農業の起源』）において、地理学的見地から世界の人類・栽培・家畜・牧畜史に関して俯瞰しつつ、詳述している（Sauer 1952、竹内・斎藤訳 1960）。この書のなかで、ザウアーは、農耕と漁撈との関係性を強く主張している。旧世界において、新石器時代における最も早い農耕生活者は、淡水に沿った地の進歩的な漁撈民であったと指摘し、漁撈と農耕の融和性を述べている。定住生活では、安定した食料資源として魚類が重要な位置を占めており、その獲得のためには川の合流点や湖の出口など漁撈に常に有意な位置において初めて可能であった。そして、その立地が交通路となり、物の交換や思想の成長という社会変化に結び着いていく（竹内・斎藤 1960：p.55）。つまり、本来、農耕は漁撈文化と密接な関係にあるのである。

　しかし、こうした民族学・地理学・生態学的な観点が日本考古学（特に弥生時代研究）に導入されることは、同時代においてなかった。今、多くの海人や海の文化が、様々な形で検討され始めているなかで、改めて参照されるべきであろう。

4. 海蝕洞穴と海人

（1）海蝕洞穴と海人

　海蝕洞穴遺跡は、波の浸食作用によって空洞化した断崖が地殻変動で隆起・離水し、その後に人類が利用した空間である。東日本では、伊豆半島・三浦半島・房総半島・仙台湾沿岸、そして能登半島・佐渡島に多く分布し、古くから研究者の関心を引き、発掘調査が行われた。

115

第Ⅲ部 各 論

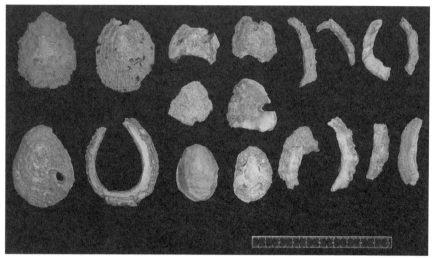

図6　三宅島ココマ遺跡出土のオオツタノハ製貝輪未製品（鷹野・杉山編 2009）

　近年、弥生時代の海蝕洞穴遺跡が再評価されている。報告書だけでも神奈川県三浦市雨崎洞穴（中村・剱持ほか 2015）、福井県越前町厨1号洞穴（佐藤・小出 2017）の発掘調査報告書が刊行され、新潟県佐渡市浜端洞穴の資料（齋藤 2012）や三浦半島の洞穴遺跡出土の離頭銛（高橋 2005）の再検討などが行われている。また、最も海蝕洞穴遺跡が集中している三浦半島については、中村勉により総括がされている（中村 2017）。

　海蝕洞穴遺跡では、離頭銛・アワビオコシなど専門的な漁撈具が出土することが多い。それゆえ、漁撈民との関わりがこれまでにも重視されてきた。また、これまで洞穴を利用していた人々は、農耕民とは異なり、後進的とさえ見られていた。しかし、海を利用した人々の交通・交易は、弥生・古墳時代の社会において重要な要素であるに違いないと再評価され始めている（西川 2014・2015）。

　筆者が、海蝕洞穴と海人を結びつけるのは、これらの専門的漁撈活動に加えて、海蝕洞穴遺跡からのオオツタノハ製貝輪の未成品の出土（忍澤 2009・2011）などに示されるように、遠隔地との交易や流通活動において重要な役割をはたしていると考えるためである。

　筆者が調査を行った遺跡を例としてあげてみよう。三浦半島の先端から直線距離で 115km 離れている伊豆諸島の三宅島のココマ遺跡では、弥生時代にオオ

図7 三浦半島のオオツタノハ製貝輪

ツタノハ製の貝輪が集中的に生産されていた（鷹野・杉山編 2009）。発掘調査面積 0.35 ㎡で出土した貝輪片 106 点、採集品 51 点は、すべて製作途上で生じた残滓もしくは失敗品であった（図6）。発掘調査地点の背後の土層断面にも、びっしりとオオツタノハなどの貝類が遺物包含層の中に顔を覗かせていた。生息地の1つと考えられ、ココマ遺跡の対岸 20km の御蔵島から、莫大な数のオオツタノハ貝がココマ遺跡に持ち込まれ、貝輪製作のための加工が行われたと推定される。

ココマ遺跡から搬出されたオオツタノハ製貝輪は、三浦半島の海蝕洞穴遺跡にまず持ち込まれた。三浦市雨崎洞穴（図7左から3点）・大浦山洞穴・海外洞穴・間口洞窟（図7右端）から、殻頂部を打ち抜いた状態の貝輪の未成品や完成品（間口洞窟）が出土している（忍澤 2009・2011）（図7）。オオツタノハは相模湾沿岸には生息しない南海産貝類であるため、ココマ遺跡と海蝕洞穴遺跡とを往復する人々により、遠く三宅島から運ばれてきたのである。島伝いでの往来とはいえ、外海に出ての航海と交易は、海人集団が担ったのであろう。

三浦半島の海蝕洞穴の利用開始時期は、間口東洞穴（川上・野内1997）の縄文時代後期からである。そのほか多くの洞穴は弥生時代中期（特に後葉：宮ノ台式期）から利用が始まり、細かい断絶はあるものの、古代・中世まで継続して利用される。弥生時代から古墳時代前期は、主に生活・生産の場（居住していたか否かは不明）として、古墳時代中期以後は墓域として利用されている。生活・生産の場としての利用は、洞穴内部の堆積土に層厚各数cmの焼土・貝層・灰層・炭化物層・砂層の互層が面的に厚く堆積していることから推定される。

しかし、この互層を細かくみていくと、形成される時期は、弥生時代中期後葉から後期前半に限定される。その前後の時期はいずれの洞穴遺跡において、例え遺物包含層が形成されたとしても土壌層である（杉山2017）。この弥生時代中期後葉から後期前半の時期の海蝕洞穴は、前後の時期に比較して特殊な使われ方を

第Ⅲ部　各　論

していたのである。また、中期後半から後期前半の海蝕洞穴遺跡では、オオツタ
ノハ製貝輪の未成品が出土しており、三宅島などとの往来を海人が積極的に行っ
ていたその時期に該当する。

(2) 海人と農耕集落

　海蝕洞穴からは弥生時代の人骨が出土している。現段階で共伴土器などから
弥生時代の人骨と考えられるものは、大浦山洞穴（中村・諸橋1997）・間口洞窟
（神沢1973・1974・1975）・西ノ浜洞穴（岡本・塚田ほか1983）出土のものである。
このなかで年代測定が行われているのは、大浦山洞穴のみである（Yoneda・
Saso *et.al.* 2005）。大浦山洞穴と間口洞窟では、洞穴の側壁の岩陰から頭蓋骨な
どが検出され、その一部には解体痕も残されていた。西ノ浜洞穴では、弥生時
代後期の地層から、30cm四方の範囲に下顎骨・肢骨などの上に頭骨を載せた
ように埋葬された人骨とその脇から鹿角製釣針が出土している。

　しかし、これらの人骨には全身骨格が残るものはなく、また損傷が激しいも
のもあり、洞穴を利用した人々に関する検討は、まだ十分に行われているとは
言いがたい（鈴木1997、佐宗・劔持・諏訪2008）。近年、愛知県保美貝塚から出
土した人骨の上腕骨が発達した点など航海民の骨の発達が指摘されたばかりで
ある（海部・増山2018）。今後、これらの海浜部の遺跡から出土する人骨資料の
形質人類学的研究が進むことが期待される。

　また、洞穴遺跡出土人骨を用いた食性分析は、「海人」の生業の社会的意味
を検討するには有効な方法である。生業として漁撈活動に従事し、その獲得
物が自家消費されるのか、または交換の対象とされるのかを推定する根拠の一
つになりうる。海蝕洞穴遺跡の出土人骨の分析については、米田穣と佐宗亜衣
子の両氏により現在行われている。現段階では大浦山洞穴の資料のみグラフで
提示されている（大浦山洞穴の資料は破線で囲んでいる）だけで（米田2015）（図8
右）、詳細および他の洞穴資料については今後の報告を待つことにしたい。近在
の遺跡の例として、神奈川県逗子市池子遺跡の出土人骨については、すでに分
析が行われている（米田2018）ので、大浦山の資料と併せて触れたい（図8左）。

　池子遺跡からは、先述したとおり、大量の木製農具・漁具、植物質食料を示
す種子類、カツオやサメなどの豊富な魚介類、骨角製漁撈具や木製櫂が出土し
ている。筆者らは、かつてココマ遺跡出土の弥生土器の産地を推定するために

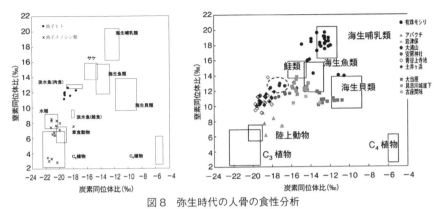

図8 弥生時代の人骨の食性分析
(左:米田2008 右:米田2015に一部加筆)

胎土分析を行った。その結果、土器の製作地の一つが池子遺跡など相模湾沿岸中東部であることを確認した(池谷・増島2009)。この点で三宅島・海蝕洞穴遺跡・池子遺跡という海人の動態を想定し、池子遺跡出土の人骨には豊富な魚介類の摂取の影響があり、通常の農耕集落の人々よりも炭素と窒素の比率が高いのではないかと考えた。しかし、米田穣の分析によると、特に魚介類の摂取の影響を強く見ることはできず、コメなどC_3植物の影響が強く見られるという一般的な弥生時代人骨の特徴を表していた(米田2018)。この結果について、海人に獲得された魚介類(時には南海産貝を用いた装飾品等も含めて)は、農耕民との交換・交易によって消費され、海人は交換の対価として、穀物類をはじめとした農作物を入手していたため、食性分析ではC_3植物の影響が強くみられ、一般的な内陸部の農耕集落の食性と変わらないような平準化がなされていったと考えている。

同様の結果は、大浦山洞穴の出土人骨でも確認できるだろう。全国を対象にした弥生時代の人骨の同位体分析の結果、続縄文文化の北海道と貝塚時代後期の沖縄では、海生哺乳類もしくは海生貝類に依存する食性がみられるが、大浦山洞穴遺跡を始めとした本州の弥生時代の人骨については、極端に海産資源に偏る例はない。大浦山洞穴では、その出土資料を見る限り、魚類ではマダイやカツオ、貝類でもアワビや小型巻貝など、多くの魚介類の残滓が出土している。大浦山洞穴も海人により利用された遺跡と推定されるが、食性に海産物へ

第Ⅲ部 各 論

の偏向がみられないことを考えると、池子遺跡同様、獲得した海産物等は、農
耕民と交換されている可能性が強い。

5. 『魏志』倭人伝に記されない東方世界

(1) 三浦半島の海蝕洞穴を掘る

　筆者らは、弥生海人の具体像を研究すべく、神奈川県三浦市白石洞穴の発掘
調査を 2014（平成 26）年から開始した。三浦半島には、海蝕洞穴遺跡がおよそ
40 ヵ所あり、赤星直忠を中心とした横須賀考古学会によって発掘調査が行わ
れてきた。しかし、その多くは 1950 年代から 70 年代に行われたものが多く、
現代的な視点での発掘調査の必要性から、考古学・人類学・堆積学・動物学・
貝類学・文化財科学のメンバーとともに発掘を毎年行っている（図 9）。

　白石洞穴は、三浦半島の先端の相模湾側に面した標高 8m の地点にある。白
石洞穴の大きさは、間口幅が 6m、奥行き 20m ほどであり、三浦半島でも比
較的大きい部類の海蝕洞穴である（図 10）。これまでにおよそ 36㎡ を発掘調査
し、弥生時代から現代にまで至る各種資料が検出・出土している。

　弥生時代に関するものでは、洞穴遺跡でよく観察される焼土・炭化物・灰
層・砂層・貝層の互層が検出されている。弥生時代のこの互層は、主に中期
後葉を中心に形成されている。主な出土資料は弥生土器（弥生時代中期後葉か
ら後期）・鹿角製釣針ほか骨角品（明確なアワビオコシと銛類は出土していない）、
貝製品ではタカラガイ製垂飾、タマキガイ製貝輪やマツバガイ製貝輪の未成品
などが出土している。

　食料残滓に関しては、発掘時に全掘削土を 4mm メッシュの篩（一部は 1mm メッ
シュ篩も併用）を用いて乾燥・水洗選別を行っている。現状では炭化種子類の
検出はない。魚骨ではカツオ・タイなどを多く出土し、貝類では一般に磯物と
呼ばれる小型巻貝（スガイやイシダタミなど）、サザエ・トコブシ、そしてアワ
ビが大量に出土している。特に洞穴の側壁部分からはアワビ殻およびその切片
が集中的に出土しており、洞穴内に弥生時代中期後葉の海人の活動の一端が残
されている。

(2) 弥生時代の三浦半島のアワビ漁

　白石洞穴の弥生時代の特徴として、大量のアワビ殻の出土が挙げられる。現

120

第 2 章 「海」からみる東日本の弥生文化

段階（2018年春の調査まで）で約25kgのアワビが出土している（図11）。この資料については、高橋健・黒住耐二・劔持輝久らとともに研究を行っている段階であり、その成果（高橋・黒住ほか2018、高橋・黒住2018）を引用しながら、現段階における筆者自身の所見を述べたい。

図9　白石洞穴の発掘調査

アワビの種には、主なものとしてクロアワビ・メガイアワビ・マダカアワビ・エゾアワビがある。これらのなかで、白石洞穴から最も多く出土しているのはメガイアワビであり、次にクロアワビ、マダカアワビと続く。アワビはその身を食すだけではなく、殻も加工されている。

出土しているアワビ殻のサイズは大小様々だが、長径12〜15cm程度のものが多く出土している。出土地点の傾向では、洞穴の側壁部分からは未加工のアワビ殻と破断され不要となった大型の破片等が大量に出土し、洞

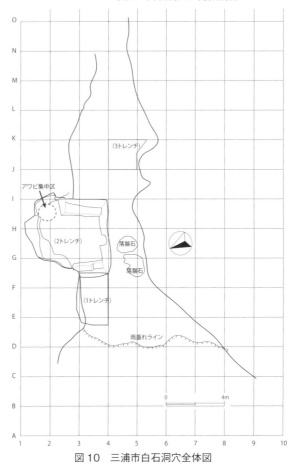

図10　三浦市白石洞穴全体図

第Ⅲ部 各 論

穴の中央からは破片が多い傾向がある。つまり、洞穴の脇が加工のための素材のストックや廃棄の場所であり、洞穴の中央付近が加工作業の場と言える。

これまでの研究では、アワビ殻を用いた加工品として、洞穴から出土する「収穫具の貝庖丁」に注目が集まってきた。現段階では、白石洞穴から貝庖丁ならびにその未成品は出土していない。しかし、加工痕を残す多くのアワビ殻が出土しているため、「殻のどの部位」を利用しているか、明らかにしておこう。

その分析の手順として、殻を利用して「完成されたもの」は、洞穴外に出されているという前提のもと、出土する資料が殻のどの部位であるかを確認して、未加工の殻から「引き算」をすることで、製作利用した部位を推定する。便宜上、図12のように殻の部位を分割し、それぞれの部位をⅠ～Ⅵで示した。例えば、ⅠやⅡは殻の傾斜がきつく、厚みがあるのに対して、Ⅲ・Ⅴなどは傾斜が緩くなめらかなカーブを描く薄身の破片である。その結果、洞穴側壁近く（I-2Grid）では部位Ⅰ・Ⅱ・Ⅳの出現率が高く、洞穴中央部ではⅤの出現率が高い。つまり、アワビから身を取り出したのち、カーブが緩やかなⅢ・Ⅴを切り離して、洞穴中央部に持ち込み、さらなる加工等が行われている。洞穴中央部から出土している部位Ⅴの破片は、その製作残滓と考えられる。こうして製作されたアワビ殻製品は、他の洞穴遺跡の出土例でみると、貝庖丁（図

図11　白石洞穴　弥生時代アワビ集中区

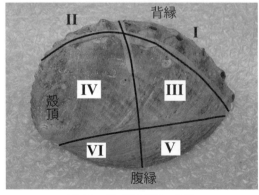

図12　アワビの部位　呼称

第2章 「海」からみる東日本の弥生文化

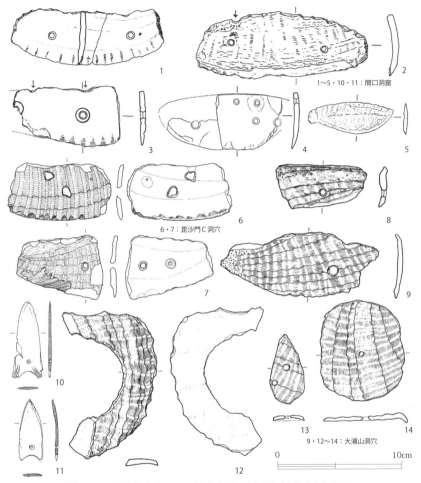

図13 三浦半島出土のアワビ殻を用いた製品（各報告より転載）

13-1〜9）のほか、貝鏃（同図10・11）や貝輪状製品（同図12）、有孔製品（同図13・14）などがある。

　海蝕洞穴遺跡でのアワビ殻の大量出土は、白石洞穴に限ったものではない。現状で確認している限り、間口洞窟・大浦山洞穴・雨崎洞穴・西ノ浜洞穴・毘沙門洞穴からも多く出土している（横山1992、中村1997）。そのほかの三浦半島の海蝕洞穴でも未報告資料の中には多くのアワビが埋没している可能性が

123

第Ⅲ部　各　論

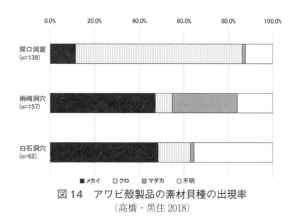

図14　アワビ殻製品の素材貝種の出現率
（高橋・黒住 2018）

ある。貝庖丁などは資料紹介されるなど、その存在が公けになることも多い。例えば、上記の遺跡以外にも毘沙門洞穴や向ヶ崎洞穴などの貝庖丁が知られている（東京国立博物館 2009）。しかし、その素材となるアワビの殻が実際には、その数倍から数十倍の量で出土していると推定され、そこには、弥生海人を解明するための素材の1つが眠っていると考えられる。今回は、これまでに筆者らの資料調査が終了した白石洞穴の資料（2017 年春までの出土資料）と、雨崎洞穴と間口洞窟の資料との比較を行いたい。

はじめに、3遺跡のアワビの種について見てみる（図14）。白石洞穴ではメカイアワビが主でクロアワビおよびマダカアワビが少なかったのに対して、雨崎洞穴ではメカイアワビが多い点は共通するものの、マダカアワビの比率が高い。一方、間口洞窟ではメカイアワビが少なくクロアワビが主体を占めており、洞穴ごとに採取しているアワビの種が異なっている。

次にアワビ殻の分割および加工技術について見てみる。アワビ殻は殻本体が分割・成形され、貝庖丁をはじめとした道具へと形づくられていく。これまでの研究では、主に貝庖丁の製作技術について検討がされてきた（神澤 1981・1985、横山 1992）。

神澤勇一はその製作工程について、
　①素材の割り取り→②器体の形成→③穿孔→④凹所または肩の加工→⑤刃の付加とした。（④と⑤が入れ替わることもある。神澤 1985）

一方、横山昭一はアワビ殻には付着物が多いことも考慮し、自身の実験による観察をもとに、
　①殻面清掃→②素材の割り取り→③器体の整形→④穿孔→⑤刃部形成とした。
各氏の研究においても、殻本体から素材部位となる緩やかな曲線で適度な厚

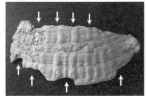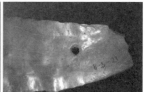

打割：破断面が凹凸を持つ（↑↓部）　　剝離：成長線に沿って割れている（↓部）　　穿孔：回転により穿孔する

図15　アワビ殻の加工技術

みを持つ「腹縁」部側を取り出す技術と、その後の加工の技術と順序の理解に重点が置かれている。今回、筆者らが観察した資料群についても、基本的には神澤と横山の見解を踏襲している。しかし、検討資料を増加させ、洞穴遺跡ごとの差異の有無を中心に見ていった。

筆者らが観察した資料は以下のものである。
・間口洞窟：神奈川県歴史博物館所蔵・観察点数139点
・雨崎洞穴：赤星直忠博士文化財資料館蔵・観察点数157点
・白石洞穴：白石洞穴遺跡学術調査団蔵・観察点数62点

これらの資料のなかで用いられる加工・成形の技術には、打割・剝離・穿孔が観察された（図15）。

・打割：石や鹿角などの道具を用いて打撃し分割・成形する技術である。打割には2種類ある。殻から大きな素材剝片を得るために分割する粗割と剝片を整形するための打割がある。特に後者の打割の場合は、縁辺が直線状にならず凹凸をもつ特徴がある（図15左）。

・剝離：打ち割りにより分割・成形するものである。打割と異なる点は、剝離の打ち割りが一辺において1回もしくは2回程度の低頻度で行うため、連続した凹凸にはならない点がある。また、剝片は貝の成長線に沿って割れるため、剝片のなかで成長線に沿った面では、剝離面末端の形状はフェザー状になり、成長線に直交する面ではその断面がステップ状になる特徴がある（図15中央）。

・穿孔：貝庖丁の「ひも掛け」穴などのために施される技術であり、まれに完成品以外の素材の殻にも観察される（図15右）。回転穿孔によるものと敲打によるものとがある。

第Ⅲ部　各　論

　こうした技術以外に、殻剥片の縁辺が直線状を呈する資料が複数存在している。これらの資料は、その形状から擦り切りなどの「切断」による分割ではないかと推定された。横山も後期の貝庖丁のなかには溝状の切り込みを持つものが認められ、鉄製の鋸のようなもので切り取った可能性を指摘している（横山1992）。しかし、今回筆者らが観察した資料のなかでは、加工品のなかに明確な擦り切り痕をもつものや、加工途中品や破片類のなかに擦り切りを途中で止めた破片などを認めることができなかった。そのため、殻の「切断」技術による加工の存在については、現状では明確とは言えない。

　表 1 には観察した洞穴遺跡の出土資料について、未加工品・刃部形成のための研磨・穿孔の施工について、観察点数における占有率をまとめた。未加工品、つまり全く分割されていない殻は、間口洞窟で少なく、雨崎洞穴と白石洞穴では全体の 1 割近く確認される。これは神奈川県立歴史博物館の所蔵資料が加工品に偏っているというバイアスが想定される。実際に出土資料が分割して収蔵されている横須賀市自然・人文博物館には、未加工の殻も保管されている。しかし、間口洞窟では、貝庖丁の出土数が他の洞穴に比べて圧倒的に多く、加工した破片資料そのものが多いため、未加工の殻の比率は低い。

　刃部形成のための縁辺を研磨した資料は、貝庖丁が出土している間口洞窟では確認されるものの、貝庖丁が出土していない雨崎洞穴と白石洞穴では管見の限りない。また貝庖丁の「ひも掛け」と関わりがある穿孔についても、貝庖丁が多く出土している間口洞窟での出現率が高く、出土していない他の 2 洞穴では低いのがわかる。しかし、この雨崎と白石の両洞穴においても穿孔が行われていることを見ると、穿孔は、必ずしも貝庖丁に関わるとは限らず、分割加工等にも伴う技術であることも想定される。

表 1　各洞穴におけるアワビ殻の加工技術

| | 加工技術 | | | 腹縁部に直交方向の加工 | | 腹縁部に平行方向の加工 | |
	未加工	刃部形成	穿孔	打割	剥離	打割	剥離
間口洞窟	0.7%	32.6%	53.6%	31.9%	0.0%	39.9%	17.4%
雨崎洞穴	12.1%	0.0%	5.8%	26.1%	2.2%	18.8%	53.6%
白石洞穴	11.3%	0.0%	1.8%	5.5%	1.8%	12.7%	25.5%

※未加工は全体、それ以外は加工品の中の出現率

126

第2章 「海」からみる東日本の弥生文化

　そのほか、打割と剥離の技術についても洞穴ごとにその実施率が異なる。間口洞窟では貝庖丁の器形の成形に伴うために打割が多く用いられるのに対して、雨崎洞穴や白石洞穴では相対的に打割よりも剥離による加工が目立つ傾向にある。

　つまり、以上のことから各洞穴で採取しているアワビの種が異なり、またその後の分割加工が異なる。まずアワビの種の相違は、採取地点の差を反映しているのであろう。アワビは種により生息環境が異なり、現在ではクロアワビは水深4〜5m、メガイアワビは水深8〜15m、マダカアワビは水深20〜25mと言われている（秋道1987）。現代においても釣・縄漁民が船単位の共同漁撈であるのに対して、海女などの特殊漁民集団は、個人漁であり、自身が見つけた、もしくは親などから相伝した好漁場の確保と個々人の技術が漁獲量を左右する（高桑1984）。そうして獲得したアワビの殻の加工についても、洞穴ごとに差異があるのは、アワビの獲得から加工と搬出までの過程が、海蝕洞穴を利用した海人たちに共有の情報として存在していたのではなく、各海人集団が個別の漁場と技術を持つ独立性の高い集団であった可能性を示唆している。

（3）アワビ漁と用具の系譜

　アワビは縄文時代の貝塚からも出土例はあるものの、弥生時代以降に特にその獲得と消費が増加していることは、これまでも先学が指摘されている。そこには『魏志』倭人伝にある「好んで魚鰒を捕え、水深浅と無く、皆沈没して之を取る」「今、倭の水人、好んで沈没して魚蛤を捕らえ……」など、こうした記載を裏付ける特殊な漁撈を行う集団の創出を文献資料および考古資料から導き出してきた。なかでも岡崎敬の研究（岡崎1968）が嚆矢となり、以後海人研究とアワビが密接に関連していることは、研究史でみた通りである。今回、白石洞穴での25kgものアワビが大量出土し、そして周辺の洞穴からのアワビの出土例をみると、弥生時代中期後半から後期前半にかけて、三浦半島においてアワビ漁が活発に行われたと言える。つまり、『魏志』倭人伝に記された水人の姿は、北部九州などに限定されるものではなく、三浦半島にも存在したのである。

　アワビはその身が食料として「生食」で消費されるだけでなく、「保存食」にもなる。そして殻もいわゆる「貝庖丁」だけに利用されるのではない。海蝕洞穴遺跡以外からのアワビ殻を利用した加工品の出土事例は、管見の限りでは神奈川県川崎市南加瀬貝塚（八木1907）のみであるが、アワビの殻は洞穴で分

第Ⅲ部　各　論

割加工されていき、多様な製品に生まれ変わっていたと考えられる。

　ほかにアワビの採取の目的としては『魏志』倭人伝の記載にある「男女生口三十人、……白珠五千を貢す」とある。つまり、アワビ真珠の獲得目的である。『魏志』倭人伝に記された「白珠」が真珠を意味するのではないかと、岡崎敬（岡崎1968）や下條信行（下條1998）が指摘している。管見のかぎり、これまでに弥生時代の真珠の出土例はないものの、明らかに自家消費を越える量のアワビの出土を眼前にして、オオツタノハなどの南海産貝類装飾品とともに真珠の獲得をめざしての大型アワビの採取の可能性も否定できない。ただ、民俗学の観点からは、アワビから真珠が見つかる例は極めて珍しいことであり、白珠が真珠以外のものを指す可能性も指摘されている（田邊1987）。

　アワビの獲得の道具として、「アワビオコシ」と称される骨角器がある。海蝕洞穴遺跡でも、間口洞窟をはじめとして多くの洞穴から出土している（図16）。同時期にアワビの採取量が増えていることを考えると、そこに道具としての有機的な関係がある。また、この鹿角製の製品の祖型は縄文時代後期の福島県いわき地方に求めることができる。ともに鹿角の基部側に刃部加工を施している。同地方の大畑貝塚（同図9～10）や綱取貝塚（同図11）からは複数同型の鹿角製品が出土しており、貝塚層からは出土量は少ないながらもアワビが出土している。弥生時代の三浦半島の離頭銛の系譜については、いわき地域にその祖型を求める考え（設楽2005）と関連性を薄く見る考え（高橋2005）があるものの、アワビオコシをみるかぎり、その系譜は西方の鯨骨製の製品よりも北方に求めることができる。

（4）海人集団の特質と弥生社会

　三浦半島では、弥生時代中期後葉からアワビ漁が盛んに行われた。後期後半になると三浦半島では、やや減退するものの、房総半島で洞穴遺跡が形成され、千葉県勝浦市こうもり穴洞穴にみるようにアワビ漁が盛んに行われるようになっていく（岡本2002）。アワビの生息箇所は磯場に限定されているため、特定の地域とその近隣の遺跡での採取が顕著になる。そのため、潜水技術の必要性と相まって、採取活動そのものが、当時の社会において特化された獲得活動となっていったことは想像に難くない。つまり、アワビの生息地という原産地の直下において、大量採取と大量消費と加工が専門的で特殊技能を持った海人集

第2章 「海」からみる東日本の弥生文化

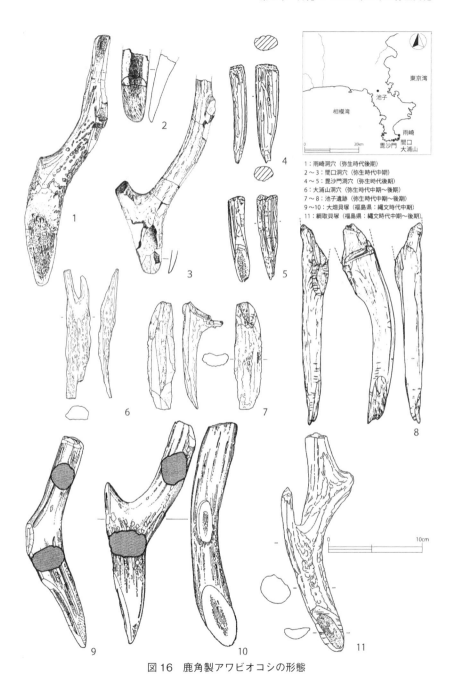

1：雨崎洞穴（弥生時代後期）
2～3：間口洞穴（弥生時代中期）
4～5：毘沙門洞穴（弥生時代後期）
6：大浦山洞穴（弥生時代中期～後期）
7～8：池子遺跡（弥生時代中期～後期）
9～10：大畑貝塚（福島県：縄文時代中期）
11：網取貝塚（福島県：縄文時代中期～後期）

図16 鹿角製アワビオコシの形態

第Ⅲ部　各　論

団により行われていったのであろう。その残滓が洞穴に残されているのである。

　こうした海人集団の特徴は他にも見ることができる。縄文時代以来の装身具である貝輪は、弥生時代においても用いられる。その生産と加工を見ると、雨崎洞穴や大浦山洞穴などで、近在の海岸に生息するタマキガイなどが大量に採集され、貝輪が製作されている。海蝕洞穴遺跡から南海産のオオツタノハが出土する一方で、大量の在地産の貝であるタマキガイなどの貝輪も製作しているのは、貝輪の需要がある中で、流通量が少なく希少なオオツタノハ製貝輪を補完する目的で製作されたためと考えられる（杉山 2014a）。

　弥生時代の黒曜石製石器についても同様である。南関東地方の弥生時代の黒曜石の流通は、中期中葉に大きな転換点を迎える。中期前葉までは、信州地方の黒曜石が主に流通していたものの、中期中葉になると神津島の恩馳島産黒曜石が独占的に流通する。この流通では三宅島の大里遺跡が中心的な機能を果たし、原石の採取と粗割が行われ、その後各地に大型原石もしくは大型石核の状態で搬出されている（杉山 2010・2014a）。

　こうした文物の生産と流通は、ほぼ海人集団による独占的な交換のもとで行われたと考えられる。海人集団は、素材の原産地で大量に獲得し生産を行う。そして居住地である本貫地、交易の相手となる集落を巡回するなかで、専業的に獲得した物・生産した物の互恵的交易を行い、コメなど生活必需品を入手していたのであろう。宇野隆夫が示す生業活動に伴う互恵的交易モデル（宇野1996・1998）を、この弥生時代の海人集団に当てはめてみたい（図17）。

　海人集団による農耕集落との直接的な互恵的交易を想定する根拠としては、まず第一に近隣の農耕集落において、海人集団によってもたらされたものも含む特定の希少財の集中や分布の偏りが見られない点である。海人集団から農耕集落へ、そしてその集落から次の農耕集落へというようにリレー式に伝わるのであれば、分布量は移動距離に相関すると考えられるが、上記に記した考古学資料の分布にはそうした傾向は見られない。そして、第二に三浦半島の洞穴遺跡における灰層と炭と焼土の互層の形成がほぼ同時期である共通性をもちながらも、アワビの利用に見られるように本土においては各集団が個別・独立的である点である。そして最後に現段階では限定的な資料ではあるが、大浦山洞穴の出土人骨の安定同位体分析の結果をみると、洞穴を利用していた人々の食性は、海産物に偏る

第2章 「海」からみる東日本の弥生文化

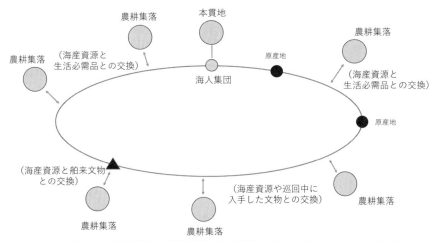

図17　弥生時代中期後半～後期前半の海人集団モデル（宇野1996をもとに作成）

ことなく、農耕集落と同じ傾向を示しており、採取・獲得・製作した海産資源が農作物等との交換・交易の対象となりえていた点を挙げることができる。

　それでは海人集団の本貫地はどこか。現状では本土側で明確な遺跡を挙げることができない。しかし、三浦半島の海浜部には、海蝕洞穴遺跡以外にも浜諸磯遺跡（中村・諸橋1991）など同時期の遺跡が存在している。海人集団が独立性の高い集団だとすれば、その集落は農耕集落のような大型集落を形成する必要はむしろない。また、原産地直下に遺跡を築くという弥生時代の物資流通の特徴からすれば、島嶼部の遺跡も本貫地としてありえる。実際に、弥生時代中期の三宅島の大里遺跡や坊田遺跡では竪穴住居や生業活動の痕跡を示す石鏃や植物化石なども出土しており、時間幅の長短はあれども定住し、小規模ながらも農耕を行っている（杉山2014a）。

　これまで、弥生時代の地域間ネットワークを介した文物の流通は、農耕集落間の直接的な交流を前提として考えられてきた。しかし、本論でみたように、農耕集落に依存することなく、その集落間を往来しながら交易などを行う海人集団の存在は、定住化と農耕化の進展した弥生時代においては、重要な存在であったと考えられる。今回取り上げた三浦半島には、多くの洞穴遺跡があり、その空間が海人によって利用され、後世の開発や攪乱を逃れて「偶然的」に現代まで多くの資料を残してくれている。こうした集団は本来、多くの地域に存

第Ⅲ部　各　論

在したであろう。三浦半島だけが特殊な事例ではないと考えている。

6. おわりに

　本論では、東日本における稲作の開始、そして社会の独自性について、海と海人の観点からまとめてきた。南関東地方への稲作文化の伝播は、前期の遠賀川系土器の海人集団・中期の近畿系・東海系土器の海人集団という2回の海人集団の渡航により開始しており、東日本においても南関東地方の稲作の始まりは、ほかの地域とは大きく異なると言える。

　また、三浦半島の海人集団によるアワビ漁を取り上げ、海人集団がそれぞれ独立性が高い集団であることを明らかにした。これまでの議論では漁撈集団等をどのように農耕集落のなかに位置づけていくかが問われてきたが、こうした集団は、それぞれが農耕集落の集団と対峙し、巡回する中で自らの獲得物や生産物の互恵的交易を果たすことにより、農耕集落に全面的に依存することのない、独立性が高い集団であったと考える。

　独立性が強く、海へ指向した集団としての海人集団は、遠距離の交通と交易という専門的・特殊技能を持ち合わせることにより、土地に縛られる網漁等の沿岸漁撈民よりも、自由に行き来していたのであろう。それが海人集団にとって経済的にも許されるのは、その活動でしか入手できない文物（海産物や舶来文物など）を持つ機会が、原産地と本貫地、そして時によっては巡回の土地のなかにあり、それらを各集団と交換しながら動いているからである。そして、その文物（必需品・稀少品など）の需要が農耕民にあるからである。弥生社会が展開していく中で、新しい文物の流通には常にこうした海人集団の巡回的交易が機能を果たしていたと考えられる。

謝辞：本論作成にあたり、白石洞穴をともに発掘しているメンバーには、多くの教示をいただいた。特に池谷信之氏には文化人類学の視点を、剱持輝久氏には、骨角器についてご教示頂いた。また、高橋健氏・黒住耐二氏および剱持氏には研究途上のアワビの成果について、私論を述べさせていただくことにご理解いただいた。併せてお礼申しあげたい。
　なお、本論は科学研究費補助金基盤研究（B）「弥生時代海人集団に関わる学際的研究」の研究成果の一部である。

第**3**章

弥生集落論の再構築

浜 田 晋 介

1. 弥生集落の課題の確認

弥生集落の研究史で触れたように、弥生集落の課題はこれまでの集落研究の
欠点であった、水田単作史観による集落の分析を克服し、台地上と低地の集落
の関係性の解明が必要になると考える。弥生時代の農業において水稲以外の穀
類の栽培も行われていたことは、レプリカ法によって明らかにされてきた。水
稲以外の穀類（以下、「畠作物」と呼ぶ）の栽培については、これまでその存在
を認めながらも弥生文化・社会を分析する材料として用いることは少なかった。
その理由の一つに生産地である畠が、畝立による農法であるならば絶えず風雨
による浸食を受けるため、火山噴火物によってパックされるか、その場所での
古墳築造によって、墳丘下に併行する溝としてその存在が確認されるだけで、
いわば痕跡が確認しにくいという点がある。さらに焼畑あるいは切替畑が「作
物栽培を短期間におこなった後放棄し、自然の遷移によりその土地を回復させ
る休閑期間をへて再度利用する、循環的な農耕である」（福井 1983：p.239）ため、
考古学的にはその検出が技術的に困難でもある。したがって、これまで集落研
究で畠作を考慮しながらの分析はほとんど行われることはなく、前述のレプリ
カ法によって穀類の確実な存在が認められたことで、研究者の意識にのぼるよ
うになってきたといってよいであろう（浜田 2011a・b・2018）。こうした水田単
作史観によらない集落構造の具体的な方法として、移住という観点が必要であ
る。水田経営思考に伴う耕作地を守るという想定は、人々を土地に縛り付ける
という発想を生み、集住することを前提にして集落や弥生文化の構造を考えて
きた。しかし、弥生時代の人々は移住を行っていたことは明らかでありなが
ら、そうした視点で弥生集落を分析しようとする研究は少なかったといえる。

第Ⅲ部　各　論

　さらに一方では、畠作を含めた農業経営ではない、非農業民としての視点の分析が必要であることも、研究史から問題提起できるものである。非農業民としての課題は、その基礎的な分析が本書の別章で述べられているので、ここでは、水田単作史観によらないほかの穀類も包括した農業経営の視点から、弥生時代の台地と低地の集落の関係性を、移動論を前提に推測していくこととする。

2.　集落を分析する二つの前提

（1）移動・移住をめぐって

移動・移住の原則

　集落を分析するポイントとして①移動・移住をめぐる問題と②集団構成の単位の問題の二つがある。これらの問題は、これまでも議論されてきたが、後述するような考古学の現象を理解し、限定した上で論じたものではなく、様々に想定できるなかの一つの可能性を論じていたにすぎない（例えば浜田 2011a）。以下この二つの問題を取り上げ、集落を分析するための基礎的な問題をまず解決し、具体的な作業を進めていきたい。

　弥生時代に限らないことであるが、発掘調査された集落には出現時期と消滅時期が存在する。出土土器型式からみて非常に短い場合もあるし、複数型式にわたって存在していることもある。複数型式が確認されたものでも、前期と後期が存在し、中期のある時期は集落が見られないといったタイプもある。佐原眞はこれらを廃絶型、継続型、断絶型と分類した（佐原 1975b）。このように分類をされる集落であるが、その場所（遺跡）での集落の開始の時期と廃絶の時期は必ず存在していることを理解するならば、集落を作った人々はどこからかやってきて、どこかへ移動する（黒尾 1988）という原則が存在している。すなわち人々は移動・移住を行ってきたということである。弥生集落の移動の問題に関しては安藤広道の的確な解説がある。安藤は農耕集落においても移動距離・移動集団の大きさ・移動回数・移動期間など様々な様相があり、「安定的な定住農耕社会の展開期である弥生時代にも、こうした人々の移動は頻繁に生じていたことになる」（安藤 2008：p.58）とする。そして、「ある集団が居住場所を移す行為に対して、その規模や距離、期間、回数を問わず、一括して「移住」と表現しておく」と移住を定義し、「婚姻を伴う居所の移動や、交流・交

易活動による一時的・短期間な人の移動」（同：p.59）も含めて、移動と捉えることを提起した。以下、安藤の用語法の定義に従うこととする。

　移住や移動は土器を対象に分析することが多く行われているが、集落を通して移動を考える分析事例も多くある。しかし、同じ地域の集落群の移動において異なった解釈を行う場合もありその理解は単純ではない。例えば安藤は神奈川県鶴見川流域の中期後半（宮ノ台式期）の環濠集落群では、同一の構造と規模を持つ定型的な集落が多くなり、その定型性を志向し維持するために移動が存在するとし、後期に入ると鶴見川流域から多摩川流域に集団で一斉に移動すると解釈する（安藤1991a・2001・2008）。一方筆者は同じ流域の集落は台地・丘陵上にあり水田不適切地に存在していることから、畠作を視野に入れながら中期・後期を通じて頻繁な移動を行って集落が形成されていたとする（浜田2003・2008・2011a）。前者は一定期間継続集住する複数の集落群が、ある時期に一気に集落群として移住するという姿を描き、後者は中期・後期に頻繁な移住を繰り返していたのであり、その結果、集落内の竪穴の数が多くなると解釈する。このような異なった推測を行うがどちらの立場をとるにせよ、短期に廃絶される集落や断続・継続される集落が存在することから、人々は短期間でも移住し、集落が移動する現象は存在したことを前提に議論が行われており、弥生時代における移住・移動は、前述した原則や集落の時間的・空間的分布から動かしがたい事実といえる。そしてこれが、弥生集落を考える一つ目のポイントとなるのである。そこで人々の移住が存在していたことを事実として認定し、以下移住を考える上で見過ごされている、住居出土の土器の意味と上屋構造について一つの考えを提示し、弥生集落の分析の要素として確認しておきたい。

住居内の遺物残置の意味

　弥生住居からは、しばしば完全な形の土器（以下、完形土器と略す）が出土する。その出土の意味を、良好な状況で出土した横浜市都筑区権田原遺跡を事例に挙げて説明する。図1に示したようにBY30号住居からは壺・甕が住居の壁際にまとまって出土した。この土器群の出土の状態を個別に見ていくと、横倒しになった壺・甕、正位の状態で潰れた壺、逆位で完形の甕などが存在しているのがわかる。これらの完形土器が本来同じような状態で置かれていたかは復原する根拠に乏しいが、完形土器が住居に置かれていたと推測することはでき

第Ⅲ部　各　論

図1　権田原遺跡 BY30 号住居内土器出土状況
（横浜市歴史博物館 2017 原図：公益財団法人横浜市ふるさと歴史財団埋蔵文化財センター提供）

る。これらの土器が住居内に置かれていた状況は、これまで住居の廃棄パターンを類別するなかで、突然の火災などで屋内の容器がそのまま放置されたもの、といった解釈がなされることが多かった（例えば石野 1984）。BY30 号住居も火災住居であり、この解釈を支持できるとも考えられるだろう。しかし罹災していない住居からも完形土器が出土する事例、例えば東京都飛鳥山遺跡 SI23 号住居（小林ほか 1996）、東京都下戸塚遺跡 62 号住居（松本完 1996）、神奈川県八幡山遺跡 Y12、Y16 号住居（武井 2002）、千葉県菅生遺跡（乙益 1980）など他にも多数存在することから、住居火災と住居内の完形土器の出土は必ずしも相関しないものと考えた方がよい。そのため住居内の完形土器は、不慮の火災で残されたモノではなく、意図的に残されたモノであるとする視点で追究する必要がでてくるのである。もう一度権田原遺跡 BY30 号住居に立ち戻ってみよう。

　これらの土器は復原した状態でほぼ完全な形状であることから、当時家財道具としてそのまま使用できる状態で置かれていたことがわかる。この現象を理解するための材料として、先述した集落の移住が行われていたという行為を重

ねてみよう。それまで居住していた家から新たな家への移住に際して、住居を含めてすべての道具を持参したいとの願いは理想としながらも、現実には移動する距離や持ち運べる重量・人数・回数、移動先での環境などによって、物理的に持ち運べる最小限の家財道具だけを携行し、残りの土器は戻った時に使用できるように、住居内に残置したという想定ができる。

　移住と住居内への複数個体土器の残置とが相関するという想定は、久世辰男が紹介したシュランガー（Schlanger）とウィルシュッセン（Wilshusen）が行った、7～9世紀のアメリカ・アナサジ農民（以下、アナサジ）を対象とした住居放棄の研究に基づく「放棄戦略モデル」で理解を深めることができる。この研究は久世辰男によって、弥生集落の住居放棄と火災住居の関係性に触れるなかで紹介されており（久世 2001）、筆者はその文献で存在を知ることができた。シュランガーとウィルシュッセンは、コロラド州南西のドローレス（Dolores）地区の 1,000 を超えるアナサジの集落遺跡から得られた木片資料の年輪年代データと、年輪幅からの古環境（干ばつ期の想定）を基として、次のような想定を行う（Schlanger and Wilshusen 1993）。

　ドローレス地区のアナサジの集落遺跡は、廃絶住居の建築材 28 試料の年輪年代から① AD680～690 年、② AD730～740 年、③ AD760～790 年、④ AD830～870 年の 4 段階に存在したことが想定できる（ただし、計測値から読み取れば、①は AD680～700 年、③は AD760～800 年である）。これにドローレス地区の年輪幅のデータから、良好な気候条件であった DWBH（Don't Worry Be Happy）1 期が AD650～700 年、DWBH2 期が AD720～740 年、DWBH3 期が AD760～810 年、DWBH4 期が AD830～880 年と算定されており、集落の造営時期と良好な環境の時期が重なることを提示する。これに対して干ばつ期である RFYL（Run For Your Life）1 期は AD700～720 年、RFYL2 期は AD740～760 年、RFYL3 期は AD810～830 年、RFYL4 期が 880～920 年であり、この時期には集落が営まれてはいないとする。こうしたことから、集落の移動は当時の環境、特に農作物（トウモロコシ）の収穫に影響を及ぼす干ばつがその原因であるとする。その上で、ライトフットが示した、アナサジの残した集落の住居床面に残る廃棄土器とそこから推測される行動の研究（Lightfoot 1993）を参考にして、シュランガーとウィルシュッセンはアナサジが集落を離れる方法（戦略）として想定する四

第Ⅲ部　各　論

つのモデルを提示する。

　戦略1：短距離移動／帰還予定　移動距離が短く帰還を期待する想定モデルである。この場合、帰還後に建物を改装・再利用できることを期待して、建物が損傷されずに残されると予想して移動する。家庭用品はその場に残すか、どこか別の場所で使用するために持ち出す。家はそのまま残され、屋根も存在するが、scavenging が行われる可能性がある。所有者が帰宅しなければ、家の有用な材料は剥奪されるかもしれない。Scavenging はライトフットによれば、集落で生活している人々によって、廃屋となった建物から、道具、施設、およびその他の文化資料（「事実上のゴミ」と呼んでいる）の移動計画を指す行為（Lightfoot 1993）であるが、ここでは以下「物品回収」としておく。

　戦略2：長距離移動／帰還予定　移動距離は長いが、不在の期間が短いと想定するモデルである。人々は家を守るための措置を講じることができると考える。おそらく（建物内あるいは他の場所におかれている）貴重な家財や設備は隠され、玄関は密閉される。この戦略は、建物の床上に大量の材料の残置をもたらす可能性があり、建物が再オープンされないと、床上に残された一括遺物は、異常に豊かである可能性がある。またこれらの家は放棄されている間に、「物品回収」されるかもしれない。あるいは所有者が（所有権を）放棄したら、これらの材料はまた奪われることが予想できる。

　戦略3：短距離移動／長期不在で帰還予定なし　短距離の移動だが帰還予定はないモデルである。屋根などの建材が回収され、家屋内のものが新しい家に移されることが予想される。そのような建物は、集落廃棄に際して空き家となる。このモデルは二つの異なる状況の存在を想定することができる。一つは帰還の目的がなく建物が放棄されたときは、集落全体が放棄を始める。この場合、それは純粋に廃絶した集落となる。別の状況として、個々の建物が周囲の建物の放棄とは対応しないで放棄されるときがある。害虫の進入が集落放棄に繋がる可能性もある。廃絶行動の一形態としての家屋燃焼は、儀式および埋葬行為に関係している。建物が単純に廃棄された場合は、燃やされず、道具や材料在庫などの別の用途に転用される。屋根が焼け落ち崩壊する場合は、床にどのような材料が残っていても、建物内が効果的に密閉され、「物品回収」の影響を受けない。

138

戦略4：長距離移動／長期不在で帰還予定なし　距離が長く帰還予定のないモデルである。この状況下で、人々がどのように建物を扱うか、想像するのが難しい。移動する人々は携行可能な品物の回収をすると考えるが、より重量がありより価値の低い材料の多くを放棄する可能性はある。もし屋根が残っていたら、床にあるものは廃屋後に「物品回収」行為によってなくなる可能性が高い。もし屋根が壊されていたら、床にある相対的に豊富な品物は、保存されると想定する。

　これら4つのモデルで住居内に物品を残すのは戦略2と4であり、帰還予定の有無に限らず長距離移動の場合には残置される。逆説的に捉えれば、短距離移動の場合は、短距離であるが故に数回での家財道具の運び出しが可能であることから、住居内に物品の残置がないという現象が想定できるのであろう。つまり先に述べた本来は使える道具はすべて運び出し携行するという考えが基本にはあり、それが物理的に行える場合は実行するという推定である。同じような、物品を運び出す現象は屋根の処理のパターン、つまり住居をそのまま残すか否かという問題にも影響される。帰還予定の戦略1・2の場合は、帰還後の再利用の目的で住居が残されるが、帰還予定のない戦略4の場合でも残される場合がある。帰還予定がなく屋根を解体するのは、戦略3の短距離の移動の場合であり、解体した部材を新たな住居の部材として転用する場合である。このことは、新住居の予定地が物理的に持ち運べる距離であれば、旧住居の部材を再利用するために解体するのであり、家財道具、物品の持ち出しと同じ意識が働いているといえるであろう（ただし後述するように、この移動が同一集落内で行われる移住であると考えるならば問題は大きい）。いずれにしろ戦略3に代表される住居廃絶の想定は住居の部材の再利用にあり、移動距離が短い場合に成立することが理解できる。つまり、住居に物品を残置するという行為は、物理的に運び出せなかった物品が残置されると解釈できることとなる。また、こうした動機によって住居内に物品が残置される空間が維持されることにより、上屋が存在する限り物品回収が行われる頻度も高くなり、本来残置されていた物品が少なくなっていく、とする推測も、遺跡出土住居内残置土器を考える時に重要な点となる。アナサジの住居放棄戦略モデルの研究から、住居内に残す物品が基本的には長距離移動に際しての事例であり、時の経過とともに物品回収に

より本来残置されていたよりも少ない数の物品、あるいは毀損したものがそこに残置されることが予想できる。これが、後述する多量の個体数の土器がありながらも、それぞれの個体をみると底部や口縁部が欠損していて、完形の個体の少ない住居内出土土器の一つの解釈となる。

　アナサジの事例は、地理的・歴史的環境の異なる弥生集落に註釈なしで直接適用できない。しかし、上記に推測した移住に際しての人間の行動パターンは、地域や時代を超えた人間の基本的な行動原理・経済原理だと捉えることが可能であり、日本では縄文時代以来、平安時代までの竪穴から、屋内残置土器の出土を示す事例が、全国各地から多く確認されていることからも、この原理は支持できると考える。その点からも弥生時代の住居からほとんど遺物が出土しない事例と多くの遺物が出土する事例を、これまでの火災などの災害を原因と考えるのではなく、移住を前提とした残置行為であると解釈することの方が現実的であると判断し、以下こうした解釈で理解していくこととする。

移動に伴う旧住居の上屋の存在と屋根構造

　また、移住に際して住居の上屋を、焼却を含めて壊すのか、残しておくのか、という問題も弥生集落の移動を考える場合に重要なこととなる。移動するという行為が、住居（上屋）の耐用年数が過ぎたことを要因とすることは一般的な推定としてはあり得る。しかし、上屋を残して移動する想定は論理的にも充分に可能であり、移動原因の全てが上屋の耐用年数が主要因ではないだろう。移住する際に住居を残していくという想定戦略1と2は、その集落に帰還するという前提を伴っており、それが要因で住居を残しておくと理解したモデルである。しかし、戦略4のように帰還予定のないケースでも住居を残しておく想定も可能であり、先述した建築部材の再利用を行えない（物理的に運べない、する必要のない）状況では、特段住居の解体実施の選択肢は存在しない。そして戦略3のようなことは、廃屋化に伴うとされる住居の解体祭祀、意図的な焼却の実態を考古学的に証明できないので、住居の上屋を残したまま移動することが原則であったと考える方が自然である。そして、こうした移動に伴う住居の上屋を残す原因が、地域や時代に左右されない、人間の単純な行動パターンであると判断できれば、弥生時代において住居の上屋を残して移住する場合が一般的なあり方といえる。居住していた建物を壊す場合は、同じ集落内

に住居を建築するその部材として、古い住居の部材を使用する時に限られる。しかし新住居の部材として再利用するという前提には、一般的に考えて旧住居に住めなくなったということが理由としては最も適している。まだ住める住居を壊してまで、その部材を転用し同じ集落内に新住居を建設するという居住スタイルが存在するという論理的な証明はできていない。さらに後述するように屋根が土葺きの構造を持っていた場合、長野県佐久市市道遺跡で想定しているような手順（前原1976）で、古い住居の部材を取り出すのは不可能である。以上のことを前提として、移住に際しては上屋の残存が基本的なパターンであると認識していくこととする。

　上屋を残して移住するという基本パターンを前提に、その後の集落のあり方を論じる上で重要になるのが、住居廃絶後の上屋がどのように推移するかということがあり、そのために決めておく必要があるのが、屋根の葺き方である。火災住居のあり方からここではその構造について言及しておきたい。竪穴住居の屋根が草葺きであったか、土葺きの屋根であったかについては、大川清が田子台遺跡の住居の分析において触れたのが古い事例である（大川1954）。大川は火災住居内の焼土は、本来屋根上に置かれた土が火災によって焼土化したものであることを論じ、竪穴住居の屋根には土が葺かれていたことを指摘した。卓見というべきであろう。しかしこの考えは奈良県出土の家屋文鏡、弥生時代が稲作を行い稲藁の存在があることなどを根拠に、茅や藁葺きであるとする意見（和島・田中1966など）におされ、1997年の岩手県御所野遺跡での土屋根の確認まで（高田1997）、その存在がほとんど議論されなかった（浅川編1998）。火災住居の焼土の存在は、大川や高田が指摘するように火災に遭った際にそこに焼土となる土壌が存在していなければ生成されるものではなく、竪穴内部の覆土内に堆積した焼土の存在から、以下に述べるように屋根材として土が使用されていた可能性は非常に高いのである。さらに、あまり議論されることはないが、焼失家屋を特徴づける炭化材の存在も、土屋根の構造を示唆するものとなる。そのことについて次に述べていきたい。

　焼失住居から確認される木材のすべてが建築部材である保証はないが、その多くは上屋を構成する柱や梁、屋根材であろう。これらの材は形状を一部保ちながら炭化した状態、つまり木炭の状態で出土するのである。木材をそのまま

第Ⅲ部　各　論

燃やせば空気と結合して灰となり原形を留めないが、空気を遮断していわゆる
蒸し焼きの状態で燃焼すれば、木炭ができる。つまり木炭が竪穴住居に残るた
めには、火災の最中に空気を遮断し蒸し焼きの状態とならなければいけないの
である。住居内炭化物の多くが床面に接して検出されているが、この場合火災
にあって建築部材が床面に落ち、そこで炭化していくこととなるので、この状
態で建築部材の上に空気を遮断する不燃物（遮蔽物）が覆っている必要がある。
また炭化材が住居の半分以上の範囲にわたっている事例もあることから、この
遮蔽物は広い範囲に拡がる性質を持っていることとなる。そして住居内炭化材
の出土位置が偏っている場合も住居内全体に存在することもあるのは、そのど
ちらの状況をも引き出せる位置にこの遮蔽物が存在することとなる。こうした
条件を満たすのは屋根に葺いた土が最もふさわしいものであり、火災住居内の
大量の木炭と焼土の由来は土葺き屋根を想定してはじめて合理的に説明できる
のである。これは竪穴出土の炭化種子など他の炭化物の生成にも寄与する考え
でもある。床面全体に拡がる炭化種実の生成は、こうした土屋根の存在なくし
ては想定することが困難なのである。また、土屋根は竪穴の覆土形成にも大き
な影響を与えていたことも推測できる。住居は使われなくなると風雪や降雨な
ど自然の営力で次第に壊れていくが、屋根が崩れた時に一気に土が竪穴内に堆
積するし、土屋根が破損あるいは柱などが傾いた場合、屋根の土が竪穴内に入
り込むことが充分に推定されるが、こうした土が住居の隅に堆積する、三角堆
積土と呼ばれる層の形成要因の一つともなり得るのである。

移動・移住論の整理

　ここまで集落を分析する一つ目のポイントとして、移動・移住論について検
討してきたが、それをまとめると次のようになる。a. 集落を構成する人々は、
地域や時期にかかわらず長・短期間の移動を行ってきた。b. 住居内に遺物を残
置するという現象は、人々の移動を示す考古学的データの一つである。c. 人々
は基本的に旧住居の上屋は残したまま移動するのであり、その屋根は土葺きで
あった。

（2）集落構成単位の存在

集落を構成する単位の想定

　集落を分析する二つ目のポイントは、集落を構成する建物群の単位の問題で

ある。これについては古く近藤義郎が設定した経営と消費を同じくする集団に「単位集団」の語をあて、これが集落を形成する基礎的な単位であるとしたことから始まる（近藤1959）。その背景には水稲農耕が個人単位で行う農法ではないという想定と、確実な数は不明ながらも数戸のまとまりが確認できる弥生集落が存在することから、この単位集団が基礎的な単位となる、とするものであった。その後近藤のこの概念を発展させながら、弥生集落の研究が進んでいった。集落範囲が定かではないが、近藤が設定した単位集団と考えられる小規模の集落が確認されるとともに、一土器型式で数十軒、複数土器型式で百軒を超える住居が確認できる集落も多く発見されるようになり、農業生産の発展とともに人口が増え、人口と生活空間・収穫量のバランスがくずれる人口圧によって分村を招くと考え、大規模集落と小規模集落の存在を説明してきた。こうしたなかで、いくつかの単位集団の集合が大規模集落を形成するのであり、大規模集落の基本は複数の住居のグループであると考える研究も生まれてきた。この単位を近藤の単位集団か、それとは異なった概念の単位であるか（若林2001・2008、小澤2006・2008）という違いはあるが、基本的には集落を構成するのは複数の住居のグループであるということが前提となっている。こうした理解を支えているのは理論ではなく、現実に確認される数戸からなる集落が存在するという事実である。これが大規模集落を形成した単位であるかは今問題にしないが、1～2軒で集落を構成するのではなく、10軒前後の竪穴で構成されていたことが理解できるのである。

構成建物数の想定

　例えば神奈川県神崎遺跡では南北約103m、東西約65mの楕円形を呈する環濠内に、弥生時代後期の18軒の住居が確認されている（図2）。神崎遺跡出土土器はいわゆる西遠江系の土器が95％を占め、東海地方西部から移住してきた集落として注意されている（小滝1992）。全面的な調査を行っていないため、実数については確実ではないが、環濠内の調査済み面積から確認した住居の割合比（すべて筆者の概算であるが、環濠を含まない内面積4,800㎡には環濠から内側4m周囲に住居が確認できていない部分─内側土塁か？─が800㎡あり、未調査ではあるがここには住居が存在しないと推定すると、集落面積は4,000㎡となる。調査したトレンチおよびトレンチが隣接して神崎遺跡で最小規模の4m以上の住居

第Ⅲ部 各 論

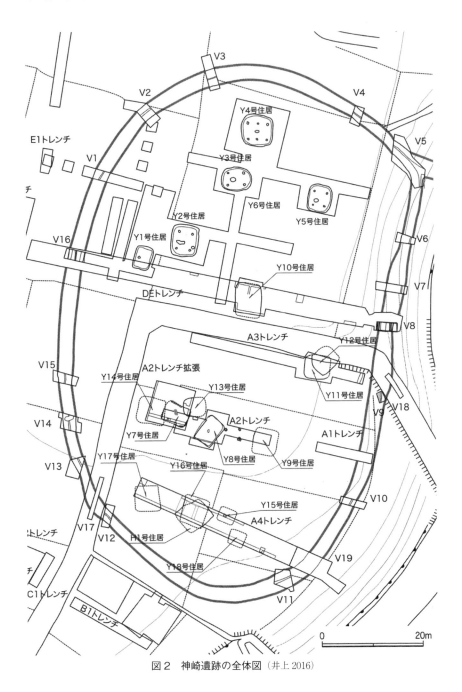

図2 神崎遺跡の全体図（井上 2016）

144

ならば確認できる部分も含めた調査済面積が 1,600 ㎡ である。都合 4,000 ㎡ の集落内の調査区 1,600 ㎡ に対して 18 軒の住居の検出をしている）から、最大軒数として、検出した 18 軒の 2.5 倍の 45 軒を想定することができる。

　これらの住居は出土土器の型式変化が少ないことから、短期間に造営された集落であると考えられていたが、2 ヵ所で住居の重複（Y13-Y7-Y14、Y11-Y12）が確認され、旧段階の集落と新段階の集落の少なくとも 2 段階存在することが判明している。しかし、後述するように住居の重複があり、旧住居が埋まらない限り新住居が作られない原則（浜田 2011a）が存在するため、旧段階と新段階の間は連続的に構築されたとすることはできない。つまり同じ環濠集落内での移動を想定した場合、旧住居群段階・旧住居が埋没する間の居住段階・新住居群の段階が存在していた想定が可能で、住居の構築機会は少なくとも 3 回存在したこととなる。重複する住居だけが時間をおいて造られたと想定し、全体の住居グループの数には影響がないと考えることもできるが、この場合も旧住居が埋没した後に住居が造られていることは、時間的には 3 回の築造時期が存在したことには変わりない。このことを基に単純計算した場合 45 軒では一時期は 15 軒ほどとなり、これが神崎遺跡における最大の同時期の竪穴数の目安となるものである。当然この 15 軒が二つのグループから構成されていた場合は、それよりも戸数は少なくなる。また旧住居から他集落に移住した場合、1軒だけの移住である場合は別であるが、弥生集落の構成が複数軒のグループからなるという立場に立てば、このグループが同時に移動するという考えが自然であり、旧集落段階から新集落段階の間の神崎遺跡の住居数は、そうしたグループが他集落へ移動した時は、一時期の神崎遺跡の住居戸数は計算よりも少なくなるのである。仮に旧集落段階で 22 軒、新集落段階で 23 軒の結果として45 軒存在したと想定することもできようが、重複住居の存在からこれが連続して建てられたわけではないことが理解できるため、この場合は旧・新の間に神崎遺跡から一時期集落が消えてしまうことを想定しなくてはならない。あくまでも神崎遺跡が継続していたと想定するならば、一時期の住居戸数はこの軒数よりも小さくなるのである。こうした神崎遺跡のような比較的規模の小さな環濠集落を参考にした場合、最大に見積もっても 15 軒の住居が、集落構成単位としてみることが可能である。そして重要なのはこの単位が集落を構成し、

第Ⅲ部 各 論

集落を移動する際にもこの単位で移動することが予想できることである。そして先述した移動先を集落外に想定すれば、この単位での移動であることが原則となるであろう。

集落を構成する建物単位の意味

集落から発見される住居は、弥生時代が農業社会であり、農業が協業により集約的な方法で実施されるという前提で、複数の住居で一つのグループを形成してきたことは、実際に1〜2軒からなる環濠集落が存在しないことからも、肯定することができる。そして環濠で集落範囲が視覚化されており、いくつかの前提条件付であるが、住居の総数を推測できる神崎遺跡を材料に分析し、一時期最大でも15軒の建物で集落が構成されていたことを提示した。しかし、先述したように、その15軒は最大数であって、そこに二つのグループを認めれば一つのグループは10軒を下回る住居数で構成されていたことにもなり、実は可変的な単位なのである。私がここで問題にしたいのは、そうした何軒の住居で一時期の集落が構成されているのか、ということではなく、まずは集落を構成する単位となる住居群が存在することの確認である。そして、この単位が農業経営の単位となっているとするならば、その単位のなかの1〜2軒が移動するということではなく、その単位自体で移動するということを想定すべきである、という提案をしたいのである。特にこれから述べていく周辺の複数集落との関わり、低地と台地に存在する集落との関係性などに論及する場合、先に述べた移動・移住の問題と絡めて、移動する住居数＝単位の問題が重要な分析要素となる、と考えているのである。その具体例として、最大15軒ということを示したにすぎない。こうした理解を確認した上で、実際の集落の分析に進んでいこう。

3. 集落の継続と集住の問題点

（1）継続の概念

従来、竪穴数が多く、出土土器型式の時間的継続幅の長い集落を、拠点集落と考えてきた。田中義昭によって考え出された構想過程は、集落の時間的連続性を基本に据えて分類した、継続型・廃絶・断絶という佐原の概念（佐原1975）を援用し、継続型を拠点（型）集落、廃絶・断絶型を周辺（型）集落（田

中 1979）として理解してきたのである。そして、土器の一型式の細分研究が進展するにつれて、その細分土器型式が連続している場合、その型式時間のなかで連続して集落が営まれてきた、とも理解してきたのである（都出 1984、秋山2007 など）。そして拠点集落は大規模集落と考えられることとなる。藤尾慎一郎が述べるように、「連続する土器型式が貼りついた状態で見つかった住居同士は、連続して営まれたと見なしてきた」「一型式＝一世代」（藤尾 2011：p.178）という解釈をしてきたのである。

　拠点集落という概念は、第一義的には集落出土土器型式に継続性（連続する細分土器型式）が認められた場合であり、これに比例するように住居数が多いものを当てはめていたことが理解できるのである。そしてこの拠点集落は住居数が多いことから、集住する集落形態としても認識されてきたのである。しかし、本論でも述べ、また筆者が以前示したように（浜田 2008）、拠点集落＝大規模集落＝集住という考えに対して、住居の重複事例が多く存在し、従来推定してきた細分土器型式の連続する時間が、集落の継続を証明しないことを実証できる事例も挙がっている。そのことはすでに触れているが（浜田 2011a）、重要な問題であるので、神奈川県砂田台遺跡を例にして再度説明しておきたい。

（2）分析対象の概要と前提

　神奈川県砂田台遺跡は弥生時代中期後半の宮ノ台式期の環濠集落で、環濠内約 ¼ の範囲で 93 軒の住居が確認できた遺跡である。このうち 25 号住居と 30号住居と 3 号溝（環濠）が重複している。報告書では 3 つの遺構は個別の図としてあるが（宍戸 1991）、筆者が一部改変し合成したのが図 3 である。30 号住居の土層図に、25 号住居が掘り込まれており、30 号住の床面が 3 号溝（環濠）の覆土上に存在していることがわかり、本文でもその旨の記載がある。ほぼ同じ床面上の 25 号住居中央付近の土器（17 など）が、30 号住居との重複ラインの内側にかかっているが、それが乱されていないことや、やや軟弱な床面範囲も壊されていないことから、25 号住居が新しいことが判断できる。これは両住居と 3 号溝との関係でも同様なことが理解できる。

　砂田台遺跡の発掘調査報告書は、こうした事実関係を他者が読み取れる点において、優秀な報告書といえる。そこから指摘できることは二点あり、一つは住居や溝から多くの土器が出土していること。もう一つは 3 号溝・30 号

第Ⅲ部　各　論

住居・25号住居がこの順番で構築されたことが理解できることである。まず
一点目の両住居や溝から多くの土器が出土していることを少し解説しておく。
30号住居からは数点の復原可能個体、25号住居からは数点のほぼ完形の土器
が、床面に原形を保った状況で出土している（図3・図4）。ただし、30号住居
の方が土器の破片化した割合が高く、接合方向・距離が25号住居よりも広が
り遠い破片と整合している。この原因は30号住居が火災住居であり、上屋構
造の崩壊とともに土器が散乱したと推測することもできるが、先述したアナサ
ジの分析で用いた物品回収（Scavenging）を読み取ることもできる。つまり、本
来は残置していた土器が物品回収される時に、毀損し床面上に散乱したとする
考えである。少なくとも30号住居にある程度復原できる土器が複数出土して
いる状況は、もともと残置された土器が存在していたことを裏付けるといえる
であろう。また、25号住居出土土器で形状のわかる土器は、横倒しの状態に
なっている（例えば13）。このことはもともとそれぞれの住居の床面に、これ
らの土器が置かれたまま、住居が廃絶されたことを物語るものである。安藤広
道は砂田台遺跡が所在する相模湾地域の宮ノ台式土器の細分において、これら
の土器と出土住居の重複関係を論拠の一つとしてSaⅤ期（30号住居出土土器）、
SaⅥ期（25号住居出土土器）とする時間軸を設定した（安藤1991b）。この編年
観は安藤に先駆けて砂田台遺跡出土土器を4段階に分類した宍戸信吾の編年で
も、前者をⅥ期前半、後者をⅥ期後半として継続する型式時期であることが理
解されている（宍戸1991）。この編年作業自体は、各型式の廃棄時の同時性を
保証するものであり、製作時の同時性を保証しないが、一括遺物と遺構の重複
をもととした方法論的には問題がない。

　その上で、これまでの解釈では土器細分の時間枠のなかで連続して建てられ
たと判断し、砂田台遺跡が両型式の間、集落が推移すると理解してきた（宍戸
1991ほか）。しかし、新しい25号住居（SaⅥ期）は古い30号住居（SaⅤ期）の
覆土を掘り込んで構築されており、この30号住居の覆土（第1層）が形成さ
れるまで25号住居を構築することは不可能なのである。30号住居の覆土が自
然に堆積したとするならば、一定の時間が必要である。つまり、30号住居が
廃絶された後、すぐに25号住居が構築されたわけではなく、そこには30号住
居が埋まるまでの一定の時間が必要なのである。

148

第 3 章　弥生集落論の再構築

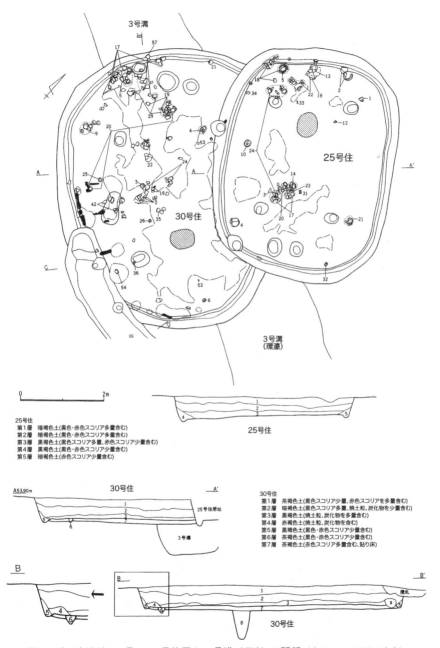

図 3　砂田台遺跡 25 号・30 号住居と 3 号溝（環濠）の関係（宍戸 1991 原図：改変）

第Ⅲ部 各 論

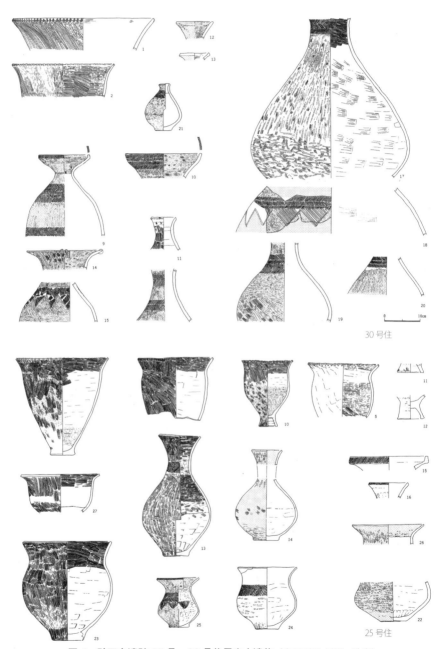

図4 砂田台遺跡25号・30号住居出土遺物（宍戸1991原図：改変）

仮に、25 号住居を構築するために、すぐに 30 号住居を人為的に埋め戻したと想定をした場合、理論上両住居に時間差が存在しないこととなり出土土器も同一時期となる。また、埋め戻した痕跡は 30 号住居の覆土に認められるはずである。例えば、掘り込んだ地盤であるローム層のブロックが多く覆土に入り込む。火災住居である 30 号住居の炭化物が覆土上層まで確認できる。同じ内容の層が厚く均一に堆積する。重力に抗うような堆積（垂直方向の堆積）をしているなどの痕跡である。しかし、こうした所見は土層図には記載されていない。また、30 号住居には多くの土器が床面に残されていたが、その土器を放置したまますぐに人為的に埋め戻す行為は不自然であろう。すぐに埋め戻す行為はその前に残っている上屋を取り除く段階が存在するのであろうが、これらの土器はその段階で片付けられるか、上屋解体によって形を保ったまま破砕されると考えた方が自然である。さらに両住居と 3 号溝（環濠）の関係も同じことがいえ、3 号溝（環濠）を人為的に埋め戻した形跡は確認されないのである。すなわち、3 号溝（環濠）が機能を停止し、埋没したあとに 30 号住居が造られていることは、この間に環濠が埋まるだけの時間が存在していたことになるのである。

　また、30 号住居は火災住居であるが、居住中あるいは住居に住まなくなった時点（離居住時）に火災を発生させた（火災が発生した）とすることは、その上屋の存在を考慮すれば一考を有するのである。炭化材があまり残っていないため明確ではないが、30 号住居の覆土の第 3 層と第 4 層は炭化物を含んでおり、それ以外に炭化物が含まれた土層がないので、第 3・4 層が火災時に堆積した土層である。特に第 3 層は炭化物を多量に含む土層であり、それが床面に接して存在していることから、床面が露出しているときに火災があったことを物語っている。こうした点から離居住時に罹災したとする推測もできる。しかし、一方でこの第 3 層と第 4 層は、炭化物を含まない第 5 層の堆積後に存在していることがわかる（図 3）。つまり、居住時・離居住時に罹災したとするならば、壁際に三角状に堆積した第 5 層を第 3・4 層と同時期に堆積した土層だとしなければならない。その場合の一つの目安になるのが、第 5 層の包含物であるが、炭化物を含まないとする調査者の観察は、第 5 層が罹災以前の堆積であることを示していると考える。このことは壁際に土壌が堆積する間、上屋が

残っていたのであり、その後自然火災か放火かは不明だが罹災したことになる。以前にこうした壁際の三角堆積と火災の炭化材・炭化物との関係を示す事例を複数提示し、多くの火災住居で三角堆積後に罹災したことを論じたように（浜田 2008・2011a）、この現象が砂田台遺跡だけの特別な事例でないことも確かである。先の移動・移住の問題を整理するなかで、上屋を残して移動するということとも整合性を持った推測だといえるのである。したがって、居住中・離居住時に罹災したという解釈だけでこの住居を論じてはいけないこととなる。

（3）砂田台遺跡の弥生集落の様相

　以上分析対象資料とした砂田台遺跡の 30 号住居と 25 号住居の事実関係を、先に確認した移動・移住の視点と集落構成単位（住居グループ）の視点、すなわち時間差を持つ 30 号住居グループ・25 号住居グループとも複数の住居からなり、グループで移住を行うという視点を加えるならば、次のようないくつか推定が可能となる。

　①30 号住居と 25 号住居のグループが、系譜を同じくするグループであった場合、次のことが想定できる。30 号住居を廃絶後、その住居が埋まる間は後に 25 号住居を構築することになるグループは、砂田台遺跡内に住居を移していたか、砂田台遺跡以外の場所に移住して戻って来たこととなる。

　集落が継続的に存在していたとする従来の考え方では、前者の同じ遺跡内に移住していたとする推定が最も想定しやすいであろう。この場合 30 号住居の段階（Sa V 期）のグループは、この住居のほかに砂田台遺跡内に別に存在する「移動先の住居」（以下仮に「X 住居グループ」）に居住することとなり、Sa V 期に存在する住居は見かけ上数十軒存在するものの、30 号住居グループと X 住居グループの住人は基本的に同じであり、実態はどちらか一方の住居群しか存在しないことになる。そのため Sa V 期の住居の実数は検出した数よりも少ないのである。つまり集落内の移動がグループ単位で行われていたとするならば、人口は変化しないが、見かけ上の住居数は増加することとなる。そのことから出土細分土器型式ごとにカウントした住居数は、累積された住居数を示しており、住居数が多いことをもって大規模・集住である、とすることにはならないのである。出土土器の型式比較から、30 号住居グループの一世代後が 25 号住居グループとするならば、同じ集落内での移住によって集落の継続性は認

められるが、30号住居グループ（SaⅤ期）あるいは25号住居グループ（SaⅥ期）
のいずれかと、X住居グループを我々は同一時期の別のグループという認定を
し、ダブルカウントしていることとなる。

　しかも、この推測の前提である同じ遺跡内に移住するということは未検討・
未解決の問題なのである。30号住居が罹災するまでに一定期間上屋を残して
いたという先の分析は、これまでの屋内残置土器の意味論などとも整合性があ
り、30号住居の住人は移住にあたり住居の上屋を残していた蓋然性が高いの
である。それはつまり居住可能な住居を残しながら同一集落に別の住居を建て
ることであり、その必然性を説明できない以上、同じ集落内に移住するという
想定は成立しがたいと考える。つまり同じ集落内に移住するという行動を、注
釈なしに認めることは不可能であり、同じ集落内に移住するということが普遍
的な行動パターンではなかったならば、継続性も集住も、基本的には認められ
ないこととなる。従来の集落研究ではこの証明をなおざりにしたまま、水田経
営に伴う定住化が強化されたという推測のもと、累積した景観だけで継続と集
住を論じていたこととなる。

　後者の砂田台遺跡以外の場所に移住して戻って来たという想定は、30号住
居グループは別集落に移住し、その一世代あとの29号グループが、再びもと
の集落に移住したということとなる。30号住居グループは別の集落へ移住し、
30号住居が罹災し埋没する一定期間が過ぎた後に、25号住居グループが移住
してくるということであり、論理的矛盾の少ない極めてわかりやすい状況とい
える。

　②30号住居と25号住居の居住者が、同じ集落に住んでいた別のグループで
あった場合、30号住居グループ（SaⅤ期）と、同じ時期に集落に存在していた
プレ25号住居グループ（SaⅤ期）が存在し、プレ25号住居グループは30号住
居のグループが移住した後もこの集落に居住しつづけ、30号住居が埋没する
時間的経過の後（SaⅥ期）、新たに住居を建築したという想定になる。この想
定の場合、SaⅤ期の人口圧などの原因によって30号住居グループが移住した
姿であると捉えることもできるが、その場合も累積した住居数が集落に刻まれ
るのであり、実態としての集住を示さないこととなる。またプレ25号住居グ
ループ（SaⅤ期）から25号住居グループ（SaⅥ期）への移住は、①と同じよう

第Ⅲ部　各　論

に同一集落内での移住ということとなるため、その必然性が説明されなければ、集落が継続することを論証したことにはならない。

　③30号住居グループと25号住居グループが、本来別の集落に住んでいたグループ同士であれば、①の後者のパターンと同じであり、この場合30号住居に住まなくなったグループは別の集落へ移住する。そして30号住居が罹災し埋没する一定期間が過ぎた頃に、25号住居グループが移住してくることとなる。ただし、この間に集落が継続していたのかは不明となる。

　想定できる30号住居グループと25号グループから、砂田台遺跡で住居が構築されていくシミュレーションを示したが、これを整理すると大きく二つの考え方ができる。それは25号住居グループが同じ集落内からの移住か、他の集落からの移住なのか、ということであり、前者の想定はこれまでほとんど論証されることなく集落論の前提となっていた。今回の分析によってこの想定は論証されておらず、むしろ後者のほかの集落からの移住である想定に理論的な合理性があるといえる。

　また、集落の継続性と集住化については、両住居が破壊していた3号溝（環濠：砂田台Ⅰ期≒SaⅡ期）が埋まるまで30号住居は造れなかったのであり、3号溝と同一時期の住居グループと30号住居グループには時間差がある。また、同一時期とされる26号住居（砂田台Ⅱ期≒SaⅢ期）と重複する2号溝（環濠：砂田台Ⅱ期≒SaⅢ期）などの時間的な関係性を加味すれば、砂田台遺跡集落景観・集落変遷は、さらに複雑さを増すこととなる。26号住居あるいは2号溝（砂田台Ⅱ期≒SaⅢ期）のどちらかが埋まりきらない限り一方の遺構を築くことは不可能なのであり、その間には集落の空白時期が存在するか、継続していても構成する住居数は少なくなるという状況が見いだされる。そしてこれまで述べてきたように、30号住居（砂田台Ⅳ期前半≒SaⅤ期）と25号住居（砂田台Ⅳ期後半≒SaⅥ期）の事例を含め、一集落に刻まれた一時期の住居数と構成員の数は単純に比例せず、集住化という現象をそこから見いだすことはできないのである。

　砂田台遺跡の分析を通して弥生集落は外からのグループの頻繁な移住が繰り返されることによって形成されたものであるとする蓋然性は高く、極端な集住はとらないということがいえるであろう。この小結を踏まえ、次に台地と低地

154

の集落の実例から、両者の関係性を推測していきたい。

4. 低地集落の様相

(1) 低地集落分析の必要性

前節までに集落の移動と構成単位の検討、そこから導きだされる大規模集落と集落の集住性・継続性の問題を、台地上の集落を題材に分析してきた。これまでの弥生集落研究ではこの段階の分析にとどまっていたのであるが、近年低地遺跡の調査・報告件数が増加してきたことで、低地集落を含めて再考しなければならないことが明白になってきた。そこで低地集落の様相を台地上と同じ観点で分析し、その上で台地と低地の集落の関係性を予察しておきたい。

(2) 相模川沖積低地の弥生集落

ここ十数年で飛躍的に低地集落が発見されるようになったのが、相模川沖積低地（以下、相模川低地）である。相模川左岸沿いに上流から河原口坊中遺跡（かながわ考古学財団2014・2015）、社家宇治山遺跡（かながわ考古学財団2011）、中野桜野遺跡（かながわ考古学財団2009）、倉見才戸遺跡（高杉2011ほか）、宮山中里遺跡（かながわ考古学財団2004・2016）などの報告書が刊行され、低地での弥生集落の実態が判明するようになってきた。これらのなかで豊富なデータの提示が報告された河原口坊中遺跡を取り上げ、まず台地上の集落には見られない現象を紹介していくこととする。

河原口坊中遺跡は神奈川県海老名市にあり、中津川、小鮎川が注ぎ込む相模川左岸の自然堤防上に形成された集落である。1次調査では中期後半の宮ノ台式期の住居が61軒、中期後半～後期の住居が25軒、後期後半～古墳初頭の208軒の住居が確認され、2次調査では中期後半の宮ノ台式期の住居が53軒、中期後半～後期の住居が7軒、後期後半～古墳初頭が61軒の住居が確認された。これらのなかで住居は平面的には重なっているものが多いが、中期後半と後期の住居に直接重複（切り合い）関係にないものも少なくない。これは中期後半と後期の遺構の間に数十cmの堆積土が存在していることが要因であり、この点が台地上の集落ではほとんど見られない現象である。例えば第2次調査では、中期後半の遺構の確認面でもある遺跡報告の基本土層、第Ⅶ層が堆積し終わった後、厚い箇所で40～60cmほどの基本土層第Ⅵ層が、堆積中ある

155

第Ⅲ部　各　論

いは堆積後に後期の遺構が構築されているため、後期の遺構が中期の遺構を壊すことなく上位に構築されることとなる（図5）。つまり、中期後半から後期のある段階で、第Ⅵ層が中期後半の遺構の上に覆った現象が存在したのである。81号住居（中期後半）と75号住居（後期）の関係、74号・76号住居（中期）と30号・50号住居（後期）の関係がその典型的な事例である。また、図示はしていないが基本土層第Ⅶ層に掘り込まれた中期後半の68号住居の覆土が、第Ⅶ層に非常に類似していたと報告されていることや、中期後半の遺構の一部が第Ⅶ層中から掘り込まれていたという観察結果から、中期後半の遺構確認面である第Ⅶ層は、中期後半以前に堆積した後にその組成が似た土壌が、中期後半の時間のなかでも堆積していたことが推測可能である。また、後期の遺構について、第Ⅵ層の層中から確認できるということもあり、第Ⅶ層（中期後半）、第Ⅵ層（後期）はそれが形成される間にも該当期の住居が構築されていたことが理解でき、第Ⅶ層が砂質、第Ⅵ層がシルト質の土壌であり、自然堤防上に位置することからも、河川氾濫による堆積土であると解釈することができる。そしてこの状況は河原口坊中遺跡の1次調査においても同じである。こうした河川堆積物は、氾濫の規模によって堆積物の厚さに変化があることになる。この

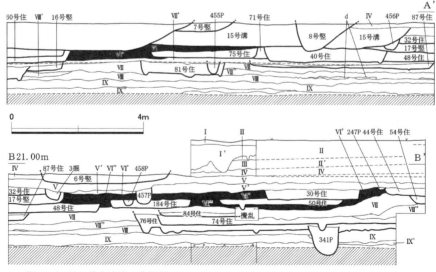

図5　河原口坊中遺跡の土層図（かながわ考古学財団2015原図：改変）※黒塗りは第Ⅵ層

第3章 弥生集落論の再構築

ことは台地上の集落との差異としては最も大きな点であり、平面的に同じ場所にある埋没した中期後半の住居を破壊せずに、その上方に後期の住居を建築する事例は、台地上の集落では皆無である。さらに河原口坊中遺跡においては、短期間、ここでは中期後半から後期の時間的な移り変わりの間だけではなく、中期後半の細分した土器数型式での時間の間において、土壌の形成が行われたのである。このことは土壌の堆積によって住居や方形周溝墓、溝が一気に埋没することが想定でき、仮に水田・畠が存在していてもそれも埋没することを意味することになるが、このことは後述する。

それでは、台地上の集落と共通する現象は何だろうか。河原口坊中遺跡においては台地上に顕著であった、垂直的な重複（切り合い）関係にある遺構も複

図6　河原口坊中遺跡82号・83号住居（かながわ考古学財団2015原図：改変）

第Ⅲ部　各　論

数ある。中期後半では最下層と炉の周辺に焼土や炭化物が確認された火災住居である8号住居は、その東コーナー部分を6号住居に壊されており、6号住居が新しいものである。同じような関係は6枚の床面を持ち炭化材が確認された76号住居東側を、焼土・灰・炭化物が確認された74号住居が壊して構築している事例。図6に示した炭化材と灰、広範囲に焼土ブロックが床面上から検出した82号住居を壊して、炭化材が多く出土し、残置土器が存在する83号住居が存在する事例がある。こうした重複する住居、焼土を持つ火災住居、残置土器の存在は、台地上での集落と比較しても何も変わらないものであり共通する事項だといえる。基本的には台地上の集落と同じような考古学的なデータであり、台地上の集落で分析したのと同じく、土屋根を残したまま移動を行っていたと想定することはできるだろう。ただし、重複する住居については、台地上の集落と最も異なっていた土壌堆積・遺構埋没の時間的な早さを、もう少し考える必要があるので、次にこれを検討しよう。

（3）低地集落の集住性と大規模化

　河原口坊中遺跡において土壌堆積の進行速度が台地上よりも極端に早いことはすでに述べたが、これが重複住居の時間を考える場合、少し注意が必要となる。台地上においては土壌堆積が遅かったため、土屋根の土壌が竪穴の埋没に影響を与えたと考えたのであるが、低地での竪穴の覆土形成は、土屋根よりも河川氾濫で運ばれる土砂による埋没の影響が大きいことを考慮しなければならないであろう。そうならば、新住居の建築は旧住居が埋没する一定期間が必要である、という台地上の重複住居を参考にした状況が成立しなくなるのである。それを裏付けるように低地遺跡の遺跡では、しばしばおびただしい数の住居が確認され、多くの重複住居例が存在するのであり、河原口坊中遺跡はその顕著な事例である。ではこのことから狭い調査範囲に200軒を超える住居が存在する河原口坊中遺跡は、集住するあるいは大規模な遺跡といえるのであろうか。以下そのことを検討していこう。

　河原口坊中遺跡1次調査の対象となった地区のうち、後期の住居が69軒確認されたP22地区、同じく30軒が確認されたP20地区、中期の住居が14軒確認されたP25地区、同じく16軒確認されたP20地区の主な重複事例の新旧関係を報告書の記載と土層堆積図から整理すると、次ページに示すよう

158

第 3 章　弥生集落論の再構築

P22 地区　後期 ～
（1）YH58→YH37→YH39→YH35→YH36→YH33→YH30→YH7→YH4→YH3
　　→YH1→YH1号土坑　　　　　　　　　　　　　　　　　　　　　12 段階

（2）YH71→YH70→YH51→YH56→YH25→YH24→YH23→YH18→YH17→YH13
　　（YH51 と YH56 の新旧は YH56 の覆土内に YH51 の貼床が存在しないことによる）　10 段階

（3）YH72→YH59→YH42→YH39→YH35→YH40→YH34→YH29→YH2
　　　　　　　　　　　　　　　　　　　　　　　　　　　　　　　　　9 段階

P20 地区　後期～
（4）YH30→YH27→YH23→YH22→YH19→YH17→YH2溝→YH5→YH4→YH2
　　→YH1　　　　　　　　　　　　　　　　　　　　　　　　　　　11 段階

P25 地区　中期～
（5）YH19→YH18→YH4溝→YH13→YH7土坑　　　　　　　　　　　　5 段階

P20 地区　中期～
（6）YH48→YH47→YH46→YH45　　　　　　　　　　　　　　　　　4 段階

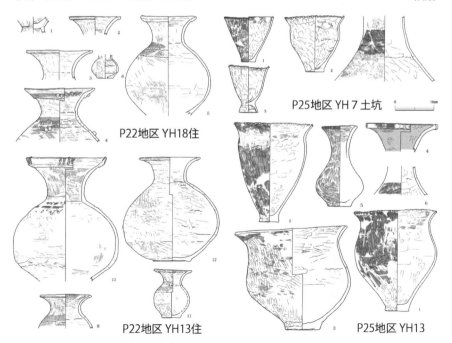

図 7　河原口坊中遺跡出土土器（かながわ考古学財団 2014・2015 原図：改変）

159

第Ⅲ部　各　論

に、後期～古墳初頭のなかで9～12段階、中期後半のなかで4～5段階の重複
事例（時間変遷）が存在していることが理解できる。

　この時間的変遷のなかで、(1)～(4)のケースは弥生時代終末から古墳時代
初頭までを含むものであるが、それぞれその時間幅の間で9～12回もの重複が
行われていたことから、出土土器を9～12の細分土器型式に分けることは物理
的に可能であるが、時間の指標としての違いを土器型式に体現させるならば、
そこに厳然と時間差を有していながら、時間差を認識できるほど土器型式の差
はない。例えば(2)の事例にある後期のYH18住→YH17住→YH13住の段階
を経るYH18住とYH13住出土土器、および(5)に挙げるYH13→YH7土坑
出土土器の明確な型式差の指標を挙げることはできない（図7）。さらに後期前
半の土器が河原口坊中遺跡ではP25地区で出土しているが、P22、P20地区で
は出土しておらず、上記ケース(1)～(4)の最も古い住居に後期前半は含ま
ないとするならば、最大12回の重複住居の絶対的時間幅は短くなる。こうした
ことから、最大12回にわたり重複するという現象のうちの一部は、我々が同
一型式土器と認識する間に複数回の河川氾濫・住居の埋没があり、その時間幅
のなかで建て替えられた結果であると解釈することが妥当であろう。つまり台
地上の集落では型式細分を重複事例の旧住居が埋没する時間差をもって想定し
ていたのに対して、低地では同一型式土器が示す時間内に、埋没と新規構築を
繰り返すという、対照的な行為が行われていたことが理解できるのである。竪
穴住居の埋没時間に関する対極的な現象であるが、低地遺跡では住居の埋没が
起こる度ごとに、集落が再建された。再建した集団がそこに居住していた罹災
集団ならば災害時に一時的に移動し、また同じ場所に住居を作り続けていた
こととなる。別の集団であれば別の場所から移動して集落を形成した結果とし
て、累積した住居数が我々の眼前に現れるということである。重複する住居同
士には必ず時間差が存在するのであるが、我々が時間軸の指標とする「同一土
器型式」の間で重複を繰り返すという行為を行っていることが、低地遺跡の重
複の実態であろう。この考えに則れば、低地遺跡で確認された住居の数がその
まま一時期（細分土器型式）の集落での住居の実態を示したことにはならない
のであり、限定された土器型式内での住居の検出数・集中を根拠として、集住
性や大規模集落といった解釈を行ってはならないと考える。

160

(4) 罹災後の復旧をめぐる解釈

そしてもう一つ低地遺跡を考える際に看過できないことに、先述したように旧住居が氾濫などの災害で竪穴が一気に埋まるならば、周辺の水田や畠なども浸水し埋没すると予想できることがある。すなわち氾濫後の災害復興をすぐに始めるにしても、住居だけでなく耕地も新たに造成することになるのである。

こうした状態を想定せず住居だけに視点をおいてみれば、河原口坊中遺跡で確認した住居の重複は、罹災後に時間をおかずに竪穴住居が建設されたからである、という推定ができ、この推定が確からしく思えるかもしれない。しかし、住居が一気に埋まるような災害においては、水田や畠も埋没すると考えるならば、災害が栽培植物の収穫前では、その生産物が壊滅的な被害となることは想像に難くない。仮に晩春〜初秋にかけて罹災したことを想定すれば、稲や畠作物の作植えをその年に再び行うことはできず、あるいは収穫前に生育不良状態となり、1年以上にわたって穀類収穫を行うことができなくなるのである。弥生文化が展開した温帯湿潤気候帯に属する日本列島においては、ムギを除く穀類の栽培時期は梅雨や台風のシーズンと重なり、水害を伴う災害が発生しやすい時期である。災害は過去においても多くの記録があり、現在においてもこれを防禦できる技術がないことからも、考慮しなければならない問題点なのである（浜田 2019）。さらに発掘調査で居住地と耕作地を一体で調査できる機会は多くないため、住居が多く構築されている場合どうしても可視化された情報である住居の数や存続期間などに興味が向きやすいのであるが、田や灌漑用水の再造成に関わる時間も想定しておく必要がある。住居は構築できたとして、生産耕地の復興とそこからの収穫が存在しなければ、災害のリスクの高い低地に集落を形成する意義はないと考える。それを前提とすれば、罹災した後にそれ以前の収穫ができる状態までに、生産耕地を含めた生活拠点＝集落を復興することをめざしながら、そこに至るまでの期間、河原口坊中遺跡の集落を建設する人々を支えるシステムの存在がなければならない。

また、氾濫の影響は河原口坊中遺跡の下流にある、中野桜野遺跡でも確認されている。中野桜野遺跡の調査所見によれば、弥生後期から古墳時代前期の遺構確認面は基本層序のⅣ層、同じく弥生時代中期後半はⅤ層であり、中期後半と後期の住居床面に10〜20cmほどの高低差がある。また住居が掘り込む層

第Ⅲ部　各　論

と住居覆土の差が判然と分かれたものではなかった（かながわ考古学財団2009）など、河原口坊中遺跡と同様のものであった。これらの現象は河原口坊中遺跡と同様、中期後半から後期の短期間に、中期後半の遺構上位に後期の遺構切り込み層であるⅣ層が堆積したことを示している。そして中野桜野遺跡でも、数軒がからむ後期の住居の重複関係は多く確認されているのである。こうしたことから、相模川低地の河原口坊中遺跡と中野桜野遺跡は同じ時期に同規模の氾濫の影響を受けていたと推測でき、罹災後の集落の復興も、重複住居のあり方から同様な様相であったことが理解できるのである。

　すなわち、一時期の河川の氾濫は流域の低地集落に影響を及ぼすこととなり、河原口坊中遺跡で想定した罹災と災害復興は、ほぼ同じ時期に相模川低地の複数の集落でも行われていたことが推測できる。このことは復興の人々を支えるのは、低地に集落を構える集団ではないことを示唆しているのである。

5. 台地と低地の集落

（1）台地と低地の集落の共通性

　これまで台地と低地の集落の分析を行ってきたが、その分析を整理しながら両者の共通点と相違点を述べ、両者の関係性を考察していこう。

　台地と低地の集落に共通することは重複住居が存在することであり、このことは分析の前提とした集落が移動していることを裏付ける根拠となるものであった。その重複の回数はそのまま移動の回数を示すものであるが、低地の集落の立地環境は、自然堤防あるいは微高地にあることからも理解できるように、住居を埋没させる氾濫の回数が増えるほど、新たな住居が構築される回数も増えるため、台地上の住居に比べれば、多くの重複事例が存在することにもなる。相対的に低地の重複住居の方が、台地上の集落の重複住居に比べれば、短期間に新たな住居が構築できる条件が揃っていることは、これまでの分析で理解することができるであろう。ただし、千葉県市原市潤井戸西山遺跡のように、村田川左岸の周辺との比高差0.8〜1.2ｍの埋没段丘上にある、中期後半の低地の環濠集落であるY-1号住居にあっては、覆土上部（1-1層、1-2層）がレンズ状の堆積を示し、古墳時代前期の土器が多量に出土している（鈴木1986）。こうした例は古墳時代前期になっても弥生時代中期後半の竪穴住居は

162

埋まりきらずに、窪地となっていたことの証左となり、比高差の大きい台地上の住居にも共通する現象である。したがって、そうした氾濫が起きなかった低地の住居では、台地上の住居と同じような状況となるのであり、氾濫の回数により住居の構築数は多くなり、移動の回数も多くなる。

(2) 低地集落の被害の想定

　重複住居には必ず新旧の関係性が生じる。旧住居が埋まり新住居が構築される間の時間である。台地の住居の場合は人為的な埋め戻しが行われない場合、土屋根の崩壊と自然の営為による埋没であるため、かなりの時間差を想定しなければならない。これに比べて低地の住居では、1回の氾濫によって一気に埋没してしまうため、埋没の時間はほとんど考慮しなくてもよいこととなる。実際に河原口坊中遺跡では重複する新旧住居から出土する土器は型式差を区分できないのであり、土器から新旧の住居の時間差を読み取ることはできないであろう。そのため、これを基準に同一細別土器型式が示す時間内での住居の重複は、罹災直後に復興に向けて人々が立ち向かっていった姿と捉えることも可能であり、低地遺跡では連続的に住居が造られ、集落が継続的に作られたと推測することも可能であろう。しかし、住居を埋める氾濫があった事実に基づけば、そこから推測できる一つの考えは、この規模の氾濫は自然堤防上にある集落域よりも一般的に低い後背湿地に作られる生産耕地にも、埋没する被害があったということである。そのため罹災翌年秋に収穫が確保できるように、水田や畠を含む新たな住居群と生産耕地の造成を行う復興を想定しなければならない。さらに備蓄していた食料についての被害も壊滅的な被害と被害を免れた場合を想定するべきであるが、どちらの想定をとるにしても降水量が増え、氾濫の確立が高くなる6月〜9月に収穫以前の田畠が埋没したとすれば、そこからの収穫が罹災年には見込めないため、翌年の収穫までは厳しい食料事情となる。こうしたことから罹災直後に低地集落の復興に立ち向かったとしても、その活動の目的達成は少なくとも1年以上はかかるのであり、この復興に関わる期間にこの活動に携わる人々が、自立的に食料摂取ができたと考えることは困難である。

　また、一方、生産耕地や備蓄は被害を受けなかったとする想定もできる。この場合は住居の再建だけに労力を傾けることとなるが、建築資材を調達する

仕組みや住居を普請する時間が必要となる。また、日常生活を支える土器や木器、鉄器や石器の工具などの調達も必要となる。しかし、埋没した集落であることから、この集落が罹災後にこれらの物資や家財道具を復旧作業と併行しながら自力で用意することは不可能であろう。また、氾濫が落ち着き復興を開始できるまでの時間も必要となる。

こうした推論に立脚するならば生産耕地を含めた集落の建設に関わる人的な支援と、その活動を食料供給の面で支援する体制の存在が予測できるのである。

(3) 復興を支えるシステムの想定

では、そうした支援するシステムはどのようなものが推論できるであろうか。このことを考える上で確認しておくことは、氾濫の被害は一つの集落だけではなく、流域の集落にも影響を及ぼすということである。今回分析の対象とした相模川低地では河原口坊中遺跡の下流に中野桜野遺跡がある。ここの状況は先に触れたように河原口坊中遺跡と同様、中期後半～古墳時代初頭までの間に、同じ時期に氾濫の痕跡がうかがえたのである。このことは、想定する復興支援システムが存在していた場合、周辺の低地集落がその主体となる、という関係ではなかったことを教えている。そこで想定できるのが氾濫被害を免れた台地上の集落である。

河原口坊中遺跡を中心とした周辺遺跡の分布を示したのが、図8である。この遺跡の分布から見られる傾向は、低地の集落の周辺の台地上に、同じ時期の集落が展開していることである。具体的に述べていく。

河原口坊中遺跡では、中期中葉以前、中期後半、後期前半、後期後半、後期末～古墳初頭の大別5段階の土器が出土している。その段階ごとの特徴を略記する。中期中葉以前にあたる土器は遺構からの出土ではなく土器だけが出土する。中期後半は住居も確認できるが、良好な出土状況の土器が少なく明確ではないが、2次調査の67号住居から甕の口縁内面の櫛描鎮状文を持つ土器、83号住居、前出の1次調査P25地区YH7（図7）からは台付甕を含む新しい一群の土器が出土しており、それぞれ安藤編年SaⅠ期・Ⅱ期とSaⅤ期・Ⅵ期に比定できる。このことは細別型式の空白時期を挟んで住居が構築されたことを示唆している。後期前半の土器を久ヶ原式のメルクマールである、沈線区画の充

第3章 弥生集落論の再構築

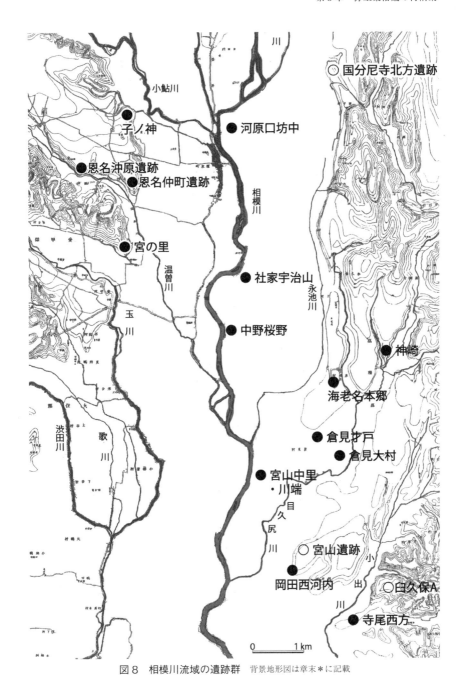

図8　相模川流域の遺跡群　背景地形図は章末＊に記載

第Ⅲ部 各 論

墳山形文施文とするならば、住居出土はないが、P23 地区の YH4 号土坑、P24
地区の遺構外、P28 地区 YH1 号旧河道、2 次調査 2 号旧河道に個体としての出
土が確認できる。破片資料も含め久ヶ原式土器は少ないが、沈線区画の縄文帯
施文土器を含めて考えれば、後期前半の土器が確実に存在し、河原口坊中遺
跡での該当時期の人々とその活動が存在していたことが確認できる。後期後半
と後期末～古墳初頭の段階は、河原口坊中遺跡で最も多くの住居が確認された
段階である。後期後半は前出の 1 次調査 P22 地区 YH13・YH18 号住居（図 7）、
2 次調査 60 号住居などが代表となり、後期末～古墳初頭は 1 次調査 P22 地区
YH13 号住居、2 次調査 37 号住居などが指標となるものである。

　こうしたことを前提に周辺の遺跡で時期毎の存在を見ていくと、現相模川
を基準に河原口坊中遺跡の対岸である右岸約 2km に位置し、低地との比高差
20 m を計る厚木市子ノ神遺跡（杉山・望月 1978、望月・山田・井上・藤井 1983、
望月・山田・井上 1990）では、中期中葉以前と中期後半 Sa Ⅰ期の竪穴が数軒発
見されている。破片資料ではあるが第 68 号住居から口縁部内面鎖状文施文の
甕があることは、子ノ神遺跡においても、Sa Ⅰ期・Ⅱ期の土器が存在していた
ことが理解できるのである。南関東で該当時期の集落は調査事例が少なく、子
ノ神遺跡は希少な事例である。この 2 遺跡以外にこの段階の土器を出土してい
る事例は周辺にないため、この時期での子ノ神遺跡の集落と、河原口坊中遺
跡が同時期に存在し、相互に活動していたことがうかがわれる。また、この場
合、当時の相模川が現況のように河原口坊中遺跡の西ではなく、東側に流路が
存在していたことを想定しておくべきだろう。

　次段階の中期後半になると右岸約 2.8km、比高差 25 m の恩名沖原遺跡で 2 軒
の住居（迫・小山・中山 2000）、対岸約 2.9km、比高差 22 m の宮の里遺跡で 7 軒
の住居（迫・中村 2005）が検出されている。細分時期としては、恩名沖原遺跡
が安藤編年 Sa Ⅰ期・Ⅱ期の指標である甕の口縁内面の櫛描鎖状文があり、宮
の里遺跡は台付甕が組成の中に存在することから新しい段階であると判断で
き、Sa Ⅴ期・Ⅵ期に比定されるものである。つまり、中期後半の時間枠のなか
で、前葉に恩名沖原遺跡、後葉に宮の里遺跡の集落が形成されたこととなる。
これは河原口坊中遺跡の形成時期にも当てはまることから、同じ時間枠のなか
で三者の遺跡が存在していたことを裏付けることができる。一方左岸の様相は

166

明瞭ではないが、河原口坊中遺跡の東約2.2km、比高差12〜13mの段丘上には国分尼寺北方遺跡があり、SaV期・Ⅵ期に比定される土器を出土する方形周溝墓が確認されており（北原1999）、周辺に同時期の住居の存在も想定されるので、相模川左岸の台地上にも注意が必要である。

後期前半の段階では確認事例が少ないが、前出した恩名沖原遺跡で久ヶ原式土器を出土する住居が確認されている。これも相模川流域ではこの段階の類例が少ない中で、河原口坊中遺跡と恩名沖原遺跡の同時期性を保証していることになるだろう。

後期後半は相模川右岸で前出の子ノ神遺跡、恩名沖原遺跡、宮の里遺跡で確認されており、特に宮の里遺跡はこの時期に内外2本の環濠が構築される集落である。上記3遺跡と河原口坊中遺跡は、この時期に住居数が最も多く確認できる段階であり、それぞれの集落で連動していたことを推察できる現象である。

後期末〜古墳初頭にも後期後半と同じ様相を呈するが、さらに恩名仲町遺跡などが加わることとなる。

また、すでに述べたように河原口坊中遺跡の下流約3.8kmにある低地集落の中野桜野遺跡でも、同じ時期に集落が形成され、周辺には海老名本郷遺跡、神崎遺跡など台地上の集落がある。宮山中里遺跡の周辺の台地上には岡田西河内遺跡、宮山遺跡、寺尾西方遺跡など、中期後半、後期後半、後期末〜古墳初頭の集落が存在しており、低地と台地には同じ時期に集落が形成されていたことが確認されているのである。

（4）互恵システムの内容

こうした状況から判断できるのは、河原口坊中遺跡の存続時期、氾濫と復興の時期が、周辺台地上の集落の存続時期と重なることである。これは先に想定した低地の集落が罹災後の生産耕地を含めた集落の復興に関わる人的な支援と、その活動を食料供給の面で支援することが、これらの台地上の集落を取り込む形で存在したのではないか、ということである。すなわち、氾濫による生産耕地や備蓄庫を含めた低地集落の再生に向けて、台地上の集落も復興システムの中に取り込まれた社会構造が存在していたのではないか、ということである。そしてこれは罹災によって発動するというよりも、日頃からの相互扶助シ

ステムであった可能性が高いと考えられるのである。その内容はいくつかの想定の上に成り立つ以上、確定的な姿を描けないが、次のことを条件に想定することが可能である。

　一つは水田単作による生産経済は、日照不足・水害・虫害など様々なリスクを抱え、それを克服していない弥生時代の段階においては、一度の不作は大きな打撃を与えることとなる、非常に危険な農法である（浜田 2011b・2014・2019）。そのため、このリスク回避として畠作物などを栽培していたことは、日本列島での記録の上でも確かなことであり、弥生時代にもこれらの畠作物が存在していたことから、水田単作ではなかったことが強く推測できるのである（浜田 2011a・b・2014・2019）。この前提に立つならば、生産耕地と生産集団を異にした栽培体制を持ち、畠作を主たる生業とする台地上の集団と、水稲を主たる生業とする低地の集団が、河川の氾濫に限らず、冷害・病虫害・風雨災害などによって特定の生産穀類が不作になった場合でも、相互扶助を行う経済システムが存在していたことが想定できるのである。台地上の集落がコメ以外の穀類の生産を行い、罹災する回数が相対的に多い低地集落の復興を助ける。低地集落はコメを基軸に生産しながら、氾濫など有事の際の復興に伴う住居や食料、人的援助などを、台地の集落に供給してもらう。それを担保する見返りとして、コメを台地上の集落に定期的・一定量供給するシステムが存在していたのではないか、ということである。端的にいえば、低地の集落にとっては氾濫などの災害後の復旧時に支援を与えてくれる、氾濫の被害のない台地上の集落を利用する価値があり、台地上の集落はコメの安定供給地として、低地の集落を利用する価値が存在する、という互恵関係である。

　この互恵システムは、環濠集落の開設でも協業して行った可能性も考えられる。環濠集落を新たに拓く場合、環濠集落の面積に即して、それに見合う集団規模（人口）の人々が集落内に居住していたと考える方法（小倉 2015）もあるが、本章「3. 集落の継続と集住の問題」で先述したように、一集落における集住性・大規模化には否定的であるから、むしろ環濠集落の構成人数だけでは実現できず、周辺の集落の協力なしでは達成できなかった、とする考え（石黒 2015a・b）の方が実態に即しているであろう。そうであるならば、低地にも高地にも存在する環濠集落を開削する場合に、周辺の集落の人々は集落の開設時

だけ協業していたと推測するよりも、そうしたことを端緒にして日常的な互恵関係を構築して、日々の生活をしていたと考える方が合理的な解釈ではなかろうか。

低地と台地の集落が同じ時期に存在していることは、今回分析対象フィールドとした相模川流域に限らず、関東地方でも多くの事例がある。戦前に確認されていた弥生時代中期後半の低地遺跡である千葉県菅生遺跡がある小櫃川流域には環濠集落の東谷遺跡や高千穂遺跡があり、以前示したように（浜田2011a）小櫃川とは台地を挟んだ南側に展開する矢那川流域では、上流に環濠集落の鹿島塚A遺跡や大山台遺跡群と低地の鹿島塚B遺跡・中郷谷遺跡、下流には千束台遺跡群と低地の四房遺跡などが存在する。低地の環濠集落である潤井戸西山遺跡がある村田川流域には、台地上に環濠集落である菊間遺跡群が展開し、その直下の低地の市原条里制遺跡では水田が確認されている。東京都境川流域では低地にある高ヶ坂丸山遺跡の周囲の台地上には、環濠集落である東雲寺遺跡がある。こうしたことを勘案すれば、全国的に低地にも台地上にも環濠集落が作られる現象は、その規模の大小にかかわらず低地・台地の集落に共通の問題として存在していたといえるであろう。

6. おわりに

これまでの分析によって、東日本における台地（高地）と低地の集落が、形成時期を同じくし、数km程度の至近の距離に存在しながらも、地形的な集落立地を異にしていることに対して、両者の集落は主に食料供給と災害復興の二面で、相互扶助・互恵的な協力関係が必要であり、こうした社会的システムを体現した必然的な集落景観であったと解釈した。

この解釈は以前同じ地域で試みた高位面と低位面の集落分析（浜田2011a）の延長線上にある。これまでの農業共同体や集落同士の協働などといったイメージは、台地上の集落と低地の集落を積極的に結びつけることをせず、台地上の集落だけの分析から、水田農業の進展によって拠点（母村）から周辺（子村）に分村するといった関係や、周囲に水田が造れない台地上の遺跡についても、水田経営を行った集落であるという前提での、偏った集落像を描いてきたといえる。あるいは戦闘的な社会であるという西日本の状況を無批判に東

第Ⅲ部　各　論

日本にあてはめ、遺構・遺物の検討を深めないまま、物理的に水田を営めない集落を争乱に関連づけて解釈してきたのである。しかし、低地の集落の様相が明らかになり低地集落も東日本では一般的な集落であると認識されてきたことは、従来の台地上だけの集落で弥生社会を描いてきた歴史観の再考を必要としているのである。

　21世紀を前後する頃から、低地の集落の発掘調査が増加したことにより考古学資料が蓄積され、弥生集落論は新たな議論のステージを迎え、従来の台地の上の集落間だけで、弥生社会像を語ることはもはや許されなくなった。そうした新たな研究段階に入ったことを意識して、これからは高地と低地の集落を総合的に分析しなければ、弥生社会の実態を解明することはできないと考える。そしてこれは東日本の弥生集落だけではなく、西日本の弥生集落にも共通する特徴、課題であり、低地あるいは高地の集落だけで弥生社会のネットワークを考えるべきではないのである。そして今後の分析方法は稲作にとらわれず、非農業分野も視野にいれた、柔軟な視点が必要になる、と考えている。

＊図8で使用した地形図は、地図資料編纂会編1989『明治前期関東平野地誌図集成』柏書房所載の「164座間」「165藤沢」「166厚木」「167伊勢原」を組合せた地形図を原図とした。その原図から土地利用の記号、道、用水、地名などを削除し、等高線をめだたせるように改変した。なお原図とした地形の測量年は1881・82（明治14・15）年である。

第IV部
座談会

第1章
はじめに

1. 挨拶・座談会の意味

浜田：本日は座談会にお集まりいただきありがとうございます。この座談会は本書研究史と各論で書かれたそれぞれのテーマに即した論文を各自が読んで、それに対して、質問や意見を出し合って、それぞれのテーマをより深く掘り下げていくことを目的に計画しました。テーマ毎に仕切り役は交代いたしますが、まずは浜田から、本書の企画にいたる意図と経緯、総論などについてお話し、そのあとに、各自の研究史と各論について議論をしていきたいと思っています。

2. 本書の企画の意図

浜田：本書を企画するきっかけは、東日本をフィールドとする研究者として、これまでの弥生文化像に違和感を持っている、ということから出発しています。特に学史を扱った拙著（浜田 2018）を執筆していくなかで、これまでの弥生文化研究が、西日本の状況が基準になって西から稲作が広がっていく弥生文化を考える、ということがかなり強い意識を持って存在していたことがわかりました。それは研究の素材や時代背景・地理的状況からみれば当然のことではあるのですが、その基準で東日本（本書第1部のとおり、伊勢湾と若狭湾を結ぶラインを境に東西日本とする）の資料を見ていくと、いろいろな不都合な、あるいは合わない事例がたくさん出ている気がします。これは私だけではなく、例えば石川日出志さん、設楽博己さんなど、東日本をフィールドとする研究者も同じような意見をすでに表明されていますし（石川 2010、設楽 2000・2014a・b）、古くは山内清男さんが指

第Ⅳ部　座談会

摘しているように（山内 1964）、弥生文化の西と東では多様性が存在していることは確かであろう、と考えています。しかし、現状の弥生文化研究で、これまでの西日本の枠組みを意識せずに、東日本の弥生文化を正面から見据えた研究は、そう多くはないと思っています。西日本の枠組みの代表的なものは、例えばイネ・鉄・戦争などの新出的な要素、縄文時代にはない要素だとすればよいかもしれません。このなかのイネについては、浜田は水稲単作の社会を描くことの不自然さを取りあげて、いくつかの論考を出していますが（例えば笠原・藤沢・浜田 1987、浜田 1993・2007a・2011aなど）、そうした従来の枠組みにとらわれずに、東日本からみた弥生文化像を描くことはできないか、といったことをここ数年模索していました。

　そうした中で、従来の硬直した考え方をとらずに、出土資料を丹念に分析して新たな方向性を提示している研究も目に付くようになってきました。その中に、共著者となっていただいた中山さん・杉山さんがいらっしゃるわけですが、お二人の著書（中山 2010b、杉山 2014a）には、私が知りたいようなことがたくさん書かれていて、「もう少し書いてよ」と感じさせる研究をされていました。幸いお二人の人となりも存じ上げておりましたので、本書の共著のお願いを相談させていただきました。

3.　執筆までの経緯

浜田：中山さんは私が 20 代の頃山梨県に身を寄せていたときに、先輩研究者として活躍されていた方です。といっても私よりも年齢は一つだけ上で、県内では珍しい弥生時代をテーマにしているという共通点もあって、それ以来親しくさせていただいています。中山さんはレプリカ・セム法（中山さんはレプリカ法と呼んでいらっしゃいますが）で、土器圧痕から中部地域の縄文時代中期にすでにダイズが栽培されていたことを証明されましたが（中山 2009）、それ以前にも弥生農耕の研究の蓄積があります。それをまとめられた『植物考古学と日本の農耕の起源』を同成社から刊行されていましたので、中山さんには、食料獲得（狩猟漁撈採集）の縄文から、食料生産（農耕）の弥生として、対照的に取り上げられてきた両時代が、近年の縄文中期以降のマメ類栽培の確認によって、両者がどのように位置づけら

れるのか。また、弥生の農業系譜は縄文の農業あるいは栽培穀物とどのような関係性にあるのか、の2点を浜田が知りたいと依頼をいたしました。

　杉山さんは私よりも一回りお若い研究者ですが、以前ある遺跡の評価をめぐる検討会でご一緒させていただいた際、既存の枠組みにとらわれない研究が必要であることを強調されており、その発言と発表内容が新鮮であったことから、シンパシーがありました。そうした研究姿勢で弥生の石器について、自然科学分析も応用する形で一書をまとめ（杉山2010）、最近は海に着目した『弥生文化と海人』を六一書房から上梓されました（杉山2014a）。特に後者の弥生文化の海産資源に関しては、東日本の弥生文化研究ではこれまで三浦半島などを題材にその研究をリードしてきたものの、正面から分析されたことが非常に少なかったため、その研究の重要性を感じました。同じ頃浜田は弥生時代とされる南加瀬貝塚があった加瀬台遺跡群（神奈川県）の調査報告を行い（浜田ほか2017）、この弥生貝塚と集落に関係性が存在していることを前提に、貝塚を形成した人々の集落として加瀬台遺跡に注目していたこともあり、弥生文化における「海人」の位置づけについての考えを、浜田が知りたいとお願いをしました。この私からの依頼をもとに2017年5月27日の日本考古学協会（大正大学）総会の日に、初会合を開いて本書の骨格を決定していったわけです。幸い両人とも企画内容に対しては賛同の意を表され、同年7月に日本大学文理学部、2018年5月には日本考古学協会総会（明治大学）の後に、打合せを行って本書の研究史と内容を詰めることとなりました。

4.　目　　的

浜田：こうした協議を経て表出された内容は、本書の「総論」の部分に生かされていますが、打合せの時にそれぞれが語る言葉のなかに「稲作を中心にその拡がりを基準に西日本からの弥生文化の波及」があることや、「弥生文化には多様性がある」ことに対して「斉一性を求めたがる研究の存在」や、「水稲だけではない生業とそれに携わる人々がいた」ことの重要性などが提起・確認されました。こうして共有された意見を参考に、各論を組み立てていくこととなったわけです。それに沿って、執筆者3人は縄文と

175

第Ⅳ部　座談会

　弥生の栽培植物、弥生文化の中の海人、弥生集落の3つのテーマを語ることで、「西日本の弥生文化の枠組みにとらわれることなく、東日本の弥生文化のデータから、弥生文化を整理することで、同じ時間を共有する西と東での弥生文化の多様性を描き出し、将来を見据えた弥生文化像を構築する」ことを共有してきたわけです。

　では以下、研究史の討論、各論の討論に移っていきたいと思います。

第**2**章

研究史の討論

浜田：研究史については、各論の3本は分析対象が違うため、あえてそれぞれ
のテーマにそって研究史を繙いてもらいました。では最初に書いていただ
いた「縄文・弥生の農耕に関わる研究史」、これを書かれた中山さんに、
この研究史で強調されたこと、研究史から浮き上がる問題点から、お聞き
したいと思います。

1. 農耕をめぐる研究史

中山：私は縄文、弥生の農耕に関わる研究史ということで研究史を整理させ
てもらいました。まず弥生農耕の系譜というのは先ほど浜田さんがおっ
しゃったように、いわゆる稲作を中心とした新出的といいますか、大陸か
ら伝わった穀類をもって農耕文化の形成というのを考えてきたわけです。
しかし、実際に現在の植物考古学的な検証の中から見ると、やはり縄文時
代の植物栽培という問題は無視できなくなってきている現状があり、その
検討なしには弥生の農耕も語れないのではないかということが一つにはあ
ります。その中で改めて縄文農耕論の研究史を追わせていただいたという
のが、今回の研究史の内容です。

　もう一つは弥生文化の時代定義ですね。それと絡めて水稲農耕が重視さ
れていったその背景、そしてその研究史というものをもう一度整理してお
く必要があり、日本文化の基礎としての稲作農業、その起点としての弥生
文化、弥生時代という捉え方がどのように醸成されてきたのかを追ってみ
ました。さらに1990年代から現在にかけてAMS法を用いた年代決定です
とか、あるいはレプリカ法を用いた植物圧痕の分析などの自然科学的な手
法を取り入れた研究の進展の中で、弥生文化論、あるいは生業論というの

177

第Ⅳ部　座談会

がどのように構築できるのか、そういった視点でも研究史をまとめさせて
いただいています。

浜田：今の中山さんのお話ですと、縄文の植物栽培を考えなければ弥生の農業
を語れない、そういったお話があったと思うのですが、少し前までは、あ
まりそういうことを意識しないで、例えば農耕をしていない縄文対農耕
の始まった弥生というように、両時代に対極的な見方があったと思いま
す。1960年代に縄文農耕論が沸騰しましたが、証拠がないということで
一旦終息します。しかし現在、縄文にも栽培があるということが言われ
るようになったのは、研究史からみると、どういうことがきっかけなの
でしょうか。

中山：まず1960年代のいわゆる縄文農耕論にかなり否定的な見解が多かった
時点から、1970年代以降になりますと、佐々木高明さんなどの民族学者・
人類学者の側から、縄文の栽培植物問題が議論されてきたわけです（佐々
木1971）。ご存知のように照葉樹林文化論の中で、縄文時代にも初期農耕
が存在したのではないかという議論が再燃してきました。ただし、その頃
根拠とされていた植物遺存体には、出土植物のコンタミネーション（試料
汚染）や年代比定の点で、問題がある資料も多く含まれていました。そう
いった状況の中で、縄文農耕の起源に関わる植物資料の年代に対する疑
い、信頼性の欠如というのが、1990年代も含めて大きな問題であったか
と思います。

　　もう一つは同定の問題。これまでは考古学の近隣の植物を分析している
専門家に分析をしてもらうという形態を取っていましたが、やはりそれで
は本来考古学研究者が求めていた問題意識とズレが生じてきてしまってい
たことも否めないと思います。同定の問題も含めて、それは考古学側の求
める問題意識の中で解決すべきであるといった二つの大きな流れが2000
年代に入ってクローズアップされて、新たな分析手法も加わって現在の研
究状況になってきていると思います。

浜田：2000年代に入って、例えばAMS法あるいはレプリカ法などによって、
植物遺存体のコンタミ（ネーション）の恐れが解消ができてきたというこ
とが大きいですよね。

178

第 2 章　研究史の討論

中山：そうですね。少なくとも、かなりのリスクはこれらの方法によって回避
　　　されるようになってきたのではないでしょうか。

浜田：実際に中山さん自身もレプリカ法を行われてきていますが、いつ頃から
　　　実施されていますか。

中山：レプリカ法は、1990 年代の初めに丑野毅さんらが文化財科学会に発表
　　　された方法（丑野・田川 1991）です。それを踏まえて 90 年代の後半には長
　　　野県の中沢道彦さんと丑野さんらが共同研究で、既存の縄文時代の古い籾
　　　痕土器をレプリカ法によって再検証するという作業を行いました（中沢・
　　　丑野 1998）。これが非常に大きなインパクトを持ったわけです。2000 年代
　　　に入って九州の山崎純男さん、続いて熊本大学の小畑弘己さんらがこの方
　　　法を用いて縄文時代から弥生時代の資料の悉皆的な調査に乗り出す中で、
　　　今まで見えなかった植物の利用というものが一挙に見えてきました（山崎
　　　2007a・b、小畑 2011）。私がこの方法に注目して分析し始めたのは、2006 年
　　　だったと思います。

浜田：ありがとうございます。今述べられて来たレプリカ法の最初は、いつ頃
　　　からコメがあるのかというのが研究・話題の中心だったと思います。それ
　　　を中山さんが中部高地の縄文にも応用できるということで、これは各論の
　　　ところで触れられていますが、縄文時代中期の土器からマメなんかが出て
　　　くることに着目したきっかけがあれば聞かせてもらいたいのですが。

中山：中部高地で弥生の農耕がいつから始まるのかという問題を追いかけてい
　　　ますと、弥生時代だけでは収束しない研究上の課題がつきまとってきまし
　　　た。つまり中部高地には藤森栄一さんを中心とした縄文中期農耕論とい
　　　うのが常に大きく研究史の中で横たわっていたわけですから（藤森 1970）、
　　　それも含めたかたちで追うことができないかというのが私の当初の狙いと
　　　言いますか、目的にありましたね。

浜田：わかりました。それがどういうように展開していったかというのは、各
　　　論で触れられていますので、この後の各論の部分で少しお聞きしていこう
　　　と思っています。杉山さんどうですか。

杉山：方法論の展開のところで、レプリカ法というのは確かに 2000 年くらい
　　　からぐっと出てきたと同時に、イメージとして水洗選別がやはり同じ時期

179

くらいから、わりとみんな意識し始めたのではないかと思います。昔は大きな装置でやらなければいけなかったものが、例えば高瀬克範さんが科研（科学研究費助成事業）の報告で書いた簡単な方法（高瀬 2006）が普及し始めたのではないでしょうか。とりわけ弥生時代の前期などを掘るならば、もう必須の分析方法になってきています。そこでまたいろいろな資料が得られて、年代測定も行われるようになってきたというのは方法論の展開として重要な点なのかなと思いましたね。

中山：実は水洗選別そのものは、1970 年代から北海道を中心としてゲイリー・クロフォードさん（Prof. Gary Crawford：カナダ・トロント大学教授）が北海道大学と連携した中で積極的に導入されています（Crawford・Yoshizaki 1976）。それが各地に波及していく。そこで重要なのは、今まで学術的な発掘調査で行われていたこの手法が、全国各地の埋蔵文化財センターとか行政機関の行政発掘に波及していったというのが大きいと思います。ただ集計してみますと、まったく意識がないところはほとんど植物遺存体の資料がないのですが、意識が高い県ではどこの遺跡でも調査の中に組み入れたかたちで水洗選別が行われ、今杉山さんがおっしゃったような資料の蓄積が進んでいったのではないでしょうか。

浜田：私自身もその頃、水洗選別を行ってみましたが、どのような炭化種実を見いだすかという意識があるかないかで、拾える種も拾えない種もあるんだなっていうのが、すごく実感としてはありました（笠原・藤沢・浜田 1987）。だから中山さんが今言われたことは、私も同じことを同じように思ったんだな、同じ意識になっていたんだなと思うんですね。その上でそのデータをいかに使うかっていうのが実は重要で、つまり意識がない、たまたま出てきたものと、意識的に出したものはデータの質がやはり少しと違うのかなと思います。どのレベルの種実を対照にするのかという意識の有無によって、その水洗選別の結果のデータを使う際に留意しなければならないのだろう、と私自身が行った結果そういうふうに感じていました。そうした感想は中山さんはないですか。

中山：いや、ありますよ。これは浜田さんも言われているように、例えばアワ・キビなどを対象とした時の篩の目の粗さですよね（浜田 2007a）。こ

れは決定的な要素でして、イネやそれ以上の大きさのものを対象にするのであれば比較的大きい2mmメッシュのものでも引っかかりますが、アワ・キビなどの小さな雑穀類を対象としたものまで含めて検討しようとするとなると、やはり1mmメッシュとかさらに細い篩も必要になってくるということで、まさにこれは研究目的と手法の問題が絡んでいると思いますね。

浜田：私も当時そのような問題意識を持って一つの成果を提出しましたが、それでもその結果が正しいかという問題には、コンタミ（ネーション）が研究の障害としては大きいと感じていました。

中山：そうですね。相当数の資料蓄積があったにもかかわらずAMS法などによって再度検証してみると出土遺構の年代より新しい時代の資料が含まれているということで、それが今までの植物遺存体の信頼度の低さに繋がっていたのではないかなと思いますね。やはりこういったものを含めて、植物遺存体そのものの絶対年代を明らかにするという作業が必要だと思います。

浜田：それを解消するような意味で炭化物そのものをAMS法で年代測定するということも、最近行われてきています。また、前述のレプリカ法がコンタミを考えなくてもよい資料であると捉えられることから、この手法が普及していった。そのような考え方でよろしいですかね。

中山：これは分析にかかる金額的な問題も当然あります。AMS法で1点年代測定をするのに当時10万円ぐらいかかったので、すべての資料を測定するわけにいかない物理的な制約があったかと思います。そういった中でレプリカ法は比較的に誰もが簡易に、非常に安価に実施することができる手法として一気に普及したのだと思いますね。

浜田：杉山さん、ほかに何かありますか。

杉山：研究史の中で縄文中期のマメ類の評価をめぐって、それがメジャーフードだったのかどうなのかという議論が小畑さんの意見と分かれているという話がありましたが、マメ類と堅果類の栄養度はどうなのでしょう。以前コメは何粒出てもこのくらいで栄養価がこのくらいだから、対してアワとかキビは小さいからたくさんないと十分な摂取量にならないという議論がかつてありましたが、マメ類と堅果類の具体的な栄養価、なんて言ったら

いいかな。

浜田：エネルギー量ですか？

杉山：エネルギー量っていうんですかね。それはどんな関係にあるんですか。

中山：コラム（本書コラム4、p.224）にも書きましたが、文部科学省の食品の成分分析表を見ると100gのうちのエネルギー量は、大体イネで350kcal、クリやトチの実は160kcalくらいです。シイは250kcal、クルミは約670kcalの熱量を持ちますが、いずれにしてもドングリ、クリ、クルミそしてトチの実などの堅果類が、縄文時代の人々にとって非常に重要な食料源であったことは間違いないと思っています。それに対してエゴマは500kcalを超えています。

浜田：イネを超える？

中山：イネを超えます。そして、ダイズも400kcalを超えてエネルギー量が非常に高いのじゃないかと思います。さらに成分分析の中で私が一番注目するのは、タンパク質と脂質です。炭水化物はドングリ類で摂取できますが、タンパク質や脂質をどういうふうに摂っていたのかというのが非常に重要で、クルミなどに加えて、それらを補うものがエゴマやアサであったり、ダイズであったりしたというふうに私は考えています。実際にそういった栄養バランスの組み合わせが、非常に重要なのだろうということになりますね。

杉山：縄文後期から晩期にかけての時期は、イノシシなど動物も結構獲りますよね。特に脂質に関して、かなり食料が偏るようなイメージを持ったのですが。肉もたくさん摂り、マメもたくさん摂るということになると、縄文中期とは随分食生活が変わるのでしょうか。

中山：やはり動物ではいつも同じ量が獲れるわけではありません。例えば、三内丸山でも最終的にはムササビみたいな非常に小さな動物まで利用している。中型動物が枯渇してきて小動物にまで手を出していたというような話を聞きました。同様に周辺の動物資源がある時期は枯渇したり、少なくなるということはこの時代にあったのではないでしょうか。イノシシは20年から30年周期で多くなる傾向があると新津健さんが研究されていますけども（新津2011）、逆に言えばいつもそれが同程度獲れるとは限らない

という動物資源の周期性との問題も関係すると思います。それらを補完する意味でマメ科の植物は非常に重要であったのではないかなと思います。しかも、それが中部高地で非常に突出して見えると言うことは、海洋資源が決定的に欠如していることと関係すると思うんですね。やはり魚から取れる動物性たんぱく質が内水域の河川の魚だけでは摂りきれなかったのではないか。その意味で、植物性タンパク質は非常に重要になったのではないかと考えます。

杉山：ありがとうございます。

浜田：中山さんの研究史でたくさん面白いことが語られているわけですが、それはまた各論で議論したいと思いますので、続けて杉山さんの研究史へ移っていきたいと思います。「弥生時代研究と海」ということで研究史を書いていただきました。概要と重要な部分をお願いします。

2. 海人をめぐる研究史

杉山：ご存知の通り、弥生時代になると縄文時代に特有の貝塚が減るということで、これまで海、ないしは魚を正面から扱う研究事例はあまりなかったということがあると思います。また研究史の動向として、弥生時代＝米という議論が進んでいった中で、例えば戦後最初の発掘の登呂遺跡（静岡県）でも魚等は出ていますが、それについての評価というのは低い。その後概説書等でもやはり縄文時代に比べてどうも漁撈活動についての評価は低く、それが一般的に流布してしまったのが現状かと思います。その中にあってむしろ在地の研究者、大学の教員じゃない人々、地域に根ざしたフィールドの考古学をやってる方達は、海、魚というものを随分評価しています。例えば古いところでは江藤千萬樹さんであり、赤星直忠さんです。そうした方々は、それぞれのフィールドで海というものを随分評価していきますが、うまく研究が引き継がれなかった。

　もう一つ問題点として漁業を行っていた人々がいるというのはわかるが、そういう人々をどう評価するかという点があります。縄文時代も当然ながら漁業を行う人がいるわけですが、研究史でみると、弥生時代ないし古墳時代、古代に続く漁撈民たちと、分けて考えてきたようです。その一

183

第Ⅳ部　座談会

つは古代文献に残る、海人と呼ばれる人々に続いていく人々の出発点を弥
生時代の中に求めてきた傾向があるかと思います。そのことについて、3
章で網野善彦さんの歴史学の問題ですとか、民俗学ではどういうふうに分
類してきたかということを記させてもらいました。その結果、やはり網野
さんのいう職人的海民、そして大林太良さん、最近ですと後藤明さんらが
いう海人というものは、やはり古代の専門的なアワビ漁などに従事する専
門的・専業性が高い人々とされ、その出発点を弥生時代に求めてきたとい
うことを記させてもらいました。実際に海人はどういうものだったのか、
何人かは具体的に論じる人がおりました。例えば「倭の水人」を述べた岡
崎敬さんは、長崎県壱岐市のカラカミ遺跡などの資料を用いて『魏志』倭
人伝の中に記された姿を述べ、実際に北部九州を含めた地域に存在してい
たとしました。

　弥生時代の海人の議論として、一つその後も強く影響が残ったのは特徴
的な物質文化を遺した集団に関する研究と言えます。遠距離交易をしてい
た人々を論じる中で下條信行さんは九州型石錘を取り上げ、木下尚子さん
は南海産の貝輪を取り上げてきたかと思います。主にこうした海人の議論
は、やはり北部九州ないしは山陰地方がメインだったと思います。関東地
方においては非常に少なく、橋口尚武さんが述べた伊豆諸島との交易を
取り上げた研究が挙がるぐらいかと思います。最近、各地で低地遺跡の
発掘が進んできている中で、実際に海に携わる人々、そしてその人々が
かなりの距離を動いて物を動かす、文化を動かす、そうした可能性があ
るということで今後さらに必要な研究なのではないかとまとめさせても
らいました。

浜田：ありがとうございます。私はこの研究史をみて「目から鱗」的なところ
がありました。それは水稲農耕、あるいは水田中心史観といわれるような
こととも表裏一体なことなのかもしれませんが、歴史学や民俗学などの考
古学の周辺領域の研究では、結構こういった海をめぐる議論が盛んと言う
か、意識的に行われてきました。ところが考古学においてはほとんど研究
が進んでこなかったということが、この研究史を読ませてもらってわかっ
たわけです。もう一つはこれは私の知識のないところですが、例えば江藤

184

さんとか赤星さんも戦前からこういった研究をされているのですか。

杉山：江藤さんは戦前に論文を書き、残念ながら戦死してしまいました。赤星さんは偶然の発見ではありましたが、横須賀の鳥ヶ崎洞穴を発掘しました。そして『考古学雑誌』に報告しています（赤星 1924）。

浜田：戦前からそういうところに着目して行われていた研究活動自体を知らず、私自身少し恥ずかしいんですが、そういったことがなかなか戦後に引き継がれていかなかったのですね。何かそれが引き継がれなかった研究上の障害があったのかなというのを、この研究史を読んで感じたところです。杉山さんからご説明していただいたように、海はものを運ぶ、人を運ぶ、あるいは文化を運ぶ、そういった装置になります。動かす装置になるんだというのはもうまさにその通りなんです。でもこれまで、本当に正面切ってそういうことが議論されてきませんでした。それをうまく研究史にまとめられていると感じたわけです。研究史の中で、縄文時代の人も弥生時代の人も海に関わる活動を行っているのに、海をめぐるスペシャリスト、専門性を持った人々について、縄文時代の研究ではあまり取り上げず、弥生時代の研究から切り分けて考えるようになったと、杉山さんはおっしゃっていましたけど、その原因はなんだろうと考えますか。具体的な研究ではなくて、それを研究する研究者側の心って言うんですかね。そういうことで言うと何があるのでしょうか。

杉山：それはやはり水田中心史観の影響でしょうか。その中で発展していくんだと、発展していく中で分業がされていくんだと、こういう論理の中で海の人々が稲作農耕民とは分けて考えられていったと思います。だから縄文時代でも、称名寺貝塚のような非常にイルカを獲っている集団もいるわけですよ。まさに弥生時代の海人のような海への活動に比重をおいた同じような集団がいる。でもその人々を海人とは呼ばないし、スペシャリストかもしれないけれども議論しないですよね、狩猟採集民というだけです。弥生時代の研究には、テーマは海だとしても、やはりある意味水田中心史観が考え方の根底にあるのだろうと思いますね。

浜田：確かに唯物史観的な考え方では、農耕によってある程度生活が安定することで分業制が生まれてくる。その分業制の中には例えば金属を扱うスペ

シャリストがいて、それ以外でも木器を扱う、石器を扱う、そういう分業
制が出てくる。その一つとして海をめぐる専門性を持つ人、そういう集団
が生まれてくるんだという論法の中に組み込まれてしまった。そういう感
じですよね。

杉山：はい、そうです。江藤千萬樹さん自身も農業が安定したことによって
漁業民が独立してくるという論理展開をしています。江藤千萬樹さんは
森本六爾さんの考えに近いので、そこはおそらくかなり影響を受けてい
るんだろうなと思いますが。

浜田：中山さん、いかがですか。

中山：弥生時代の専業性の問題は、今回海を対象にされていましたが、やはり
漁業に止まらない非常に幅広い商工業の評価にも波及してくるのかなと思
いますが、どうですか？

杉山：金属器製作などでは、銅鐸工人などはスペシャリストという考え方が今
もされていますよね。漁業ないしは海に携わる人々は縄文時代からいるわ
けですが、そういう人々も変容してくる姿が見えてきているし、おそらく
漁業以外でも古墳、古代に向けて専業化が進んでいく。弥生時代は、その
プロセスの過程にあるのかな思います。

浜田：今の中山さんの質問を受けて、過去にスペシャリストの変遷というよ
うな研究をされていたというか、あるいは今研究されているような、そ
ういう動向はご存知ですか。この問題を研究史からあとづけられればと
思いますが。

杉山：スペシャリスト（専門的工人）の存在については、大規模集落の分析に
おいて、その抽出が試みられたことはありますが、結果として明確にはな
らなかったと思います。それぞれの分野において、その生産体制とか流通
とかをめぐるプロセス、内容がどう変わっているか、変化してるかという
のが明らかにされていけば、おそらくその社会全体の専門性への流れがみ
えてくるのかなと思います。

浜田：中山さん、ほかにはどうですか。

中山：研究史的にみると、海洋資源の利用の変遷、縄文時代から弥生時代そし
て古墳時代にどのように変化をしていくかという点が興味あるところです

が、それらに対する研究というのは今まであったのでしょうか。

杉山：海洋資源については、どちらかと言うと弥生時代では内水面漁撈中心であり、弥生時代の漁撈というと内水面だという意識がわりと強かったと思います。海に関した研究は本当にありません。資料が少ないのもありますが……。しかし各地の大きな集落をみると規模の大小はあれど貝塚が出るところもあります。例えば伊勢湾では山崎健さんが研究していたり（山崎2015）しますので、これからもう少し見えてくるようになるのかなと思います。

中山：そういった視点が今まで欠落していたということですね。

浜田：例えば遺跡からゴホウラだとかオオツタノハなどの目立つ、あるいは、見たことがないものが出土すると、我々は着目しやすいのですが、普通の貝が少量出てくるだけではあまり意識的に取り上げないですね。特に南関東の場合だと貝が残る状況自体を目にする機会が少ないので、三浦半島にある海蝕洞窟などの特殊なところでないと、弥生時代に貝塚が存在するという意識があまり研究者の中にもない、そんなふうに私は思います。

杉山：そのとおりで、弥生時代の食の研究（杉山編2018）で集成した時に、東京湾周辺の中期後半の遺跡では小規模な貝塚はわりと確認できました。でもその中味を見ると貝しかなく、魚がほとんど入っていません。では逆に魚は獲っていなかったのかといわれると、難しいところなんです。貝は潮干狩りのように自分だけで行って取ってくることはできます。魚はもしかするとほかのところからもらうなど交易等の変化なども考えられ、これからの課題であると思います。

浜田：その交流・交易というところは各論のところで杉山さんも触れられていますので、そのことも絡めて各論のところで議論していきたいと思います。

3. 集落をめぐる研究史

浜田：それでは研究史の最後に、私の集落研究史についてお話します。私の集落に関する研究史で強調しておきたいのは、これまでの集落研究は台地上での遺跡を中心に論理展開してきたのですが、近年の調査で、台地と低地の集落で構成されているのが弥生集落の基本的なかたちだということが明

第IV部　座談会

確になってきた、ということがあると思います。これによってこれまでの台地上だけの集落分析の結果では、実は実態が解明できないということが明白になってきたのではないかと思います。

　こうしたことを今までの研究では低地の集落が見つかっていなかったからしょうがない、というような、ある意味逃げ口上的な、無責任な態度ではいけないと思うんですね。実態として、これまで少ないながらも低地の集落が確認できていたわけです。そしてなにより水稲耕作に特化したという考えを持っているならば、低地に集落がなかったことに疑問を持たなければならなかったと思うのです。研究史からみると、そういったことに着目して行った研究が少なかったといえます。ですから私も含めてですが、弥生集落を研究する者はこうした過去の研究方法の、どこが間違っていたのかというところをやはり真摯に検討するべきです。そして、研究史から探ると、水稲単作を前提に弥生社会を考えすぎていたことに原因はつきる、といったら言い過ぎかも知れませんが、大きな原因があったと思っています。したがってこのことが、研究史から抽出できる現在集落を研究する際に一番の問題点となると思っています。つまり水稲単作での農業ではなく、もっと広がりを持つ複合的な農業、先ほど海の資源ということも議論がありましたが、そういったことも含めて集落問題も考えていく必要があると思います。以上が現代的な問題なのだろうというふうに思って研究史を書いてきました。お二人からご意見いかがでしょうか。

中山：今の繰り返しになりますが、浜田さんのお話では、これまで台地上の遺跡が主体であったところに、今までほとんどなかった低地部の弥生遺跡が見つかってきた。とするとこれまで台地を主体とした拠点集落あるいは周辺集落論というのが、今では成り立たなくなってきているということですか。

浜田：そうですね。この拠点・周辺っていうのは西日本で言うと低地に大きな集落があって、台地の方にはそれから分村するようなかたちで、少し時期が違う例もあるかもしれませんが、そういう事例をそのまま東日本に応用すれば拠点・周辺という理解はまだ生きていくというふうに思います。た

第2章　研究史の討論

だ研究史でもみたように、東日本では今まで台地の集落だけで拠点・周辺ということを位置づけてきたわけです。つまり台地の大規模な集落、環濠を持つような大規模な集落を拠点、環濠を持たないような小規模な集落を周辺というかたちで捉えてきた。そこに低地に環濠を持つような大規模な集落があった時に、西日本のように低地が拠点、台地が周辺とは言えない、つまり台地上にも低地にも拠点的な集落があることになり、理論的な齟齬が生まれてきています。そういうところを考え直さなくてはいけないと思います。

中山：そういう意味では、研究史的には台地上の弥生遺跡を支えていた生産域はどこにあったと考えられてきたのでしょうか。

浜田：台地上の集落は基本的に谷水田もしくは台地の下の沖積地、河川氾濫原などに水田を営んでいたと考えられていました。

中山：あくまでもそれは水田経営を主体にした集落というふうに今までは捉えられていたということですね。

浜田：そうです。逆に言うとこれは近藤義郎さんだとか和島誠一さんたちに顕著なのですが、水田には不適切な台地の上に集落がある。でも弥生の集落だからこの人々は水稲を行っていたはずだ。じゃあその水田を作れる候補地を周辺で探してみるとどこにあるのか。谷水田がある、というような理屈ですよね。つまり谷水田が見つかったから、そこが生産域であるという帰納的な考えではなく、理論上考えると谷水田だという考え方なのです。

中山：あくまでも弥生の集落は基本的には水稲農耕を中心にしていたという考え方から離れることができなかったということでしょうか。

浜田：そう思います。特に近藤さんだとか和島さんは戦後すぐに、そういうことを言い始めてます。弥生時代は水稲農業を行うのが基本線なんだということで、戦後の研究を開始しようとしました。一番最初のスタートから水稲単作という考えがあったといえるかもしれません。それを無批判的に受け継いで、20世紀の弥生集落研究があったのかなと思いますね。

杉山：「一つ目のモデルは低地の水田管理・運営を共同で行う」という書き出しから始まる段落、その次の行に「上位に立つ」とありますが（p.60）、ど

189

ういうことなのでしょうか。

浜田：簡単にいえば、拠点・周辺の関係ということですね。

杉山：「上位に立つ」のが、拠点ということになりますか？

浜田：拠点・周辺よりも、母村・子村の方がイメージしやすいのかもしれません。元々の集落があって、そこの人口が増えたのでそこから分かれていくのが周辺集落・子村である。そうすると母村の方が自分の母体の村なのでそこが集団間で言うと強い集団になる、母村の方が強い。そういうようなイメージかなと思います。

中山：これは各論でも大きく関係してきますが、弥生時代の集住化、大規模化が拠点集落と言われてきた現象は、どのようなかたちで研究史的に展開してきたのでしょうか。

浜田：農耕集落が集住化する、大規模化するというのは戦前からの考えです。鳥居龍蔵さんなどが言い始めています。農業が始まったことが人々を1ヵ所に集中させることになるのだということを述べています。しかし、縄文集落も集住化・大規模化するという意見が大山柏さんから提出されているように、集落の集住・大規模化が農耕集落と関係するかについては、一概に農業と関連するとは言い切れないと思います。これは現代的な課題であるとも考えられます（浜田 2018 参照）。

　大規模集落あるいは拠点集落という考え方は数が大きい、住居の数が多いというものでしょう。それと数が少ないものを周辺集落としたのが田中義昭さんでした（田中 1976）。大規模集落、拠点集落は住居の切り合いが複数あるものもないものも、数が多ければという考え方だったと思うんですよね。ただし、切り合いを持たない竪穴だけで構成される集落は、弥生の場合はほとんどないのです。弥生集落のほとんどに住居が切り合う事例が存在する。そうなると実際に一時期の住居の数をどうやって描いていくのか。これはまだ明確な方法論がないので推測の域です。ただ、一時期の住居の数をどのくらいの規模として考えるか。これによって随分集落のイメージが変わってくるのではないかと思うんです。

　私は竪穴が切り合っていて、古い住居が埋まるまでの間、新しい住居は造られないという現象が存在するので、大規模な集落は見た目の数よりも

一時的の住居は少ないのだろう、と以前考えました（浜田 2008b）。弥生の集落をそのようにみるか、もしくは従来どおり見た目の数をそのまま多いとみていくか、これによってずいぶん集落の捉え方は違ってきます。一時期の住居の数をどう立証していくかというところが、従来からいわれているようにポイントになると思います。

中山：そう考えると、今までは弥生時代の集落の集住化・大規模化を唯物史観的な発展段階論に当てはめれば、農耕社会の発展を示す一つの具象といいますか、形になって現れる現象として非常に捉えやすかったということですね。それをあまり疑わずに理解していたのですが、そうではない方向性で、現在は問い直されているということですか。

浜田：そうですね。今中山さんがおっしゃったようにそういうことが問い直されているということを、私なりにどう回答を求めればいいのかを、各論で書かせてもらいました。研究史的にいうと、一時期の住居の数を立証していくことがどのように非常に大きい要素になっていくのか、を追究していったということですね。

杉山：確かに難しいテーマだと思いますが、方法論的には各論で展開されてたいた、同時存在の住居を考える方法が一つあるのかなと思います。ほかに、例えば小林謙一さんが炭化物をもとに分析された東京都目黒区の大橋遺跡（目黒区大橋遺跡調査会 1998）などでの方法論は適用可能なのでしょうか？

浜田：分析する価値はあると思います。問題は縄文の土器型式の長さと弥生の土器型式の長さが基本的には違うだろうから、縄文ほど時間の違いが出てくるかというところは心配ですね。ただ、それは予想であって結果ではないので、その意味でやってみる価値はあるだろうなというように思います。

杉山：同時存在の住居群がわかってくると、例えば石器や鉄器など、誰がどういうふうに保有をしているのか、それがムラ管理なのか個人管理なのかという議論も含めて、集落の大きさだけではなくて、もっとムラの姿が見えてくる可能性があるのかなと思います。

浜田：そうですよね。住居の関係性っていうのかな。同じ時期の住居というこ

ともそうですが、住居と住居、集落と集落はどのような関係性を有していたのか。例えば一つの道具を共有する仲間であるか、同時期の集落が近隣に存在するということの関係性など、同時存在がもしも見えるのであれば、それはまた別の方向として面白いことが導き出せるだろうと思います。このあたりのことは各論で私も書いていることなので、また各論の方で議論していこうと思っています。

さて、ここまで各自の研究史について、概要とほかの著者の質問ということで進めてきましたが、ここからは各論1・2・3をめぐって同じような方法で討論していきたいと思います。

第3章

各論の討論

1. 「栽培植物からみた弥生型農耕の系譜」をめぐる討論

浜田：それでは、各論の最初ということで、「栽培植物からみた弥生型農耕の系譜」（本書第Ⅲ部第1章）について質疑・確認・討論ということに移っていきたいと思います。この座談会の冒頭に、私がこの本を計画したきっかけと、お二人に書いてもらう内容について注文を出した話をしました。その中で中山さんには、これまで縄文から弥生への移り変わりは、生産形態が違うということで対照的に取り上げられてきたわけですが、この両時代が栽培植物の存在から、最近はどういうように考えられているのかということ、そして弥生の農業の系譜というのは縄文の農業とどう絡んでくるのかということを書いて下さい、と無理なお願いをしました。この注文に関しては明快な答えを出していただいたと思います。

　確認ですが縄文のマメ栽培は、それが縄文時代に支配的になるというわけではなくて、生業形態の一つの要素として、例えば漁撈であり狩猟であり採集である、それにプラス栽培ということで四つがバランスよく、場所によってそれが大きくなったり小さくなったりするのでしょうが、この四つがあって縄文の社会・生業が構成されていた。そんなイメージでいいですね？

中山：そうですね、今まで狩猟・漁撈・採集の三点のバランスで考えていたところに、植物栽培という要素も一つ加わった。しかし、四つの生業要素の重点は、地域や時代の中でおそらく異なっていたと思います。それを弾力的に非常にうまく組み合わせていた。縄文時代の人々は、そのような多様な食料戦略を実践していたがために、あれだけ長い文化が継続したのでは

193

ないかと思います。これは、縄文時代のサステナビリティの理由にもなります。

浜田：私の二つ目のお願いであった縄文農業と弥生農業の関係性ということで言うと、各論に明確に「弥生時代の農耕とは、縄文的な生業や栽培技術の上に大陸系の穀物栽培が加わった重層的な農耕と看做すことができる」（p.97）と書かれているので、非常にわかりやすいなと思いました。この中で大陸系の穀物栽培にはイネだけではなく、アワがありキビがありますね。このイネだけではなくて三つが入ってきて、それに今までのマメがプラスされて弥生文化に受け継がれている。そういうふうに考えてよろしいということですね？

中山：はい、先ほど研究史の議論の中でも見ましたが、炭水化物摂取の主体が堅果類からやがて穀類に変化していく。その変化の背景には、アク抜きなどを必要としない加工技術の簡易さ、そして運搬のしやすさ、保存のしやすさといった要素があったと思います。

浜田：それを聞いて一つまた確認をしたいのですが、図11（p.96）、「穀物農耕の波及と定着の時間差」という内容の図は、先ほど言っていた縄文時代晩期末の突帯文期にイネや、アワ・キビの圧痕土器が九州や中国四国にあるよ、という図ですよね。この図でアワ・キビの圧痕は弥生早期には関東まである、ということがわかります。そこで私がもう一つ知りたいのは、縄文時代以来のマメが弥生時代にどういうふうに絡んでくるのかなということです。各論の中ではダイズが縄文時代後晩期に九州から出土しているということが触れられているのですが、ほかの地域では縄文時代後晩期、あるいは弥生早期あたりにダイズの圧痕は確認されているのでしょうか。

中山：弥生時代のダイズ・アズキは、寺沢薫さんが集成された時（寺沢薫・寺沢知1981）にも確認されていて、縄文から弥生時代でのマメ利用の継続性が改めて注目されるということだと思います。今のところ、縄文時代のダイズ属やササゲ属のアズキ亜属の検出例は、研究が比較的進んでいる中部地方と九州地方に集中している傾向があります。しかし最近ではかなり全国的に悉皆調査が進んで、それらの広がりがわかってきています。

　そうした中で、ダイズ属の圧痕も縄文後期段階には西日本から九州にも

あるということもわかっています。これらの地域では所謂ダイズそのもの
の圧痕もあるのですが、どういうわけかへその部分だけをプリントしたよ
うな土器があります。「ワクド石タイプ」と呼ばれる資料は、当初イネ籾
圧痕と認識されていたのですが、中沢さんらがレプリカ法で確認をして
イネ籾ではないことを指摘した。その後、小畑さんらが観察する中で、そ
れはダイズのへその部分であることがわかってきて、ダイズを示すことが
明らかにされてきています（小畑・佐々木・仙波 2007）。そういうことから
すると、ダイズは縄文時代後期から晩期に西日本から九州にかけても広
がる一方、これが弥生時代に繋がっていく可能性が非常に高いということ
です。圧痕資料で見る限り、中部・関東地方では後晩期の検出例が減少す
るように見えますが、最近の調査では次第に資料の蓄積がされてきていま
す。さらに、弥生時代にはイネなどの穀物と一緒に大陸起源のマメ科植物
も伝わった可能性があります。

浜田：ということは今のところ、いくつか例があるので、関東地方でも後期そ
れから晩期の事例が増えれば、弥生時代に繋がっていくのではないかとい
う見通しを持たれているということですよね。

中山：はい。

浜田：九州については後期・晩期の事例はあるということですが、中期の事例
は今のところありますか？

中山：今のところ、草創期にダイズ属が見つかっていますが、それ以降は、後
期まで飛んでるような状況ですね。

浜田：その草創期の資料は、栽培種のような大型のものでしょうか？

中山：いえ、非常に小型のもので、おそらく野生のツルマメだと思います。

浜田：なるほど。それが草創期なり早期の段階で栽培していたかどうかという
議論はあると思いますが、途中がなく後期ないし晩期になってくると大型
化して栽培種として認められる。そういったあり方が考えられるというこ
とでよいですかね。

中山：そうですね。

杉山：この栽培化でダイズ、マメ類が大きくなるという議論について韓国の事
例で年代測定されてましたよね。そのダイズ・アズキの年代は縄文後晩期

第IV部　座談会

ぐらいに対応するかと思います。この時期に九州と朝鮮半島で例えば腰岳の黒曜石の流通とか、土器の移動など人の往来による外来的な要素とはあまり考えなくて、栽培化するだけで大きくなるのですか？

中山：私も最初は外来だと考えました。しかし韓国では、この時期よりももっと古い段階からアワ・キビも出てくるんですね。アワ・キビ農耕が定着していてダイズ・アズキなんかもあることを踏まえると、そのうちのマメ科植物だけが日本列島、しかも中部高地を中心とした内陸部に非常に突出して入ってくるのは理解がしにくい。さらに言うと日本では、圧痕研究の中から種子の大型化の現象が非常に明快に捉えられるのですが、逆に韓国とか中国のダイズ属は大型化をそこまで顕著に認めることができていません。量的に増えてくる段階を栽培というふうに呼んでいるのです。そのように考えると、必ずしもそれらが大陸から入ってきたというふうに考えなくてもよいことになります。外来植物の呪縛から解かれるということも、重要なポイントだと思います。

　　もう一つ重要なのは、最近の遺伝学の研究から、葉緑体DNAとミトコンドリアDNAの組み合わせからなる細胞質型が8種類に分かれるのですが、この中に日本の野生ツルマメ、日本の栽培ダイズにしかない遺伝形質があることが指摘されています。つまり遺伝学的にはすべてが大陸起源でなくて、日本起源のダイズがあるということを示しています。とすると、まさに日本起源のダイズ属の形成プロセスが縄文時代のダイズ資料の中から追えるのではないかというのが、私の考え方です。

杉山：この図3（p.79）ですね。アズキが大きくなるという。

中山：アズキとあとダイズ（p.76）も含めてですね。

杉山：この図をみると新しくなるに従って大きくなりますが、振れ幅も大きくなっていますよね。この中心値を取ったらそれほど前と変わらないような気がするのですが……。

中山：中心値というよりも、私は、形態と大きさの多様さの方が重要だと思います。

杉山：それはどうしてでしょうか。栽培化というと、大きさも均一になっていくような気がするのですが……。

第3章　各論の討論

中山：栽培化することによって栽培種に即座に転化してくということではなくて、むしろそれまでの野生のマメも利用しつつ、中には栽培型の大きさを持つマメも混在して利用していくという段階があると思います。こういった議論というのは西アジアのムギ類の栽培化についてもありまして、脱粒性の欠如をした栽培型のものと維持したままの非栽培型、つまり野生型のものがどれくらいの割合で遺跡の中から出てくるかという研究をされている研究者（丹野2017）がいて、西アジアのムギの栽培化のプロセスは、おそらく最初に栽培型のものが登場してから3,000年とか数千年のオーダーで野生型に対して栽培型が多くなっていくという現象がみられるといいます。これは中国のイネも同様で、野生型のイネが主体だった時期から栽培型のものも含めて同じ程度に出てくる段階、河姆渡文化期のように栽培型が突出してくる段階へと変化しています。一挙にそれらが変わるわけではなくて、徐々に野生型から栽培型に傾斜していくのです。最初は、野生型と栽培型の利用あるいは中間タイプの雑種というのが混在している。この段階が非常に重要だと思うんです。そういった現象が縄文時代の中期のダイズ属あるいはアズキ亜属の中にも見られるということが、やはり重要なことだと私は思っています。

杉山：そういうふうに見れば、この幅の広がりっていうのは、逆に意味があるのですね？

中山：逆に意味があります。これは、吉川純子さんが研究されたクリでも同様のことが考えられます（吉川2011）。クリの果実も単純に大型化しているわけではなくて、振れ幅が非常に大きくなっていて、晩期ぐらいになると非常に小さいものから大きいものまで出てくるというようなことと同じような傾向だと思います。

杉山：あと一点、先ほど浜田さんも言及した「弥生時代の農耕とは、縄文的な生業や栽培技術の上に大陸系の穀物栽培が加わった重層的な農耕…」という部分ですが、結局、穀物類が入ってきたことによってドラスティックに変化したとは捉えない、ということでよいですか？　水田と畑というのは縄文時代にはない生業形態ですよね、それを受け入れたことが重層的なのかどうか。私からすると、やはり大きな変化だと思うんですよね、道具も

197

変わってきますし。

中山：ただし、その変化は日本列島の中で一挙に進むのではなくて、図11（p.96）のように、九州から中国・四国辺りでは、ほとんど同時に稲作と畑作が存在し、ほかの地域では順次遅れてくるというような状況が読み取れます。水路を引き水田を拓いて水稲農耕を行うには、一人や一家族の力ではできない。そういった中で集団の社会的な再編成が必要となってきます。その対応の遅れというか時間差というものが、日本列島の中でその定着の早い・遅いの違いになって現れてくるのではないかと思っています。

　　ただし、アワ・キビを中心とした畑作農耕が、今まで稲作波及期と呼ばれていた時期にすでに定着している地域があることがわかってきました。中部高地では水稲農耕よりもアワ・キビの方が一段階早く定着・普及していて、穀物栽培を受容する集団や遺跡の立地する地形などの違いによって畑作の方が受け入れやすかった地域があるのではないかと思っています。大陸からの影響を直接受けやすかった九州や山陰を含めた中国地方では、非常に早い段階で対応変化しているのですが、そうではない場所はそれぞれの地域で受け入れ方が違っているのではないでしょうか。

杉山：縄文時代のマメの栽培化についてですが、栽培を行うところは、遺構は残ってないでしょうけど、畑をイメージすればよいですか？

中山：そうですね。

杉山：だからむしろ、畑作としての雑穀が受け入れやすかったということでよいのでしょうか？

中山：はい。ただし、畝型の定型的な畑作といった技術は朝鮮半島から水田稲作と同時に入ってくるのだと思います。それ以前には畑と明確に判断できる遺構は、今のところ見つかっていません。ただし、作物の栽培という意味では縄文時代の段階でもうすでに行われているということを考えると、植えるものや管理するものは違いますが、非常に受け入れやすい条件にあったと思います。

浜田：そういう議論の中で言うと、例えばイネとアワ・キビが水田稲作と同時に入ってきますよね。その中で何を選択するかということにもなると思うんです。九州は直接交流しているから、ある程度大陸・半島系の人が入り

やすいという事実はある。だから水稲農耕の技術を持ってる人は九州には入りやすい。それに対して東の方は、マメ栽培という農耕の素地はあるけれど、水田という特別な農地を作る技術、育てる技術を持っていないので、選択的にマメ栽培に近いアワとかキビを選択をした、という考え方になるということですよね。

中山・杉山：そうですね。

浜田：その中で、中山さんの図 11（p.96）を見て、これだったらイネだけではなくて、イネ・アワ・キビが入ってきて、今まで縄文が四つの生業でバランスをとっていた中から、イネ・アワ・キビの農耕の部分だけ突出して生業になったという段階で、弥生時代と言ってしまってよいのではないのかと思ったんですよ。つまり今まで遠賀川式土器がイネを伝えた主体者、稲作を表すような土器であるということで遠賀川式土器の分布をみていったわけですが、仮にその想定でもイネと一緒にアワもキビも伝えたのではないかと思うのです。イネ・アワ・キビの検出状況は、今述べた考え方とそんなに大きな矛盾もないし、我々が「水稲基準」という考え方を変更すればいいだけの話なのかな、なんて思ったのです。それについて中山さんどうですか。

中山：大陸系の穀物が入ってきたという意味ではあまり変更する必要ないのかもしれませんが、ただそれは現在では遠賀川式土器よりも一段階古い突帯文土器の段階から入りこんできているということでは、弥生の伝播を示すのにことさら遠賀川式土器だけを強調しなくてもいいのではないか。むしろ考古学な方法論とすれば、それ以前の段階からも含めて、土器ではなくてイネ・アワ・キビなどの穀物の地域的な広がりを確実に追うことに意味があると思います。

　もう一つは、弥生時代前期前半代の西日本の遺跡では、中部高地の浮線文土器が結構出土します。九州、山陰、四国も含めてそういったものが出てくることから、当時の中部日本の人々がかなり西日本へ動いているのではないかと考えられます。これが交流・交易なのか、何を目的したのかは私にはわかりませんが、そういった現象は確実に見て取れるのです。そして、その時期から一挙にアワ・キビ農耕が増えてくるということを考える

と、農耕技術を伝えた主体者は西日本の人だけではなくて、東日本の人々が行って持ち帰ってくるような、逆方向の動きがあるのではないでしょうか。したがって、その伝播の仕方についてももう一回考える必要があると思うんですね。

浜田：今、中山さんが言われたことは私も同じ意見を持っていて、特に後者の東日本の土器、浮線文系の土器が西日本で結構出土するというのは、私が今年書いた研究史（浜田 2018）の中でも触れていますが、意外と多くの研究者が気付いているはずなのに、なぜか西からの流れ、つまり遠賀川系土器の一方的、一方通行的な分布しか見ていないと感じていました。ところが実態はそうではなくて、やはり東からも土器の流れがあって、それを本来は等価値で見ていかなければいけないのに、それを西の方からの流れしか重視してこなかったように思います。これは反省しなければならないなと強く感じています。

中山：それは設楽さんが、漆製品も含めた大洞系の文化が西日本に入ってくることを指摘されていましたが（設楽 2014）、東日本からそうした影響を与えてくというのと軌を一にしていると思いますね。

浜田・杉山：そうですね。

浜田：だからそういうことから言うと農耕をどう考えるか。水稲というものが研究者の心に強くあるんだけれども、水稲だけの農耕ではなくてアワ・キビもある、マメもあるということで複合的な農業を考えていかないと、西と東の弥生文化の理解が離れていく、そんなイメージを私は持っているんです。お二人はどうですか？少し誘導尋問するような話ですが。

中山・杉山：（笑）

浜田：このあたりは、また別の切り口での論文を書こうと思っていますので、そういう中で議論していこうと思ってます。

中山：これは今回書いていませんが、図 11（p.96）をまとめるにあたって、細かい編年と植物圧痕の検出状況を、広域的に整理してみました。これはすでに中沢さんが整理されているものと、九州、山陰地方の突帯文編年を加えて整理した確認表です（中山作成の広域土器編年表を示す）。

浜田：今この表の突帯文期 I 期が縄文時代晩期末葉になっていますが、過去の

研究を見れば、これに水田が伴えば弥生時代としてもおかしくないですね。そうすると、今縄文時代晩期に入っているかもしれないけど、ひょっとしたらこれがまた遡っていく可能性もありますよね。

中山：これが弥生早期といいますか、縄文と弥生時代の境目になってくる可能性は当然あると思いますね。

浜田：これが弥生早期となれば、縄文時代からアワ・キビがある、イネがあるという議論は、理論的にはなくなるということになっちゃいますよ。

中山：従来の弥生早期論に照らせばそうなりますよね。

浜田：その辺が、なんていうんだろうなぁ、縄文からの系譜を考えた時、常にアワ・キビ・イネは弥生からあるということになって、ちょっと悩ましいとこかなと思いますけど。いずれにしろ、中山さんのこの各論を読ませていただくと、これまでの研究がよく整理されていて、私なんかがいちいち文献を探したりという手間がなくてとてもわかりやすくて、ありがたいものだなと感じました。

中山：もう一つの浜田さんの問いかけの中に、弥生時代の水稲と雑穀の比重という問題があったかと思います。水稲が中心なのか、アワ・キビなどの畑作農耕をどういうふうに評価するのか、その比重の問題について特に浜田さんは強調されてきましたし、安藤さんとも論争を繰り広げられてきておられますが、量的な評価は今でも非常に難しいのかなと思います。ただし、例えば中部高地の長野盆地では、弥生時代後期になって川田条里から春山B遺跡まで、断続的に2kmぐらいにわたって水田域と集落が続いてくというような、広大な地域が水田開発されているという事実があります。したがって、水稲農耕の生産性が高まっていくことは否定できないと思います。

　しかし一方で、浜田さんが言うような台地とか丘陵上の集落も各地で増加してきます。これらの台地上の集落の生業というのは何だろうと考えた時に、基本的には私は雑穀を中心とした畑作農耕ではないかというふうに考えています。このことは後段の浜田さんの集落論にも絡んできますが、一つ例を出すと静岡県愛鷹丘陵上では弥生時代後期の集落群が発達します。この中には植出遺跡で畑状遺構も出ていたのですが、具体的な栽培植

第IV部　座談会

物の検出はなく、この地域の生業が何だったのかはわかりませんでした。そこで、私たちは愛鷹丘陵上にある弥生遺跡群の圧痕調査をやってみました。その結果、数は少ないながらどの遺跡でもアワの痕跡が出てきました。それに対して直下の低地部にある雌鹿塚遺跡では、イネが優先するような傾向があります（中山・木村 2017）。そういう意味では、この地域では低地部で水田経営が行われ、台地上あるいは丘陵上の集落群では畑作農耕が生業の中心であったと考えられます。これを後ほどの浜田さんの集落論と合わせて考えると非常に面白いと、私は思っています。

浜田：ありがとうございます。自分でそんな質問したかどうか。過去に多分酔っぱらって中山さんに話したんだろうと思いますけど（一同笑）、私の各論のところで一つのモデルとして考えた集落の関係性の中で、今の中山さんのご意見は興味深い意見になると思っていますので、また後ほど話をしていきたいと思っています。

2.「「海」からみる東日本の弥生文化」をめぐる討論

中山：それでは次に杉山さんがお書きになっている東日本弥生文化と海の各論（本書第III部第2章）を受けて、浜田さん質問はいかがですか。

浜田：最後のアワビのところから確認ですが、つまりアワビを採るということは縄文時代からあったが、そのアワビを採って何に使うかは縄文時代とは異なっていたのではないかということですね。

杉山：そうです。弥生時代の人々のアワビへのまなざしは、縄文時代とは異なっていたと思います。

浜田：弥生時代的な使い方ではないかと。

杉山：はい。

浜田：そうなった場合に、アワビはまず食料としてのアワビがあり、それから貝庖丁に使う材としてのアワビがあります。それから交換材として貝製品・魚介類を使っていると言う記載がありました。これらのことが弥生時代のアワビの使い方かなと感じました。真珠についてはちょっと置いといて、この三つが弥生時代的な使い方であるとすれば、縄文時代的な使い方というのは食料としてのアワビでしょうか？　それともアワビの貝で何か

作っているのでしょうか。

杉山：そもそも縄文時代はアワビをほとんど採らないんですよね。遺跡によって採る所もたまにあるのですが、基本的にはやはり少ない。弥生時代になっていきなり大きく増えてくる傾向があります。縄文時代のアワビ殻を用いた有名なものとしては、熊本県水俣市の南福寺貝塚出土の仮面があります。また最近、千葉県立中央博物館の黒住耐二さんに教えてもらったのですが、千葉県下の縄文時代の貝塚でアワビ製の玉製品もあるようですが、貝殻を用いた製品の出土例は少ないようです。

浜田：となると、当然食べることは縄文と弥生には共通しているとして、やはり交換財としてのアワビ、道具の材料としてのアワビという点が両時代で違ったという解釈ですか？

杉山：そうですね。交換財として、そのアワビに価値を求めるというように変わったということです。

浜田：なるほど。それと海蝕洞穴の使い方について聞きたいと思っていたら、答えがもう出ていて作業場というようなかたちで使うとされています。だから住んでいるわけではないのですね。

杉山：そうですね。いつ落盤するかわからないところで寝泊りするのは、こわいです。作業場と言いましたが、イメージでいうと、ちょうど番屋みたいなところでしょうか。

浜田：この海蝕洞穴を利用した人々は、杉山さんから考えると海人であり農耕民ではないのか、あるいは農耕民であり海人でもあるのか。どういうふうに解釈すればよいのでしょう。

杉山：私は海人であって農耕民ではないと思っています。

浜田：ということは、海人自体は農耕民ではないと、そういう解釈でよいですよね。

杉山：ええ。住まいは陸上にあると思いますが、海に生業の主体を置いており、専門的漁撈をはじめ、航海による交易などに従事するという点で必ずしも、イネなどを作る農耕民ではないと思っています。

浜田：なるほど。それから、「互層」という用語については、焼土や貝層、灰層や炭化物、砂などが交互に薄く堆積して、それがまとまってかなり厚い

第IV部　座談会

堆積を見るという理解でよいですか。

杉山：そうです。三浦半島の洞穴遺跡で、弥生時代の堆積層として特徴的なものです。

浜田：私も杉山さんが発掘調査を行われていた三浦市の白石洞穴を昨年見学させていただきましたが、あのとき実際に見せていただいた、ちょうど産業技術総合研究所の藤原治さんが調査をされていた津波の層がありましたよね。

杉山：はい、白石洞穴では、津波の堆積層が確認されています。

浜田：津波の層は均一な砂の層がそれなりの厚みを持って存在して、それとは確かに違う薄い砂の層や貝層や灰層、そういうのが交互に堆積していました。そういうものを「互層」と呼ぶということですね。

杉山：そうですね。洞穴遺跡を多く調査した横須賀考古学会の方の中には、外見上似ていることから、この層のことを「ラミナ」と呼ぶ人もいます。

浜田：それが弥生中期後半から後期に集中してあるということですか。

杉山：そうです。

浜田：前後にはないのでしょうか。

杉山：ないですね。中期中葉の資料が出土している間口東洞穴や雨崎洞穴でも、その時期には形成されていません。後期以降では、大浦山洞穴で互層の中から古墳時代前期の土器が出ていますが、その他の洞穴では、古墳時代前期になると、土壌層になっています。

浜田：この「互層」の成因について、何か解釈はありますか。

杉山：海人たちの動向と関係あるのだろうと思います。と言うのは、後期の前半ぐらいまでは伊豆諸島にわりと人が渡っているんです。でもそれ以降は伊豆諸島で遺跡がなくなります。そういう往来がある間は、オオツタノハか黒曜石かわからないですが、資源や製品の流通の過程で海人たちが何かをする場所として洞穴が利用されるなかで、互層が形成されています。そして、その流通がなくなった時には、互層が形成されない別の使われ方をしています。そののちは、古墳時代の中期からお墓として使われるようになり、空間利用のあり方はまったく変わっていきます。

浜田：別の質問として今回の各論のところで、三宅島で伊豆の貝を採って、

採ったあと洞窟に引き上げていろいろ作るんだというお話がありました。それぞれの集団が違うような記述をされていましたが、その人々がどこに住んでいるのと言ったら、杉山さんは神奈川県逗子市の池子遺跡あたりが、本来住んでいた場所だと考えているのですか。

杉山：その可能性はあると思っていますが、実はあまりよくわかっていない海浜部の遺跡や、もしかすると島でもよいのかもしれません。

浜田：その根拠の一つに、池子遺跡と島の遺跡で出土する土器に同じようなものがあるということを書いておられました。それを肯定した場合、その人々は池子遺跡の状況から見ると竪穴住居に住んでいることになりますよね。

杉山：はい。

浜田：我々から見れば普通の一般の農民の住居と一緒で、特に違いはない。

杉山：違いはないですね。

浜田：今後の研究のために、何かどこかに違いがあるのか。ここに注目すれば、例えば海人特有の住居であるといった遺構が池子遺跡から見えるのかどうか。杉山さんはどのように考えられますか。それとも、今のところは見えない？

杉山：実はそこがよく見えないですね。池子遺跡はその土器が非常に似ているという点と、樋泉さんも言っていますが、出土する魚がカツオとサメという外洋系のものが多いこと（樋泉1999）から、非常に特殊なムラと考えました。さらに銛も出土しています。民俗学的にも、網漁を行う人々よりも銛漁を行う人々の方がやはり特殊、専門性のランクが高いと言えると思います。銛を集落で持っているというのも、普通の漁撈民のランクではないと思うんですね。

浜田：そうすると逆説的に言えば、そういう漁撈に関した資料が出ない限りはわからないのでしょうか。

杉山：少し難しいかもしれないですね。

浜田：それと池子遺跡のことに関してもう一つ。今回のものとは少し異なりますが、杉山さんが池子遺跡の人々が海人の可能性が高いので、骨を分析すれば炭素と窒素の同位体の比率によって、C_3食物とC_4食物の分布が農耕民とは違うだろうと予想した。しかし結果としては予想を裏切るかたちに

なって、C₃ 植物の影響が強く見られて米を中心に食べていたことがわかりました。あの報告を見て私も少しショックを受けました。そこで一つ確認ですが、その分析に用いた人骨は ¹⁴C 年代測定を行っていますか？

杉山：測定しているはずですが、データは出ていません。

浜田：一度 ¹⁴C 年代測定のデータを出された方が、信憑性は高まると思います。池子遺跡の分析を見て気にかかってたところですので、分析をお願いしたいと思っています。

中山：先ほど、白珠の話でアワビ真珠の話をされていましたが、今は真珠と言えばアワビ真珠よりもアコヤガイが一般的です。弥生の遺跡から、アコヤガイは出土しているのですか？

杉山：出てないと思いますね。聞いたことはありません。

中山：むしろアワビの方が弥生では突出しているのですか？

杉山：はい。

中山：ということは、真珠の可能性もあるということですね。

杉山：『魏志』倭人伝の「蛤（ハマグリ）」という字が書いてあるわけですが、ハマグリではないだろうということです。岡崎敬さんはカラカミ遺跡で大量にアワビが出土するので、これはハマグリではなくアワビを指していて、その中に天然真珠ができると指摘しています（岡崎 1968）。数は非常に少ないらしいのですが、実際にアワビにも真珠ができるので、それを指しているのではないかと考えています。

中山：真珠やオオツタノハも含めて先ほど交換材という話がありましたが、古墳時代以降の威信材のような形に転換していく時期は、どれくらいの時期ですか？ 弥生の……。

杉山：弥生の中期後半ですね。

中山：中期後半以降はそういうものに転換していくと。

杉山：そうですね。私が調査した三宅島のココマ遺跡でのオオツタノハの出土をみると、明らかに縄文時代のオオツタノハ製貝輪の製作遺跡である大島の下高洞遺跡よりも多くなります。また、本来貝輪にならないであろう小型の個体まで、ココマ遺跡の人々が採っているのを見ると「貝輪の製品」を作ること、それを流通させることに意味があったのではないかと考えさ

第3章　各論の討論

せられます。

中山：私が面白いなと思ったのは、遠賀川系土器の分布の特に海上ルートについては、かつて佐原さんが日本海側を北上して東北地方に至る遠賀川系土器の流れがあることを示されていますが、太平洋側でもこういった現象があるというのは、ある意味新鮮でした。以前からそういう研究はあったのでしょうか。

杉山：大阪府立弥生文化博物館でかつて東海の弥生をテーマにしたときは、遠賀川系土器が伝わっていく線が地図上で海に渡っていくラインと、天竜川を上がっていくラインと、あと内陸を伝わってくラインの3つのルートが描かれていました（山田2005）。天竜川のラインはこの後、長野に入り、北関東に抜けるということでよいと思います。でもこの改めて静岡県内のこれだけ東西長いエリアで遠賀川系土器が数点レベルしか出土していないということを考えると、その多くは海を渡って行くのではないでしょうか。そして、新島の田原遺跡で非常に多くの遠賀川系土器が出土しているのです。

中山：田原遺跡ではアワなども出土していますよね。

杉山：そういう人々が、おそらくイネなどを壺に入れて運んでいったのかなと思っています。そこから伊豆半島に上がって、最終的なゴールは今のところ神奈川県の平沢同明遺跡と考えています。そこも非常に大きな壺が何点も出土していますから。

中山：出土していますね。

杉山：伊豆諸島から上がっていくルートでは、遠賀川系土器も出土しますが、ほかに、砂糠崎産黒曜石という神津島に少しマイナーな産地の黒曜石があり、それがそのエリアだけで流通しています。それもおそらくすべて関連していて、米を持って石も持って北上して行くということが考えられるかなと思っています。

中山：少し記憶が定かではないのですが、日本海側の遠賀川系の海上ルートのは起点は、九州ではなくて山陰ですよね。

杉山：ええ。島根県の西川津遺跡などが注目されていると思います。

中山：それに対して、太平洋側の遠賀川系の起点はどこか絞り込めるのでしょ

207

うか。

杉山：伊勢湾の西岸地域ですね。三重県津市にある納所遺跡やあの辺は、やはり土器の型式学的な観点で非常によく類似しています。伊勢湾の濃尾平野よりも西岸地域だろうと思います。

浜田：今の杉山さんの考え方だと、イネなりの穀類が入っている大形の遠賀川の壺を船に載せて、それを行く先々で交易のような形で分けていく。そして最終的にもうその壺がいらなくなるから、それごと現地へ置いていくというそういうイメージなのでしょうか？

杉山：私はそういうイメージです。そう何回も往復しているわけではないと思っています。

浜田：そうした場合、貯蔵用として大形の壺形土器を想定しなくても、木製でもいいと思うんだけど……。私は土器が貯蔵用であると考える理由は、ネズミが喰っても木よりも土器の方が穴を開けにくい。だから土器を使うと解釈しています。しかし数日の普段の旅だったらそんなに長くないので、別段土器のような重いもので運ばなくてもいいとも考えられますよね。また、その転々と出土していることで言えば、一番最後に辿り着いた所に土器を置いていくのか、あるいは途中でも降しちゃうのかというのも考慮に入れないと、難しいのかなという気もします。ただし確かに遠賀川系の土器が島や沿岸部で出てくるという、一つの解釈にはなるとは思います。

杉山：私も最初は米だけだろうと思ってたのですが、今日の話の中で雑穀が中に入っていてもおかしくはないと思い始めました。そして、木製品で運ぶというのは思いつきませんでした。

浜田：さっきの田原遺跡のところで様々なものを運んでいる話がありましたが、もう一つ、どうしても私が聞きたかったのは、農耕社会である弥生文化の社会において海人の位置づけをどう考えればよいのかということです。一般的に考えれば、農耕民と交易をしながら生活をしているイメージを持つと思うんですよ。つまり自分たちが採ったものを穀類などと交換する。そして我々が調査する一般的な弥生集落で生活をして、漁に出るという生業をやっていると。そうするとその人々は農作業には加わらない。こう想定した場合、農作業に加わらない海人はその地域集団のなかでどうい

うふうに位置づけられていのだろうか。そうした想定を私は今までまった
く考えていなくて、これまでは農耕民だけの集団を想定して、そのなかで
の集団の関係性を追う議論だったのですね。そこに海人という集団が入る
ことによって、劇的にいままでの考え方が変わるとか。杉山さんはそうい
う方向性をお持ちになっていますか。

杉山：（笑）そこまで持ってるかと言われると……。

浜田：しかしおそらく海人という集団がいて、今みたいな想定のもとで生活し
ているならば、その地域社会の中で何かしらの位置づけがあるはずです。
それが農耕民と海人は対等、あるいはある程度の上下の関係になるのかも
わかりませんが。そういうモデルについて、杉山さんには何か考えはある
のでしょうか？

杉山：私は、感覚的ではありますけど、上下関係、農耕があくまでも上でとい
うふうには思ってはいないですね。ある意味対等な関係で専業化、専門化
していった集団であると考えています

浜田：私がこのようなことを言うのは、今まで唯物史観論的な考え方の一つに、
農業によって余剰が蓄積され、貧富があらわれ、そこから階級は生まれて
きたという理論がある。それは農耕を基準にして考えてきています。その
考えの中に海人集団の存在が入ったときに、その海人は独自の道を歩んで
いくのかどうか。専業集団はよくそういうふうに言われますよね。

杉山：言われますね。

浜田：そう言った農耕の階級社会の枠組みのなかで、外側に存在するというよ
うなイメージを持てばいいのか、それとも枠に組み込まれる性格なのか、
そのあたりがまだイメージわかないなあと思っています。まあ今別段無理
やり答えは求めませんが……。

中山：それに関連して海人というのは、いわゆる漁撈民だけではなくて海洋
性の商人的な意味合いも非常に強いのかなと感じました。そう考えると、
扱っているものも非常に多岐にわたっていて、海人の中でも類型化ができ
ていくのかなと思いますが、見通しはいかがですか。今まで確認されてい
る考古資料を中心に考えて……。

杉山：そうですね。まだ。ただ図17（p.131）にも表したとおり、いろいろな

第Ⅳ部　座談会

モノ、農耕民が欲するようなモノを持っていて、それを巡回する中で農耕民とやりとりしていったのではないかと思っています。今回の話のなかでは、アワビであり、オオツタノハ製貝輪や黒曜石なども対象になっているかと思います。

中山：今後それを体系的にまとめられる可能性はありますかね。

杉山：今は、島・半島・内陸というレベルで考えています。もっと内陸に入って活動としては、例えば河原口坊中遺跡（神奈川県海老名市）でもサメの歯の製品が出土しています。装飾品としてそういうものも当時は使われています。完全な定住農耕集落でも交易としてかなり広く動いてる可能性があるものも出土しているので、魚類だけを扱う集団もいるかもしれないし、製品を扱う集団もいるかもしれない。それはもう少し事例が集まれば、分類できる可能性はあるかなと思います。

中山：今回は東日本を中心なので話題が外れるかもしれませんが、弥生時代のガラス玉で東南アジア起源のものが相当入ってきているということが、成分分析などからいわれています（肥塚・田村・大賀 2010）。おそらくそれはダイレクトでというよりも中国大陸のいくつもの港を経由しながら最終的に入ってくると考えれば、そういう動きをしている人々はいわゆる倭人を超えた海洋民である可能性が高いですよね。

杉山：そうですね。

中山：まさにそういった人々も、弥生海人の範疇に入れてもよいものなのでしょうか。

杉山：私はよいと思っています。アイテムが違うだけで、一つの流域とか平野に縛られないで、かなり自由に動いている人々です。

中山：海を舞台に動くと。

杉山：はい。そのアイテムが貝であるのかガラスであるのか、食料であるのか、わからないですが……。

浜田：「運輸業」みたいな感じでもよいのかな。例えば海の向こうから何かを持ってくる人みたいな。それは当然普段行き慣れているような伊豆七島に行く場合もあるだろうし、ある時には頼まれて何処どこへ行ってくるようなこともある。今みたいに、情報が密ではないので同じようには考えられ

ませんが、そういった使われ方も想定してもよいのかなと思います。

杉山：そうすると農耕社会の、先ほど浜田さんもおっしゃった、枠組みの外に
　　　いる集団ということになるのでしょうか。

浜田：まあそうですね。この海をめぐる弥生の人々の研究は、それこそ杉山さ
　　　んがこれから深めていかれるんだろうと思いますが、スタートラインに
　　　立ったところだと思うんですね。これからどんどん深められていくと、そ
　　　の社会的な位置は自ずと決まっていくのかなと思います。今のところはま
　　　あなかなか描き切れないですが……。

中山：しかし、弥生の専業集団であることが間違いないというならば、これま
　　　では交易というあいまいな言葉を使ってきましたが、商人などの商業的な
　　　専業集団が形成されていた可能性が高いと言えると思いますね。

浜田：今の中山さんの言葉で言うと、「交易」は言葉を換えれば交換ですよね。
　　　それがはっきりと、というかある程度わかってくると、海人の物資の見返
　　　りとして農耕民の交換物資はこういうものなんだ、というのが具体的に示
　　　されて、生活も見えてくるようなイメージがわいてきました。池子遺跡の
　　　骨の食性分析が正しいならば、今ここで想定しているようなことも成り立
　　　つはずです。海のものの代わりにC_3植物、イネを中心としたものを貰っ
　　　て海人集団は食べているということになる。そういう想定だと、決して農
　　　耕社会の外側にいるわけではなくて、もっと内側に入っているという感じ
　　　がします。

杉山：イメージでいうと地域間の農耕集落をつなぎ、双方向的に物資のやりと
　　　りを行いながら巡回していると思うので、絵で表現すると、内側にいるこ
　　　とになるけれど、交換による経済活動として自立しているならば、外側に
　　　いるとも言えると思います。

中山：そうなると農耕を中心にして語るのがよいのかどうか。そういった枠組
　　　みを含めて弥生社会というのが専業化しているし、次の時代に出てくるよ
　　　うな動きがすでに弥生時代に形成されているというふうに考えた方がよい
　　　気がしますね。

浜田：石器もそうでしょ。石器を扱う集団はやはりスペシャリストですよね。

杉山：農耕集落ではありますけどね。しかもあれは誰もが石器を作っていると

第Ⅳ部　座談会

いうわけではないですし。

浜田：しかし金属器もそうですよね。だからその位置づけで海人を位置づけると、今中山さんが言ったような、少し枠組みを変えて考えた方がよいのかもしれないですね。今我々は農耕社会の中に入るのか、入らないのかみたいな議論をしましたが、そうではなくて、もっとその枠組みを変える必要性の是非が海人問題に含まれている。

中山：そうですね。そういう意味では非常に面白い重要なテーマだと思います。

3.「弥生集落論の再構築」をめぐる討論

杉山：三番目の浜田さんの弥生集落論の再構築（本書第Ⅲ部第3章）の検討に入ります。浜田さんの2008年の『考古学研究』の論文を読んだときに、竪穴住居の切り合いにおいて、埋まるまでの間に時間差があるのかと感じた驚きをこれを読みながら思い出しました。

浜田：懐かしい感じですか？

杉山：はい。浜田さんの論文では近年調査されてきた低地の遺跡を、どのように位置づけて、社会をどう組み立てるか、という非常に意欲的なモデルを提示していただけたと思います。その集落における生産活動に関しても、先ほどの中山さんの話にも後々絡んでくるかとは思います。

　　まず論文の中で示されている、低地と台地の互恵的関係について、それは具体的に集団としてどういう関係を考えられているのでしょうか？　食料？　単に協力関係だけ？　というものなのか、それをもっと取り巻く一つの部族として、何か大きな力があって台地に住む人々と低地に住む人々をまとめる力がどこかに働いているのか？　その辺はどういうふうにお考えでしょうか。

浜田：例えば今までのモデルですと、一つの水田や用水を協力し合いながら開発していく、そういったモデルが存在していたと思います。そういうものとは違ってあくまでも低位面の生産域と、高位面の生産域を別々の集団が別々に耕作しているイメージです。しかし、普段からお米をあげる代わりに畑作物をあげる、あるいはそれを加工したものをあげていたかもしれません。そうした関係の中で、低地の人々は災害に遭いやすく、高地・台地

上に住んでる人々も、畠を作っているとするならば連作障害がありますから同じ場所に住むのではなくて、近隣に結構移動しています。そういう性格を持ちながらお互いがある程度関係性を保つなかで、特に災害の時にはお互いを守っていく。なんて言えばいいのかな？ そういう互恵関係といえばいいのかな。要するに親族だとか農業に縛られる関係性ではないですね。台地の上の人々はある日もっと遠くのほかの所に行ってしまうかもしれない。よいところがあればそっちの方に行ってしまうかもしれない。その代わり別の人々が別のところからやって来て、新たに別の人々・集団との関係性が生まれてくるという可能性もあります。少なくとも今までの血縁的な関係性だとか、地縁的な関係性といったものに基づいて、農業共同体を構成するモデルとはイメージが違うと私は思います。

杉山：確かにこれまでの研究において構築されてきたモデルと違いますよね。その関係性について、相模川流域の遺跡を何例か挙げていただいてますが、今は川の対面になり、昔とは流路が変わっているでしょうから少し違うかもしれませんが、集落の間に互恵的関係性があると証明する方法論としては、今は立地を根拠にされてますが、この先どうなるのでしょうか？

浜田：台地と低地の集落、例えば河原口坊中遺跡と子の神遺跡とか、恩名沖原遺跡、それから宮の里遺跡。このあたりが関係すると考えています。なぜ関係性が認められるかというと、同じ時期の土器が出土するからです。つまり同じ細別した土器がそれぞれの遺跡で出土することから、今細かく分けている一番最小の時間、それを共有する時に、相模川流域の至近距離に四つの集落があったということをまず前提として考えています。そうするとその同じ時間を共有している集落が何かしら関係性を持っているであろうと推測できます。しかし、そこまでしか言えないですよね。だからそれを考古資料から別な方法、例えばあるかどうかわかりませんが、土器がくっついたことがあるとか、それがどういう意味を持つかはまた別の解釈が必要になるかもしれませんが、なにかしら物理的に両者に関係性があることを証明できるか、それは今後の研究にかかってくるかなとは思います。

杉山：難しい側面は結構あるかと思いますね、そこは。中山さんどうでしょうか？

第Ⅳ部　座談会

中山：今までそういう見方の集落論がなかったと思いますので、解釈とすれば非常に魅力的だと思います。私も甲府盆地で発掘調査をしていて、弥生時代の後期から終末期にかけて、高地性集落あるいは高位置集落が丘陵上に増えてくる現象を指摘したことがあります。同じ現象は、若干時期は違っても東日本各地に存在します。今までは高地性集落論は戦闘と関連して考えられてきて、一時期私もそう考えた時がありました。しかし、武器などの戦闘的なものを証明できるものは非常に少なかったのです。

　ところが、1990年代に甲府盆地西部の低地部を掘るようになって、4～5m掘ると弥生時代の遺跡が出てくる。そういう弥生遺跡の中には弥生時代後期に1m50cmくらいの厚い砂礫層が堆積していて、その下層には弥生中期、上層には古墳時代の前期の文化層が確認されるものもあります。この砂礫層を掘ってみると、明確な遺構では見つからないのですが、弥生時代後期の土器がローリングを受けたり、あるいは木製の梯子がそのままの形で土石流によって流されているような状況が確認されました。それらの事例をみると、後期段階に多雨期のような時期があって、洪水が頻発した時期があるのではないか。そうした中で集落が洪水などの災害を避けるために丘陵地に移動していくのかなという漠然としたイメージを持つようになりました。今回浜田さんの論文で、低地部と台地上の集落の相関関係があるのではないか、ということを指摘されていて、改めて考え直してみる必要があると感じました。これまでは集落立地の変化を時間的な差で捉えて、低地部から丘陵部へ移ったというように単純に理解していたのですが…

杉山：それは同時代的にある。

中山：それが同時並行にあって、さらに相関しているという考え方は、私の今までの視点になかったので、衝撃を受けたんですよ。

杉山：では、この集落の立地が低地と台地に分かれているのは、もう研究史のなかにあった母村・子村の関係ではないわけですよね、当然ながら。

中山：そういう関係ではないです。

杉山：並列もしくは対等な関係で、それぞれが補完しあっているということですね。

中山：そういうふうにみると、つまり立地の異なる集落を互恵性のなかで捉え

第3章 各論の討論

ると、両集落とも社会の一つの枠組みの中にあるのではないか、さらにいうと、そもそも一つの集団である可能性というのはないですか。

浜田：予想としてはあると思います。ただ結構頻繁に移動していると思っています。先ほどの杉山さんの海人の話ではないですが、かなり遠隔地の人々との交流もあり、例えば私の各論で取り上げた神奈川県綾瀬市の神崎遺跡は、東海地方の人々が移住してきただろうと言われています。つまり地域外の人がやってきて集落が作られています。小田原市の中里遺跡もおそらくそうだと思います。そのような遺跡があるということを見ると、地縁的・血縁的ではない異質の集団がその地域の中に入り込んで新たに地域社会、コミュニティを形成する、ということもありえるのかなと思いますね。むしろそういう動きが存在する方が地域社会の活性化にもなるだろうし、新たな地域社会を創設するためのきっかけになる、そんなイメージを持っています。だから決して地縁的なものを否定してるわけではないですが、そうではないモデルも考えられるよねっていうことですね。

中山：そうなると、その互恵関係がある集落や集落関係の出現というのは、まさに農耕社会の定着の中で初めて出てくる関係であって、縄文時代には当然ない。とすると非常に立体的な集落論だと思うんですよ。その関係性っていうのは、古墳時代あるいはそれ以降はどのように想定されるでしょうか。

浜田：古墳時代前期までは同じような感じがしています。ただ古墳時代中期になってくるとどうも集落の位置と言うか、例えば5世紀くらいになると、台地の上から消えてしまう、という言い方をよくしますけど、あまり見受けられなくなりますね。しかし、6世紀になるとまた集落は台地上に戻ってきます。だからそこで一回社会的な変動が起こった、あるいは地域社会の枠組みが変わったのではないかとは予想できます。つまり、古墳時代になったからガラッと変わるかといったらそうではなく、古墳時代になっても多少、今までの社会組織を守りながら新しい時代に移って、それがある程度安定したときにガラッと地域が変わっていく、そういうふうにイメージしたほうがいいのかなと思います。

中山：もう一つ質問ですが、浜田さんがおっしゃった完形土器の有無とか、意

215

第Ⅳ部　座談会

図的あるいは非意図的におかれたのかという問題は、例えば縄文時代の吹
上パターンのようないくつかのパターンを想定されているのでしょうか。

浜田：パターン論とはイメージが違うとは思いますが。残置土器は従来火災住
居によって残ってしまった土器という解釈でしたが、火災じゃない住居に
も残っていて、それも同じような残り方をしているところから考えれば、
土器が残置されたのは火災が起こったことが原因ではなく、移動に伴っ
て再利用を想定して残されたものである。権田原遺跡の残り方をみると
（p.136、図1）、伏せてあったり、あるいは置いてあったものが倒れていた
りというような置かれた状態というものが復元できます。

中山：生活そのままの状態ですか。

浜田：そういうことが、考古資料の出土状況から読み取れるのではないかと
思っています。パターン論は別として、これは生活道具として残すべきも
のとして、ここに置かれたものであるという解釈はできると思うのです。
権田原遺跡は火災住居なのですが、たまたま火災住居によって残ってし
まった例なのかなという判断をしています。

杉山：確かにこういう出土事例が、宮ノ台式に多いですよね。

浜田：多いですよね。

杉山：大きい集落では何軒か、このように大量に土器が出土する例がありま
すね。

浜田：鉄斧も残っていたりしますね。

杉山：ありますね。

浜田：なんで持って行かないんだろう。

杉山：石器が複数、そして伐採斧、大小複数の加工斧までセットで残っている
のもありますからね。

浜田：どうして持って行かないんだろうと思います。

杉山：思いますよね。そういうのもすべて移動する時にいらないから、置い
てくのでしょうか。

浜田：複数あるから、選択的にこれを置いていこう、という状況しか考えられ
ないですね。貴重と思われる鉄斧でも意外と2枚、3枚残っている事例も
結構ありますよね。

杉山：普通に刃部幅の大きい使えそうなものがね。今回、細かい残置行為を含めて観察をもとに組み立てられた論のなかで、一つ、そうなのか！と思ったのが竪穴住居が茅葺きではなく、土屋根なんじゃないかという可能性ですね。それゆえに、炭化材として柱が残っているという話がありましたが。

浜田：はい。そうですね。

杉山：これも今までの弥生の集落のイメージとしてはあまりなかったですよね。

浜田：すでにどなたかが触れられているかもしれませんが、住居に残る炭化材がどういう成因で生まれるのかというのはあまり追究されていないと思いますよ。

杉山：そうですよね。

浜田：建築材は蒸し焼きにならないと炭にならないので、茅葺きの竪穴が焼けてそのまま放置しておいたら、完全燃焼してなくなっちゃいますね。しかし柱の形だけ炭化して残っているのが多いというのは、やはり燃えてる最中に何か熱を遮断するものが建築材を被って蒸し焼きになったという状況しか考えられません。その遮断物としては、上から土が降ってきたというのが一番わかりやすい解釈なのかなと思っています。それはこれまであんまり言ってないかもしれないですね。炭化種実が残るのも、そういう状況を想定しない限り、炭化することを説明できないのではないでしょうか。よく天井にぶら下がっていたものが落っこちてと言いますが、なぜ炭化するのかという説明がないことが多いですね。普通だと燃えてしまう。土を被っていないと炭化しない。そこで土屋根は存在したんだろうという理屈ですね。

中山：最近、山梨県北杜市では古墳時代前期の良好な火災住居址が発見されています。垂木などがそのままの状態で残っていて、その上に焼土が載っていることから土屋根構造を示すと判断されています。そう考えると、弥生時代にも普遍的に土屋根構造があり得ると思います。

浜田：古墳前期ですか。

中山：前期です。先ほど岩手県御所野遺跡の話をされていましたが、最近では縄文時代の住居址の復元も土屋根構造になってきています。

第Ⅳ部　座談会

浜田：そういうことがもしも肯定されるならば、土屋根が覆っている竪穴住居
を想定すると、外形は古墳みたいにマウンド状、あるいは屋根が半分埋っ
ていると思います。あれを壊すのはなかなか大変だと思うのです。柱を抜
くなんてことはまずできないだろうし、わざわざ壊す必要がなければ壊さ
ないと思うんですよ。ただし何年か経って朽ちてしまう、ということはあ
ります。朽ちてしまった土屋根住居を片付ける必要にせまられたとき、人
力で引っ張りだせるような材ならいいけど、そうでなかったら、もう燃や
しちゃうしか手がないような気がするんですね。それが、火災住居が多い
ということにも繋がるのかなと思います。

杉山：少し話が前後して申し訳ないのですが、集落について神崎遺跡の例で、
一時期の住居の軒数を算定されまして、15 軒くらいだろうと。それを一
つのグループ単位として動くだろうという議論がありました。これまでの
研究においては、この集落の同時存在、集落の単位について、どのような
方法で、どういう成果が挙がっているのでしょうか。

浜田：私もきちんと調べてはいないのですが、一つの土器型式を基準にこの土
器型式が何軒あるか集計し、それが例えば 20 軒とします。そのなかに時
期はわからないけれど、2 軒重複している事例があるとします。そうする
と二段階に分かれる可能性があるので、20 軒同じ型式の土器が出土する
住居群があったら、それを二分して、10 軒と 10 軒の二時期とするという
やり方だったと思います。

杉山：横浜市の大塚遺跡もそうですよね。

浜田：大塚遺跡はもっとアバウトだと思います。アバウトというのは調査当時
宮ノ台式土器の細分をしていなくて、宮ノ台式土器を例えば前半とか後半
に分けてその中で竪穴が重複しているので、それをさらに二段階に分ける
というようなやり方です。三殿台遺跡（横浜市）でもまさにそんな感じで
す。ほかにも主軸方位や見た目のまとまりでグルーピングするといったや
り方もありましたね。

杉山：この 15 軒が一つの単位になって動くという事例だと、一つの村が移動
する場合は全員が動くということでしょうか。

浜田：なくなっちゃうっていう可能性もありますよね。

杉山：切り合い関係をいろんな集落でみてきたわけですが、考えてみると、記されているように、1軒、2軒だけ動いているわけじゃなく、グループで動いています。それはきっと大きな労働量だろうし、またその地域社会においても結構な変化だと思いますね。

浜田：そう思います。農業を中心に生活している以上、1軒、2軒の人や、住人が動いても、労働力が不足するので、その動いた人も移動先で困るし、残された人々も困っちゃうわけですよ。だからむしろ農業ができる単位で動いていかざるを得ない。そう思いますね。

中山：とすると、弥生時代の集住化や大規模な拠点集落というのは、見かけ上は住居址数が非常に多いけれど、実態の数はもっと限定された集落である可能性が強いということでしょうか。

浜田：私はそういうふうにみています。例えば環濠の中の使い方でも、数軒しか家がなくても、あとの空間は畑にするのかどうかわかりませんが、有効な使い方はある程度できると思います。あの広い環濠の中に数軒しか家がないのはおかしいという議論はナンセンスだと思っています。逆にあの広い環濠集落の中に、竪穴がぎっしり詰まっているほうがむしろ異常な状態のような気がします。これはまた別の話になりますが、環濠の目的、機能をどう捉えるか、というのも戦闘用途以外あまり議論されていないですね。どうしても戦闘用途を考えてしまいますが、あの中に生産地があったとすれば、動物から守るということも環濠の一つの目的として考えられるかもしれません。

中山：低地部だと水害対策とかね。

浜田：それに低地部でも動物が出ますからね。逆にいうと、確認されている水田の周りには、そうゆう防御施設は確認されていないですよね。

杉山：ないですよね。

浜田：そういう想定ももう少し考え直したほうがいいかもれません。絶対動物が来ますよね。

中山：来ますよね。古代から中世には、獣害対策の鳴子をつけたり見張り番をしている絵巻があります。高地においても獣害対策は非常に重要だと思いますね。

第Ⅳ部　座談会

浜田：少し話が飛びますが、水田というもののそばに人間がいるかいないか
　　は、動物にとっては非常に重要なポイントだと思います。遠く離れたとこ
　　ろに人間がいたら、水田はかなり荒らされてしまう気がします。人間がそ
　　ばにいるから、動物は水田には近寄りがたいと思っている。しかし、それ
　　でも魅力的な食料があるから近寄ってくる。そんなイメージを農業社会に
　　は持ち続けているので、生産耕地と居住地は近くにないとおかしいのでは
　　ないかとずっと思っています。

杉山：だから、台地の上の集落と谷水田というのがあまり結びつかないのですね。

浜田：それはそうした理由もありますが、むしろ谷水田自体は生産性が低いの
　　で労働力に見合わないのです。それで谷水田ではなくて沖積地に水田がな
　　いと、という論法になるのだと思いますが、それも今私が言ったように集
　　落と水田が離れる状況になり疑問です。

中山：確かに現在でも山村のアワ、キビを作っているところには猿や鹿、猪が
　　来たりしますよね。

浜田：そうですよね。

中山：山間の畑では鹿が飛び回っていて、今でもロケット花火を使って追い出
　　したりとか、網を張ったりとか。ある時期になると本当に獣と人間との知
　　恵比べをやっています。このような状況は、弥生時代においても同じだと
　　思います。そういう意味での環濠の機能を考えることはできるかもしれま
　　せん。

浜田：そういう視点をもって、環濠集落自体をあまり論じていないので、今ま
　　でのことをなぞるのではなく、別の方向で考えてみるということが重要か
　　もしれないですね。

杉山：今回台地の上と低地というのは有機的に繋がっている社会を形成してい
　　たものということで、これまでの弥生の農耕社会集落論とは方向がまるっ
　　きり違うというか、新しい観点として解釈がされたのかなというふうに思
　　いました。どうでしょうか？

中山：先ほどの私のところでも話が出ましたが、台地上の畑作、そして低地部
　　の水稲農耕という、低地部でも畑作をしていないこともないのですが規模
　　的にはかなり水田に押されて限定されると考えると、やはり台地上と低地

部の生業の住み分けというか、生産形態の違いということはもっと重要視しなければならないのかなと思います。

浜田：低地で水田か畑かといったら、ムギは別ですが、それ以外のアワ・キビなどは生育期間がイネと重なってしまいますので、水田でイネだけを作るのではないでしょうか。水田の隣に畑を作ることもあり得ますが、それは主ではなくて水田の周りに少し畑がある、そんなイメージだと思います。だから両方作るというのは基本的にほとんどない気がしますね。低地はイネで、台地はイネができないから畑作という単純な考え方かもしれませんが、それがやはり素直なのかなという気がします。

杉山：今回の浜田さんの論と中山さんの論がうまくリンクしているというか、かみ合ってくる気がします。

浜田：まあそうですね。

中山：そういう意味では、今までの弥生の水稲農耕だけではなくて、雑穀も含めた畑作農耕がどういうふうに社会の中で受け入れられているかを考えることが非常に重要ですね。集落論と生業論はかなりリンクしていると思います。

座談会風景

第4章
まとめ

山﨑慧（日本大学大学院生）：皆さん、白熱した議論をありがとうございました。最後にこの座談会の感想も含めまして、皆さんからの感想をお聞かせいただければと思います。まず中山さんからお願いいたします。

中山：今回は東日本からの視点という企画だったわけですが、それぞれ提起されているものをみると、東日本だけでは収まらない、従来の弥生時代論や弥生文化論というものをもう1回考え直す必要があるといった非常に重要な問題を含んでいるのではないかと感じます。そうした場に参加させてもらって非常によかったと思います。やはり今までのステレオタイプの弥生論では収まりきらない様々な問題を、現在的な手法や自然科学的な方法も含めた研究によって再構築していく必要性を今日は特に感じました。

山﨑：ありがとうございます。続いて杉山さんからもお願いいたします。

杉山：今日討論させていただいて、やはり私もこれまでの水田稲作というもので弥生社会を考えていて、海人についてもその枠組みにどう入るのか、あるいはその外にいるのかというように考えていました。しかし、今日はその枠組みの方が少し違ってくるのかなというふうな印象を持ちましたね。ちょうど2000年ぐらいからだと思うのですが、弥生文化の多様化について石川日出志さんや設楽博己さんあたりを中心に言われるようになり、それはどちらかというと東日本の人が言っていたわけですよね。今回の討論でもまた明らかになったこの成果が、西日本の研究者も含めて、弥生時代を見直す契機となればと思いました。最近例えば設楽さんが書いた銅鐸の文様や板付式の文様などにもかなり東日本からの影響が見えるというので、かなり東日本の文化が大きな意味を持っているのかなと思いました。

山﨑：最後に浜田さんお願いします。

浜田：中山さんと杉山さんには、私の学問的な趣味に付き合っていただいて大変申し訳ないなと思っていますが（一同笑）、この企画を行って非常によかったなと感じました。一応東日本から見て弥生文化がどう解釈できるか、と言葉ではそう言ってますが、別に西日本のやり方がいけないというふうな意味合いではなくて、今までの弥生文化という概念の考え方、捉え方を基準に、東日本の資料を見ると今までの弥生文化の概念とはまったく違うものが目の前に広がっていたりする。その場合、どうやって解釈すればいいんだろうかという思いを、実は学生時代から持っていました。だからそれを自分がきちんとものを考えられるようになった今、どんなふうにして東日本の弥生文化を解釈できるものなのか、というのが根底にあってこの本を企画したわけです。でもこれは私一人ではとてもできないし、中山さんがやられてるような、縄文時代からの網羅的な種実あるいは農業に関する知識だとか、杉山さんの新しい海への熱意、視点というものは、やはりその分野を研究している人からの話でないと伝わってこない。そういうことができる人が、私の周りにいたことは大変ありがたいなと思っています。この本は今までの既存の弥生文化の枠組みを少し広げて、そこの外に飛び出して解釈してもいいんじゃないかというような気持ちで、おそらく三人は書いたと思っています。この本を読まれた方々が、どのように評価されるのか、非常に楽しみですが、私はさらに新しい資料を付け加えながら、新しい解釈をしていければと思っています。

　今日は、お二人ともどうもありがとうございました。

中山・杉山：ありがとうございました。

日時：2018（平成30）年10月8日　13：00～16：30
会場：日本大学文理学部2号館10階　浜田研究室

コラム4 食用植物の栄養価

　縄文時代から弥生時代の利用植物を考えるとき、植物の名称や種類は紹介されるものの、食用植物などの栄養価というところまで話題が展開しないことが多い。当然、各時代の人々が生きていくためにそれらの植物を採集や栽培していることを考えると、それぞれの植物のエネルギー量や栄養価は非常に重要な要素であることは間違いない。

　ここでは、縄文から弥生時代の主な食用植物について、食品栄養価という観点から紹介してみよう（表1）。

1. 縄文時代の主な食用植物の栄養価

　縄文時代の食用植物として主な食料は、堅果類と呼ばれる木の実がまず挙げられる。これらの木の実のうち、クリやトチ、シイなどのドングリ類は、100g中に含まれるエネルギー量は160〜250kcal（キロカロリー）前後で、タンパク質や脂質の含有量は少ないものの、炭水化物は35g〜57gと比較的多く含まれている。また、クルミやカヤは600kcalを超える高い熱量を持ち、脂質が60gを超えて豊富に含まれている。

　一方、当時栽培されたとも考えられている草本植物では、エゴマやシソなどのシソ属、ダイズ、アズキ、アサなどが知られている。

　シソとエゴマは同一種の変種として位置づけられているが、栄養学的にはまったく異なる特性を持っている。果実100g中に含まれる成分をみると、シソがエネルギー量41kcalでタンパク質3.4g、脂質0.1g、炭水化物8.9gであるのに対し、エゴマはエネルギー量544kcal、タンパク質17.7g、脂質43.4g、炭水化物29.4gと、エゴマの栄養価が圧倒的に勝っている（文部科学省2005）。両者は共に独特の臭気を持ち果実と葉の食利用が行われるが、縄文時代においてもシソは消化促進を促す香味料として、エゴマは高カロリーかつ栄養価の高い食料として異なった作物として認識されていたのではなかろうか。エゴマは果

実がクッキー状炭化物などの状態で出土例が知られており、デンプン質のつなぎを使って塊にした加工調理法が指摘されている（長沢1999）。このほか、煎った果実をほかの食品に塗ったり、肉類を葉に包み込んで食する方法など多様な利用法が存在したのであろう。

　一方、乾燥段階のダイズは、100g中のエネルギー量が417kcal、タンパク質35.3g、脂質19.0g、炭水化物28.2gと栄養価が高く、現代でも畑の肉と言われるほどタンパク質の量が多いことで知られる。木の実などをベースとした縄文人の食利用の中にあって、極めて重要な食料源となっていたと考えられる。ダイズ属やアズキ亜属種子の検出状況をみる限り、二つのマメ類は木の実などの堅果類の補完的な役割とするよりは、むしろそれらの植物とともに主要食物群の一角を構成していたと捉える方が自然であろう。

　アズキは、100g中のエネルギー量が339kcal、タンパク質20.3g、脂質2.2g、炭水化物58.7gとイネ科の穀物と同程度のカロリーを持ち、縄文時代の食用植物の中ではドングリなどと並んで、炭水化物の含有量が多いことが特徴である。その調理法は、東京都下宅部遺跡の炭化物付着土器の事例からも、煮豆や餡、汁粉、ぜんざいなど、現在でもなじみの深い食利用が縄文時代に存在したと見ることができよう。

2. 弥生時代の食用植物の栄養価

　一方、縄文時代晩期末葉に伝播した穀物のうち、イネは100g中のエネルギー量が350kcal、タンパク質6.8g、脂質2.7g、炭水化物73.8g、アワは364kcal、タンパク質10.5g、脂質2.7g、炭水化物73.1g、キビは356kcal、タンパク質10.6g、脂質1.7g、炭水化物73.1gと、炭水化物の量が多く高カロリーな食品である。縄文時代においては炭水化物摂取の中心は、クリ、トチ、ドングリ類などの堅果類とアズキがあるが、この時期に普及したイネ科の穀物はエネルギー量が高く、炭水化物が豊富に含まれている。また、トチの実やドングリなどのように手間のかかるアク抜きを必要とせず、しかも保存がしやすい特性がある。このような特性から、弥生時代以降、穀類は堅果類に替わる主要な食品に転化していったとみられる。その一方でマメ類はイネ科の穀物には少ない

第Ⅳ部 座談会

表1 縄文～弥生時代の主要食用植物成分比較表（文部科学省2005）

植物名	エネルギー	タンパク質	脂質	炭水化物	水分	状態
	Kcal/100g	g/100g				
クリ	164	2.8	0.5	36.9	58.8	生
クルミ	674	14.6	68.8	11.7	3.1	いり
トチ	161	1.7	1.9	34.2	58.0	蒸し
シイ	252	3.2	0.8	57.6	37.3	生
カヤ	665	8.7	64.9	22.6	1.2	いり
シソ	41	3.4	0.1	8.9	41.0	生
エゴマ	544	17.7	43.4	29.4	5.6	乾燥
アサ	463	29.5	27.9	31.3	5.9	乾燥
ダイズ	417	35.3	19.0	28.2	12.5	乾燥
アズキ	339	20.3	2.2	58.7	15.5	乾燥
アワ	364	10.5	2.7	73.1	12.5	精白粒
キビ	356	10.6	1.7	73.1	14.0	精白粒
ヒエ	367	9.7	3.7	72.4	13.1	精白粒
オオムギ	343	7.0	2.1	72.1	76.2	粒麦
コムギ	337	10.6	3.1	72.2	12.5	粒麦
イネ	350	6.8	2.7	73.8	15.5	玄米

植物性タンパク質や脂質を多く含むことから、弥生時代時代においても穀類と
セットとなって主要食用植物として継続的に利用されていく。ダイズ、アズキ
は縄文時代の伝統的な品種に加え、大陸伝来の穀物と一緒に伝播したものも加
え、品種が多様化したことが予測される。

中山誠二

あ と が き

　考古学は発見の学であり、新たな発見があればそれまでの通説や定説が通用しなくなることは、ほかの学問に比べれば多いことは間違いない。しかし、新たな発見もまったく予見できない新出の資料であることは稀で、多くはそれまでに数は少ないながらも、新たな発見と同等の資料が存在していることが普通である。集落の問題でいえば、数が少ないために一般的な事例とは考えられてこなかった低地の集落は、これまでにも東西日本から発見されていたのであるから、低地の集落の普遍的な存在は予見できたのである。そして何よりも研究上の大きい問題点は、弥生文化が水稲単作であると想定する研究者が、こうした低地の遺跡を重視してこなかったことである。また、別の視点である穀類の問題でいえば、過去の日本歴史のなかでイネ以外の穀類が存在していなかったのか、特定植物の単作が存在していたかの実態を調べれば、水稲に特化したという弥生時代像の推測方法に問題があることが理解できたはずである。つまり、これまでの通説や定説の変更あるいは否定される原因は、新たな発見がきっかけにはなるが、本質的には変更・否定される説の推定する論拠や論理構成に問題があったのである。それを研究者は新たな発見によって変更・否定されたと言い訳してはいけないのである。むしろ、そうした新たな発見によって、それまでの通説・学説が導き出された方法論の瑕疵を、検討すべきなのである。このことなしには同じ失敗を繰り返すこととなる。

　そうした意味で、弥生文化の包括的な時代像は、畠作を含めた農業社会であるというだけではなく、農業社会をもととしながらも、農業に直接携わらない人々を視野に入れながら描き出すことが、これからの課題になる。石器生産・金属器生産に携わる人々などとともに、これまで弥生文化では語られることが少なかった海をめぐる人々の動きが、これからの弥生文化研究での大きな問題点となっていくことを、私は本書を通じて感じることができた。

　考古学はモノがなければ語れない学問であることは事実である。しかし確認

227

事例数の多いものを代表とし、確実に存在するが少ないものを分析の埒外において全体像を理解しようとすると、それは真の理解とはならないと考える。類例を集め比べるだけでは不十分である。こうした埒外に置かれている確実な資料や見落としている事例を含めて考えなければならない。そして考古学の資料（モノ）だけではなく、現象面における自然科学的な解釈—例えば地層累重の法則、解剖学的な判断からの人骨の状態、植物特性からみる生育環境、遺構や遺跡形成の廃棄と再生に存在する時間差、装着された状態の遺物同士の関係、人体構造に基づいた運動可能領域とそれに基づく痕跡のあり方など—を適用することで、考古資料として存在の証明あるいは非存在の証明を、推測することができる。こうした方法によって今は存在しないモノや現象が、将来発見されることが理論上可能になることや、隠れている重要な弥生文化の要素を想定することができると考える。そうした可能性を持っていることが、考古学の特性であると思う。そして方法上の間違いを見いだしていくことも、将来の考古学の発展のために必要なことなのだと言うことを、今回強く感じることができた。自戒の念としたいと思っている。

　なお、本書の座談会の文字起こしには、日本大学大学院生の山﨑慧、日本大学学部生の濱秀輝、福岡良太、通野建の諸氏のご協力を得た。記して感謝したい。

（浜田晋介）

◉

　今回、筆者は海人を取り上げ、海を舞台に漁撈や交易など独立性の高い集団の存在に言及し、それらが農耕集落と対等的に文物の交換を行っていたと推定した。座談会においても話題になったが、従来の「弥生文化＝農耕社会」という枠組みのなかでは、漁撈をはじめ海に従事する者は、農耕集落に従属的な立場として描かれることが多い。それは、まず研究者の意識の中に「弥生時代が農耕社会」であるという前提、そして弥生時代の主体は「農耕民」であるという「思い」を、これまでの歴史教育や考古学の勉学の中である意味「刷り込まれている」からではないだろうか。

　しかし、農耕民にしか生産・入手できないものがあり、海人にしか生産・入手できないものがあり、それら文物に交換価値があると認め合えるのならば、

両民は対等に存在することができる。そして、その文物が考古学的に捉えられる物質文化資料であるならば、両集団の共生は実証可能なのではないか。

今回筆者が明らかにしたことは、関東地方への稲作が、弥生時代前期から中期にかけて2度の海人集団による渡来を契機として行われたこと、そして、中期から後期の海蝕洞穴遺跡における海人集団の活動を取り上げ、伊豆諸島との往来、そしてアワビ漁とその加工技術の検討から海人集団の独立性を述べた。三浦半島の海蝕洞穴の研究は、長い歴史があり、洞穴遺跡の海人集団と農耕集落との関係性について、そのモデルを提示した。

しかし、この海人集団の姿でさえも、三浦半島周辺の遺跡から見られる要素を抽出して形成されたものでしかない。当時の列島には様々な海人集団が存在したであろう。今、私の意識下にある「弥生文化の枠組み」とは、何なのか。ともすると思考と視野を狭めてしまいそうな、この枠組みについて改めて意識し、考える機会となった。既存の枠組みを批判することの目的化を避けながら、弥生文化の実像に近づいていきたいと思う。その第一歩が本書の企画への参加であったと思っている。

（杉山浩平）

◉

動植物遺存体はこれまで自然遺物として、人為遺物を研究主体とする考古学の中では補完的かつ脇役的な扱いを受けることが多かった。しかし、遺跡を形成する要素の中にはこれらの自然遺物が必ず存在し、過去の歴史を復元する際に人為遺物と同様に重要な情報を提供してくれる。特に、過去の環境変化と人間活動の関係が重視される現在においては、むしろ自然遺物の持つ役割は相対的に大きくなってきているのではなかろうか。

1990年代において沖積地での発掘調査の機会が多かった私にとっては、遺跡全体の把握のためには、自然遺物に目を向けないと解決できない課題が多いことを実感し、植物考古学を中心とした研究を行ってきた。

本書で示した内容は、「農耕」という人類史的な営みを、遺跡に遺存する植物の側から見直そうという試みである。このような視点で捉え直すと、従来考古学で言われてきたような縄文時代＝食料獲得段階、弥生時代＝食料生産段階とは単純に区分けができないことが見えてきた。周囲を海によって囲まれ、大

陸とは最終氷期以降引き離された日本列島の中でも、地域的な植生を活かしながら、食料、道具、建築材などの様々な場面で、植物は利用されてきた。1万数千年にわたって続く縄文時代においても、野生植物の利用から始まって植物の高度利用、栽培化までの一連のプロセスを考える資料が整いつつある。

　一方、水稲農耕を主体とする農耕社会の成立が強調されてきた弥生時代においては、イネだけではなく同時に伝播したアワ・キビや縄文時代から利用されてきたマメ類などの畠作物を含む複合的な農耕が広まり、当時の生活を支えていたことは疑いない。しかし一方で、イネは日本の歴史の中では単なる食料としてというより、政治的な支配に利用された作物としての側面を持っていたことを忘れてはならない。イネが卓越する社会的環境はイネを租税体系に組み入れた古代化の中で整えられていくのではなかろうか。この点は本書では問題とすることができなかったが、その溯源は古墳時代そしてさらに古い弥生時代に遡る可能性があり、イネを重要視する日本の社会構造の構築過程もまた別な意味で解明すべき課題でもある。

　何れにしても、弥生時代の農耕、集落、海人というキーワードを中心に展開された本書での三人の試論が、弥生時代像を考える今後の新たな研究の布石となれば、これに勝る成果はない。

（中山誠二）

参考文献

＊雑誌などの「第」「巻」「号」「集」などの文字は省略した。
＊サブタイトルは単行本・雑誌とも省略した。
＊著者が行政機関の場合は編集・発行機関を割愛した。
＊報告書、紀要等でシリーズ名に刊行機関の名称が付されているものは、発行機関を割愛した。

赤星直忠　1924「鴨居羽穴の発掘」『考古学雑誌』14-12　日本考古学会
赤星直忠　1953『海蝕洞窟』神奈川県文化財調査報告20
秋道智彌　1987「海・川・湖の資源の利用方法」『海人の伝統』日本の古代8　中央公論社
秋山浩三　2007『弥生大型農耕集落の研究』青木書店
浅川滋男 編　1998『先史日本の住居とその周辺』同成社
姉崎智子　1999「弥生時代の関東地方におけるブタの存在」『動物考古学』12　動物考古学会
姉崎智子　2003「先史時代におけるイノシシ飼育の検討」『動物考古学』20　動物考古学会
阿部　純・島本義也　2001「ダイズの進化：ツルマメの果たしてきた役割」『栽培植物の自然史』北海道大学図書刊行会
安部みき子　1996「イノシシとブタを考える」『卑弥呼の動物ランド』大阪府立弥生文化博物
阿部芳郎　2009「縄文文化的貝塚はなぜ消滅したのか」『弥生時代の考古学5　食糧の獲得と生産』同成社
網野善彦　1980「水田中心史観の克服」『日本中世の民衆像』岩波書店
網野善彦　1985「古代・中世・近世初期の漁携と海産物の流通」『講座・日本技術の社会史22　塩業・漁業』日本評論社
網野善彦　1998『海民と日本社会』新人物往来社
安　承模　2008「朝鮮半島 先史・古代遺蹟出土作物資料解題」『極東先史古代の穀物』日本学術振興会平成16〜19年度科学研究費補助金（基盤B-2)「雑穀資料からみた極東地域における農耕受容と拡散過程の実証的研究」研究成果報告書　熊本大学
安藤広道　1991a「弥生時代集落群の動向」『調査研究集録』8　横浜市埋蔵文化財センター
安藤広道　1991b「相模湾沿岸地域における宮ノ台式土器の細分」『唐古』田原本唐古整理室OB会
安藤広道　1992「弥生時代水田の立地と面積」『史学』62-1・2　三田史学会
安藤広道　1995『弥生の"いくさ"と環濠集落』横浜市歴史博物館
安藤広道　2001「集落の移動から見た南関東の弥生社会」『弥生時代の集落』学生社

安藤広道　2002「異説弥生畑作考」『西相模考古』11　西相模考古学研究会

安藤広道　2004「南関東地方における弥生時代集落遺跡研究の課題」『原始・古代日本の集落』同成社

安藤広道　2006「先史時代の種子遺体土器圧痕分析をめぐる覚書」『西相模考古』15　西相模考古学研究会

安藤広道　2008「「移動」・「移住」と社会の変化」『集落からよむ弥生社会』同成社

安藤広道　2009「弥生農耕の特質」『弥生時代の考古学』5　同成社

安藤広道　2011「集落構成と社会」『講座日本の考古学』6　青木書店

安藤広道　2014「「水田中心史観批判」の功罪」『国立歴史民俗博物館研究報告』185

池谷信之・増島　淳　2009「ココマ遺跡出土の弥生土器と黒曜石製石器の産地推定」『東京都三宅島ココマ遺跡発掘調査報告書』三宅島ココマ遺跡学術調査団

井澤　純ほか　2004『宮山中里遺跡・宮山台畑遺跡』かながわ考古学財団調査報告書170

石井克己　1985「押手遺跡」『弥生文化と日高遺跡』群馬県立歴史博物館

石井　寛　1977「縄文社会における集団移動と地域組織」『調査研究集録』横浜市埋蔵文化財センター

石川日出志　1981「三河・尾張における弥生文化の成立」『駿台史学』52　駿台史学会

石川日出志　2001「関東地方弥生時代中期中葉の社会変動」『駿台史学』113　駿台史学会

石川日出志　2010『農耕社会の成立』岩波新書1271

石川日出志　2011「弥生時代の海上交通」『交響する古代』東京堂出版

石川日出志　2012「弥生時代中期の男鹿半島と新潟平野の遺跡群」『古学研究所紀要』17　明治大学古代学研究所

石川日出志　2013「日本民族起源論における考古学と岡正雄の乖離」『日本民族学の戦前と戦後』東京堂出版

石黒立人　2015a「「濠（壕）」研究史抄2014」『《論集》環濠集落の諸問題2015』

石黒立人　2015b「東海西部の濠（壕）と特質」『《論集》環濠集落の諸問題2015』

石田英一郎・泉　靖一ほか　1968『シンポジウム　日本農耕文化の起源』角川新書

石田英一郎・江上波夫・岡　正雄・八幡一郎　1958『日本民族起源論』平凡社

石野博信　1984「古代住居の日常容器」『橿原考古学研究所論集』6

市川金丸・木村鉄次　1984「青森県松石橋遺跡から出土した弥生時代前期の土器」『考古学雑誌』69-3　日本考古学会

伊東信雄　1970「稲作の北進」『古代の日本8　東北』角川書店

井上洋一　2010『神崎遺跡範囲確認調査報告書』綾瀬市埋蔵文化財調査報告7

井上洋一　2016『神崎遺跡範囲確認調査報告書』綾瀬市埋蔵文化財調査報告11

今村啓爾　2002『縄文の豊かさと限界』山川出版社

岩崎しのぶ　2000「静岡県沼津市北神馬土手遺跡他の畑状遺構」『はたけの考古学』

参考文献

日本考古学協会 2000 年度鹿児島大会資料集第 1 集　日本考古学協会

丑野　毅・田川裕美　1991「レプリカ法による土器圧痕の観察」『考古学と自然科
　　学』24　日本文化財科学会

宇野隆夫　1996「西洋流通史の考古学的研究」『古代文化』48−10　古代学協会

宇野隆夫　1998「原始・古代の流通」『古代史の論点 3　都市と工業と流通』小学館

江坂輝弥　1959「縄文文化の時代における植物栽培起源の問題に対する一考察」
　　『考古学雑誌』44−3　日本考古学会

江藤千萬樹　1937「弥生式末期に於ける原始漁撈聚落」『上代文化』15　上代文化
　　研究會

遠藤英子　2018「池子遺跡出土弥生土器の種子圧痕分析」『弥生時代食の多角的研
　　究』六一書房

大川　清　1954「竪穴焼土考」『安房勝山田子台遺跡』早稲田大学文学部考古学研
　　究室報告 3

大阪文化財センター　1992『小阪遺跡』

大塚昌彦　1998「土屋根をもつ竪穴住居」『先史日本の住居とその周辺』同成社

大場磐雄　1938「上総菅生遺跡（予報第一回）」『考古学』9−3　東京考古学会

大場磐雄　1939a「上総菅生遺跡の一考察㈠」『考古学雑誌』29−1　日本考古学会

大場磐雄　1939b「上総菅生遺跡の一考察㈡」『考古学雑誌』29−3　日本考古学会

大林太良　1983「海と山に生きる人々」『日本民俗文化体系 5　山民と海民』小学館

大林太良　1996『東と西 海と山』（小学館ライブラリー）小学館

大村　直　1983「弥生時代におけるムラとその基本的経営」『史館』15　史館同人

大村　直　2004『市原市山田橋大山台遺跡』市原市文化財センター調査報告書 88

大山　柏　1927『神奈川県下新磯村字勝坂遺物包含地調査報告』史前学研究会小報
　　1（大山　柏「打製石斧」小林行雄 編 1971『論集日本文化の起源 1　考古学』
　　平凡社に再録）

岡　正雄　1958「日本文化の基礎構造」『日本民俗学体系』2　平凡社

岡崎　敬　1968「倭の水人」『金関丈夫博士古稀記念日本民族と南方文化』平凡社

岡本　勇　1966「弥生文化の成立」『日本の考古学Ⅲ　弥生時代』河出書房

岡本孝之　1992「攻める弥生・退く縄文」『新版古代の日本』7

岡本東三　2002『原始・古代安房国の特質と海上交通』千葉大学文学部考古学研究室

小川浩一　2005『市原市潤井戸西山遺跡 D 地点』市原市埋蔵文化相センター調査報
　　告 96

小倉淳一　2015「関東地方における弥生時代の溝」『《論集》環濠集落の諸問題
　　2015』

小澤佳憲　2006「北部九州の高地性集落」『古代文化』58−2　古代学協会

小澤佳憲　2008「集落と集団 1」『弥生時代の考古学 8　集落からよむ弥生社会』同
　　成社

岡本　勇・塚田明治・小川裕久・剱持輝久・中村　勉・宇内正城・小暮慶明　1983

『三浦市西ノ浜洞穴』西ノ浜海蝕洞穴遺跡調査団

忍澤成視　2009「もう一つの「貝の道」」『動物考古学』26　動物考古学研究会

忍澤成視　2010「伊豆諸島御蔵島・大隅諸島種子島における現生オオツタノハの調査」『動物考古学』27　動物考古学研究会

忍澤成視　2011『貝の考古学』同成社

小高春雄　1998『常代遺跡群Ⅱ』君津郡市埋蔵文化財センター発掘調査報告書 146

乙益重隆　1960「武器、狩猟具、漁撈具」『世界考古学大系』2　平凡社

乙益重隆　1967「弥生時代開始の諸問題」『考古学研究』14−3　考古学研究会

乙益重隆　1980『上総菅生遺跡』中央公論美術出版

小野忠熙　1953『島田川』山口大学島田川遺跡学術調査団

小畑弘己　2008a「マメ科種子の同定法」『極東先史古代の穀物 3』熊本大学

小畑弘己　2008b『極東先史古代の穀物 3』日本学術振興会平成 16〜19 年度科学研究費補助金（基盤 B-2）「雑穀資料からみた極東地域における農耕受容と拡散過程の実証的研究」研究成果報告書　熊本大学

小畑弘己　2011『東北アジア古民族植物学と縄文農耕』同成社

小畑弘己　2012「大陸系穀類の流入」『第 7 回九州古代種子研究会宮崎大会レジュメ』

小畑弘己　2015「エゴマを混入した土器」『日本考古学』40　日本考古学協会

小畑弘己　2018「土器圧痕からみた熊本平野における弥生時代開始期の穀物組成」『文学部論叢』109　熊本大学文学部

小畑弘己・佐々木由香・仙波靖子　2007「土器圧痕からみた縄文時代後・晩期における九州のダイズ栽培」『植生史研究』15−2　日本植生史学会

小畑弘己・河仁秀・真邉　彩　2011「東三洞貝塚発見の韓国最古のキビ圧痕」『日本植生史学会第 26 回大会講演要旨集』日本植生史学会第 26 回大会実行委員会

小畑弘己・真邉　彩　2012「王子山遺跡のレプリカ法による土器圧痕分析」『王子山遺跡』都城市文化財調査報告 107　都城市教育委員会

小畑弘己・真邉　彩　2014「韓国櫛文土器文化の土器圧痕と初期農耕」『国立歴史民俗博物館研究報告』187

及川良彦　1998「関東地方の低地遺跡の再検討」『青山考古』15　青山考古学会

及川良彦　1999「関東地方の低地遺跡の再検討(2)」『青山考古』16　青山考古学会

及川良彦　2001「関東地方の低地遺跡の再検討(3)」『青山考古』18　青山考古学会

及川良彦　2003「関東地方の低地遺跡の再検討(4)」『西相模考古』12　西相模考古学研究会

甲斐博幸　1996『常代遺跡群』君津市考古資料刊行会

海部陽介・増山禎之　2018「縄文時代人の上腕骨はなぜ太いのか?」『Anthropological Science（Japanese Series)』126−2　日本人類学会

賀川光夫　1972『農耕の起源』講談社

賀川光夫　1996「九州の縄文農耕論」『九州の黎明と東アジア』京都修学社

柿沼修平　1984「大崎台遺跡出土の弥生式土器」『奈和 15 周年記念論文集』奈和同

参考文献

人会

笠原安夫　1981「鳥浜貝塚の植物種実の検出とエゴマ・シソ種実・タール状塊について」『鳥浜貝塚縄文前期を主とする低湿地遺跡の調査2』福井県教育委員会

笠原安夫　1985『日本雑草図説』養賢堂

笠原安夫・藤沢　浅・浜田晋介　1987「中野甲の原遺跡出土炭化種実をめぐる畑作の問題」『東京考古』5　東京考古談話会

片岡宏二　2006『弥生時代渡来人から倭人社会へ』雄山閣

かながわ考古学財団　2004『宮山中里遺跡・宮山台畑遺跡』かながわ考古学財団調査報告170

かながわ考古学財団　2009『中野桜野遺跡』かながわ考古学財団調査報告231

かながわ考古学財団　2011『社家宇治山遺跡』かながわ考古学財団調査報告264

かながわ考古学財団　2014『河原口坊中遺跡　第1次調査』かながわ考古学財団調査報告304

かながわ考古学財団　2015『河原口坊中遺跡　第2次調査』かながわ考古学財団調査報告307

かながわ考古学財団　2016『宮山中里遺跡Ⅱ』かながわ考古学財団調査報告314

金子浩昌・牛沢百合子　1980「池上遺跡の動物遺体」『池上・四ツ池遺跡』自然遺物篇　大阪文化財センター9

金関　恕　1989「総論」『弥生文化の研究1　弥生人とその環境』雄山閣

神村　透　1967「豊丘村林里遺跡」『長野県考古学会誌』4　長野県考古学会

神沢昌二郎　1983「針塚遺跡」『長野県史　考古資料編　全1巻(3)主要遺跡　中信』長野県

河合章行　2014「いわゆる「アワビおこし」をめぐる諸問題」『先史学・考古学論究Ⅵ』龍田考古学会

川添和暁　2018「弥生時代骨角器研究の展望」『考古学ジャーナル　弥生時代の骨角器研究』710　ニュー・サイエンス社

川上久夫・野内秀明　1997『間口東洞穴遺跡』松輪間口東海蝕洞穴遺跡調査団

神沢勇一　1973『間口洞窟遺跡　本文編』神奈川県立博物館発掘調査報告書7

神沢勇一　1974『間口洞窟遺跡(2)』神奈川県立博物館発掘調査報告書8

神沢勇一　1975『間口洞窟遺跡(3)』神奈川県立博物館発掘調査報告書9

神澤勇一　1981「貝庖丁の再検討－神奈川県三浦市間口洞窟遺跡出土例を中心に－」『神奈川県立博物館　研究報告』9　神奈川県立博物館

神澤勇一　1985「貝製穂積具」『弥生文化の研究5　道具と技術Ⅰ』雄山閣

横山昭一　1992「貝庖丁の製作技法について」『武蔵野の考古学』吉田格先生記念論文集刊行会

神田孝平　1886『日本大古石器考』叢書閣

北原實德　1999『国分尼寺北方遺跡第20次調査』

木下尚子　1996『南島貝文化の研究　貝の道の考古学』法政大学出版局

木下尚子　1998「日本古代貝文化試論」『日本研究』18　国際日本文化研究センター

木村茂光　1996『ハタケと日本人』中公新書 1338

木村茂光編　2003『雑穀』青木書店

木村茂光編　2006『雑穀Ⅱ』青木書店

工藤雄一郎　2012「王子山遺跡炭化植物遺体の¹⁴C 年代測定」『王子山遺跡』都城市教育委員会

久世辰男　2001『集落遺構からみた南関東の弥生社会』六一書房

工楽善通　1970「農耕文化の伝播」『日本の古代 7　関東』角川書店

黒尾和久　1988「竪穴住居出土遺物の一般的あり方について」『古代集落の諸問題』玉口時雄先生古希記念事業会

黒尾和久・高瀬克範　2003「縄文・弥生時代の雑穀栽培」『雑穀』青木書店

黒沢弥悦　2013「イノシシがブタになるとき」『All about SWINE』42　日本 SPF 豚研究会

小出輝雄　2009「旧武蔵国中・南部における弥生後期土器」『南関東の弥生式土器 2』六一書房

肥塚隆保・田村朋美・大賀克彦　2010「日本出土の古代ガラス」『月刊文化財』566　第一法規

紅村　弘　1963「鑓水遺跡土器棺遺跡」『東海の先史遺跡―総括編―』東海叢書

紅村　弘　1975『東海先史文化の諸段階』私家版

甲元眞之　1983「海と山と里の文化」『えとのす』22　新日本教育図書

甲元眞之　1986「農耕集落の変遷」『岩波講座日本考古学』4　岩波書店

小滝　勉　1992『神崎遺跡発掘調査報告書』綾瀬市埋蔵文化財調査報告 2

後藤　明　2003『海を渡ったモンゴロイド 太平洋と日本への道』講談社

後藤　明　2010『海から見た日本人 海人で読む日本の歴史』講談社

小林青樹　2006「朝日遺跡の鯨骨製アワビ起こし」『動物考古学』23　動物考古学研究会

小林青樹　2009「海人の性格」『弥生時代の考古学 5　食糧の獲得と生産』同成社

小林三郎ほか　1996『飛鳥山遺跡』東京都北区教育委員会

小林行雄　1932「吉田土器及び遠賀川土器と其の伝播」『考古学』3-5　東京考古学会

小林行雄　1935「一の伝播変異現象」『考古学』5-1　東京考古学会

小林行雄　1938「弥生式文化」『日本文化史大系 1　原始文化』誠文堂新光社

小林行雄　1951『日本考古学概説』創元社

近藤義郎　1952『佐良山古墳群の研究』津山市

近藤義郎　1959「共同体と単位集団」『考古学研究』6-1　考古学研究会

近藤義郎　1962「弥生文化論」『岩波講座 日本歴史』岩波書店

近藤義郎・岡本明朗　1957「日本における初期農業生産の発展」『私たちの考古学』4-2　考古学研究会

埼玉県考古学会　1978『第 11 回遺跡発掘調査報告会発表要旨』

参考文献

齋藤瑞穂　2005「東北北部における弥生時代の海岸遺跡」『物質文化』79　物質文化研究会

齋藤瑞穂　2012「浜端洞穴研究序説」『新潟考古』23　新潟県考古学会

斎野裕彦　1988「東北地方における稲作農耕の開始と展開」『日本における稲作農耕の起源と展開―資料集』日本考古学協会静岡大会実行委員会・静岡県考古学会

酒詰仲男　1956「日本原始農耕試論」『考古学雑誌』42-2　日本考古学会

酒巻忠史　1992『打越遺跡・神明山遺跡』君津郡市埋蔵文化財センター発掘調査報告書64

迫　和幸・小山裕之・中山　豊　2000『恩名沖原遺跡発掘調査報告書』玉川文化財研究所

迫　和幸・中村哲也　2005『宮の里遺跡発掘調査報告書』玉川文化財研究所

佐々木高明　1971『稲作以前』日本放送協会出版

佐々木高明・松山利夫 編　1988『畑作農耕文化の誕生』日本放送出版協会

佐々木由香・工藤雄一郎・百原　新　2007「東京都下宅部遺跡の大型植物遺体からみた縄文時代後半期の植物資源利用」『植生史研究』15-1　日本植生史学会

佐宗亜衣子・劔持輝久・諏訪　元　2008「大浦山洞穴の弥生時代人骨」『横須賀考古学会年報』42

笹生　衛　2000『東関東自動車道（千葉・富津線）埋蔵文化財調査報告書7』千葉県文化財センター発掘調査報告書409

佐藤正則・小出義治　2017『越前町厨1号洞穴』越前町洞窟遺跡調査団

佐藤由紀男　2003「本州北部出土の『遠賀川系的要素を持つ土器群について」」『みずほ』38　大和弥生文化の会

佐藤由紀男　2006「条痕紋系土器分布圏における稲作をどの様に考えるか」『考古学論究』11　立正大学考古学会

佐野　隆　2018「八ヶ岳山麓と周辺地域における堅果類とマメ類利用」『縄文時代の植物32　資源の利用・管理・栽培を考える資料集』山梨県埋蔵文化財センター

佐原　眞　1968「日本農耕起源論批判」『考古学ジャーナル』23　ニュー・サイエンス社

佐原　眞　1975a「かつて戦争があった」『古代学研究』78　古代学研究会

佐原　眞　1975b「農業の開始と階級社会の形成」『岩波講座　日本歴史1』岩波書店

佐原　眞　1979「弥生時代の集落」『考古学研究』25-4　考古学研究会

佐原　眞　1983「弥生土器入門」『弥生土器Ⅰ』ニュー・サイエンス社

佐原　眞　1987a「体系日本の歴史1　日本人の誕生」小学館

佐原　眞　1987b「みちのく遠賀川」『東アジアの考古と歴史』同朋社

佐原　眞　1995「コメと日本人」『国立歴史民俗博物館研究報告』60

佐原　眞　1999「日本・世界の戦争の起源」『人類にとって戦いとは』1　東洋書林

佐原　眞　2002「弥生時代の戦争」『古代を考える　稲・金属・戦争』吉川弘文館

佐原　眞・金関　恕　1975「米と金属の世紀」『古代史発掘』4　講談社

宍戸信悟　1991『砂田台遺跡Ⅰ』神奈川県立埋蔵文化財センター調査報告20

設楽博己　1983「中部地方における弥生土器の成立過程」『信濃』34-4　信濃史学会

設楽博己　1991「関東地方の遠賀川系土器」『児島隆先生喜寿記念論集 古文化論叢』

設楽博己　1999『新弥生紀行』朝日新聞社

設楽博己　2000「縄文系弥生文化の構想」『考古学研究』47-1　考古学研究会

設楽博己　2005「側面索孔燕形錯頭考」海交史研究会考古学論集刊行会 編『海と
　　考古学』六一書房

設楽博己 編　2009『江藤千萬樹考古学論集』沼津市史叢書11　沼津市教育委員会

設楽博己　2014a「農耕文化複合と弥生文化」『国立歴史民俗博物館研究報告』185

設楽博己　2014b『縄文社会と弥生社会』敬文舎

島本義也　2003「ダイズ」『食用マメ類の科学―現状と展望―』養賢堂

下條信行　1984「弥生・古墳時代の九州型石錘について」『九州文化史研究所紀要』
　　29　九州大学九州文化史研究施設

下條信行　1998「倭人社会の生活と文化」『古代を考える 邪馬台国』吉川弘文館

庄田慎矢　2009「東北アジアの先史農耕と弥生農耕」『弥生時代の考古学 5　食糧
　　の獲得と生産』同成社

白石哲也・中村賢太郎　2018「土器付着炭化物からみる池子遺跡」『弥生時代食の
　　多角的研究』六一書房

末木　健　1975「移動としての吹上パターン」『山梨県中央道埋蔵文化財包含地発
　　掘調査報告者』山梨県教育委員会

杉原荘介　1955「弥生文化」『日本考古学講座』4　河出書房

杉原荘介　1961「日本農耕文化の生成」『日本農耕文化の生成 本文編』東京堂出版

杉原荘介　1966「日本農耕文化生成の研究」『改訂増補 原史学序論』小宮山書店

杉原荘介　1977『日本農耕文化の形成』吉川弘文館

杉原荘介・大塚初重・小林三郎　1967「東京都（新島）田原における縄文・弥生の遺
　　跡」『考古学集刊』33　明治大学文学部考古学研究室

杉山浩平　2009「埼玉県行田市小敷田遺跡出土のサヌカイト製打製石器について」
　　『考古学雑誌』93-4　日本考古学会

杉山浩平　2010『東日本弥生社会の石器研究』六一書房

杉山浩平　2014a『弥生文化と海人』六一書房

杉山浩平　2014b「西の船・東の船団」『中華文明の考古学』同成社

杉山浩平　2017「三浦半島海蝕洞穴遺跡の空間利用の変遷」『神奈川考古』53　神
　　奈川考古同人会

杉山浩平・池谷信之　2010「縄文／弥生文化移行期における神津島産黒曜石のもう
　　ひとつの流通」『考古学と自然科学』60　日本文化財科学会

杉山浩平 編　2018『弥生時代食の多角的研究』六一書房

杉山博久・望月幹夫　1978『子ノ神遺跡』厚木市教育委員会

参考文献

鈴木英啓　1986『潤井戸西山遺跡』市原市文化財センター調査報告 9

鈴木　尚　1997「大浦山洞穴の弥生時代人骨、とくにその人為的損傷について」
　　『大浦山洞穴』三浦市教育委員会

鈴木三男　2017『クリの木と縄文人』同成社

須藤　隆　1983a「土器組成論」『考古学研究』19-4　考古学研究会

須藤　隆　1983b「東北地方の初期弥生土器」『考古学雑誌』68-3　日本考古学会

須藤　隆　1987「東日本における弥生文化の受容」『考古学雑誌』73-1　日本考古
　　学会

澄田正一　1955「日本原始農業発生の問題」『名古屋大学文学部論集〈史学〉』11

澄田正一　1959「濃飛山地に出土する石皿の考古学的研究」『名古屋大学文学部十
　　周年記念論集』

薗田芳雄　1969「関東」『新版考古学講座　原始文化』（上）　雄山閣

髙木　淳・蔵本俊明　2016『宮ノ西遺跡発掘調査報告書 第 4 次調査』菊川市教育委
　　員会

高桑　守　1984「伝統的漁民の類型化にむけて」『国立歴史民俗博物館研究報告』4

高杉博章　2011『倉見才戸遺跡発掘調査報告書第 12 次調査』株式会社アーク・
　　フィールドワークシステム

高瀬克範　2000「東北地方初期弥生土器における遠賀川系要素の系譜」『考古学研
　　究』46-4　考古学研究会

高瀬克範　2006『東北日本先史時代における栽培植物利用の変遷と特質』平成 15
　　年度〜平成 17 年度科学研究費補助金（若手研究 B）研究成果報告書

高瀬克範　2009「弥生時代の雑穀栽培と木の実食の評価」『弥生時代の考古学 5
　　食糧の獲得と生産』同成社

高田和徳　1997「御所野遺跡の焼失家屋」『月刊考古学ジャーナル』415　ニュー・
　　サイエンス社

鷹野光行・杉山浩平 編　2009『東京都三宅島 ココマ遺跡発掘調査報告書』三宅島
　　ココマ遺跡学術調査団

高橋　学　2003『平野の環境考古学』古今書院

高橋　健　2005「いわき地方と三浦半島の閉窩式銛頭」『東京大学考古学研究室研
　　究紀要』19

高橋　健　2017「骨角製漁具の発達と交流」『海に生きた人々 漁撈・塩づくり・交
　　流の考古学』大阪府立弥生文化博物館

高橋　健・黒住耐二　2018「白石洞穴遺跡出土貝類と貝製品について」『日本第四
　　紀学会講演要旨集』48　日本第四紀学会

高橋　健・黒住耐二・劔持輝久・中村　勉・千葉　毅・杉山浩平　2018「三浦半島
　　弥生時代のアワビ殻製品の研究」『日本考古学協会第 84 回総会研究発表要旨』

高橋　理　1998「北海道における縄文時代の植物栽培と農耕の地平」『考古学ジャー
　　ナル』439　ニュー・サイエンス社

高橋康男　2004『市原市潤井戸西山遺跡Ｃ地点』市原市埋蔵文化相センター調査報告90

武井則道　2002『八幡山遺跡』港北ニュータウン地域内埋蔵文化財調査報告31

武末純一　2009「三韓と倭の交流」『国立歴史民俗博物館研究報告』151

田崎博之　2017「日本列島における農耕の拡散」アジア考古学四学会 編『農耕の起源と拡散』高志書院

田中　琢　1991『倭人争乱』集英社

田中義昭　1974「政治的社会の形成」『日本民衆の歴史1　民衆史の起点』三省堂

田中義昭　1976「南関東における農耕社会の成立をめぐる若干の問題」『考古学研究』87　考古学研究会

田中義昭　1979「弥生期における耕地と集落」『日本考古学を学ぶ』3　有斐閣

田中義昭　1982「初期農耕集落の展開過程」『島根大学法文学部紀要』文学科編5－Ⅰ

田邊　悟　1987「6 海人の伝承文化」『日本の古代』8　海人の伝統　中央公論社

田辺昭三・佐原　眞　1964「弥生文化の発展と地域性」『日本の考古学』3　河出書房

田村良照　2017「弥生時代の環状柱穴列について」『二十一世紀考古学の現在』六一書房

丹野研一　2017「西アジアにおける農耕起源とムギ類の栽培化」『農耕の起源と拡散』高志書院

千葉県教育委員会　1998『千葉県埋蔵文化財発掘調査抄報平成8年度』

千葉県教育委員会　1999『千葉県埋蔵文化財発掘調査抄報平成9年度』

辻　誠一郎　2009「縄文時代の植生史」『縄文時代の考古学』3　同成社

辻本　彩　2016『神奈川県厚木市恩名仲町遺跡第11地点発掘調査報告書』

都出比呂志　1984「農耕社会の形成」『講座日本歴史　原始古代1』東京大学出版会

都出比呂志　1989『日本農耕社会の成立過程』岩波書店

椿坂恭代　1993「アワ・ヒエ・キビの同定」『吉崎昌一先生還暦記念論集 先史学と関連科学』吉崎昌一先生還暦記念論集刊行会

坪井洋文　1967「イモと日本人(1)」『國學院大學日本文化研究所紀要』20（後に『イモと日本人』1979　未来社に「餅なし正月の背景」として改題再録）

坪井洋文　1982『稲を選んだ日本人』未来社

寺内隆夫　1998「弥生時代の土地利用」『更埴条里遺跡・屋代遺跡群 弥生・古墳時代編』長野県埋蔵文化財センター発掘調査報告書29

寺沢　薫・寺沢知子　1981「弥生時代植物質食料の基礎的研究」『橿原考古学研究所論攷』5

土井義雄　1985「縄文時代集落論の原則的問題」『東京考古』3　東京古談話会

樋泉岳二　1999「池子遺跡群No.1-A地点における魚類遺体と弥生時代の漁撈活動」『池子遺跡群Ⅹ 別編・自然科学分析編』かながわ考古学財団

東京国立博物館　2009『東京国立博物館所蔵 骨角器集成』

参考文献

戸倉茂行　1991『川島遺跡発掘調査報告書』君津郡市埋蔵文化財センター発掘調査
　　報告書 66

戸田哲也　1999「東日本弥生農耕成立期の集落」『季刊考古学』67　雄山閣

戸田哲也ほか　2015『中里遺跡発掘調査報告書』玉川文化財研究所

外山秀一・中山誠二　2001「プラント・オパール土器胎土分析からみた中部日本の
　　稲作農耕の開始と遺跡の立地」『日本考古学』11　日本考古学協会

鳥居龍蔵　1925「わが上代の農業と農具」『人類学上より見たるわが上代の文化』
　　叢文閣

直良信夫　1937「日本史前時代に於ける豚の問題」『人類学雑誌』52−8　東京人類
　　学会

直良信夫　1938「三宅島コハマ濱弥生式遺跡発掘の豚の臼歯」『人類学雑誌』53−2
　　東京人類学会

直良信夫　1954「第6章　動物遺存体」『登呂』日本考古学協会

永井宏幸　2010「金剛坂式土器の系譜」『研究紀要』11　愛知県埋蔵文化財センター

中尾篤志　2005「鯨骨製アワビおこしの拡散とその背景」『西海考古』6　西海考古
　　同人会

中尾佐助　1966『栽培植物と農耕の起源』岩波書店

中川毅人　2009「ブタ・イノシシ歯牙セメント質年輪の形成要因と考古学的応用」
　　『熊本大学社会文化研究』7　熊本大学大学院社会文化科学研究科

中沢道彦・丑野　毅　1998「レプリカ法による縄文時代晩期土器の籾状圧痕の観
　　察」『縄文時代』9　縄文文化研究会

中沢道彦　2009「縄文農耕論をめぐって」『弥生時代の考古学5　食糧の獲得と生
　　産』雄山閣

中沢道彦　2014『先史時代の初期農耕を考える』日本海学研究叢書

中沢道彦　2017「日本列島における農耕の伝播と定着」『季刊考古学』138　雄山閣

長沢宏昌　1989「縄文時代におけるエゴマの利用について」『山梨県考古学論集Ⅱ』
　　山梨県考古学協会

長沢宏昌　1999「エゴマのクッキー」『山梨考古学論集』Ⅳ　山梨県考古学協会

中島　宏　1984『池守・池上』埼玉県教育委員会

中島直幸　1982「唐津市菜畑遺跡の水田跡・農工具」『歴史公論』74　雄山閣

永峯光一　1964「勝坂期をめぐる原始農耕存否問題の検討」『信濃』16−3　信濃史
　　学会

中村五郎　1978「東部・西部弥生土器と続縄文土器の編年関係」『北奥古代文化』
　　10（後に中村 1988 に所収）

中村五郎　1982『畿内第Ⅰ様式に併行する東日本土器』（私家版）（後に中村 1988 に
　　所収）

中村五郎　1988『弥生文化の曙光　縄文・弥生両文化の接点』未來社

中村　勉　1997「アワビの考古学」『横須賀考古学会 研究紀要』1

中村　勉　2017『海に生きた弥生人 三浦半島海蝕洞穴遺跡』新泉社

中村　勉・劔持輝久・清水洋隆・斎藤彦司・諸橋千鶴子　2015『雨崎洞穴』赤星直忠博士文化財資料館

中村　勉・諸橋千鶴子　1991『浜諸磯遺跡』浜諸磯遺跡調査団

中村　勉・諸橋千鶴子　1997『大浦山洞穴』三浦市教育委員会

中村　豊　2011「吉野川流域における農耕文化の成立と展開」『生業から見る地域社会』教育出版センター

中山誠二　1999「日本列島における稲作の受容」『食糧生産社会の考古学』朝倉書店

中山誠二　2009「縄文時代のダイズ属の利用と栽培に関する植物考古学的研究」『古代文化』61-3　古代学協会

中山誠二　2010a「縄文時代のアズキ亜属に関する基礎研究」『東海史学』44　東海大学

中山誠二　2010b『植物考古学と日本の農耕の起源』同成社

中山誠二　2014「日韓における栽培植物の起源と農耕の展開」『日韓における穀物農耕の起源』山梨県立博物館

中山誠二 編　2014『日韓における穀物農耕の起源』山梨県立博物館

中山誠二　2015a「縄文時代のダイズの栽培化と種子の形態分化」『植生史研究』23-2　日本植生史学会

中山誠二　2015b「中部日本における縄文時代の栽培植物と二次植生の利用」『第四紀研究』54-5　第四紀学会

中山誠二　2017「縄文時代の栽培植物」アジア考古学四学会『アジアの考古学3 農耕の起源と拡散』高志書院

中山誠二・木村　聡　2017「愛鷹丘陵上の弥生時代遺跡群における栽培植物種子の圧痕分析『静岡県考古学研究』48　静岡県考古学会

中山平次郎　1920「土器の有無未詳なる石器時代の遺蹟（下）」『考古学雑誌』10-11 日本考古学会

中山平次郎　1923「焼米を出せる竪穴址」『考古学雑誌』14-1　日本考古学会

那須浩郎　2018「縄文時代の植物のドメスティケーション」『第四紀研究』57-4 日本第四紀学会

新津　健　2011『猪の文化史 考古編』雄山閣

新美倫子　2010「①弥生文化の家畜飼育」『食糧の獲得と生産』同成社

西川修一　2014「「海洋民」について」『海の古墳を考えるⅣ』第4回海の古墳を考える会

西川修一　2015「4 洞穴遺跡にみる海洋民の様相」『海浜型前方後円墳の時代』

西田正規　1989『縄文の生態史観』東京大学出版会

西本豊弘　1989「下郡桑苗遺跡出土の動物遺体」『下郡桑苗遺跡』大分県教育委員会

西本豊弘　1991「弥生時代のブタについて」『国立歴史民俗博物館研究報告』36

西本豊弘　1993「弥生時代のブタの形質」『国立歴史民俗博物館研究報告』50

参考文献

西本豊弘　編　2006『新弥生時代のはじまり1　弥生時代の新年代』雄山閣

西本豊弘　編　2007a『新弥生時代のはじまり2　縄文時代から弥生時代へ』雄山閣

西本豊弘　2007b『弥生農耕の起源と東アジア』文部科学省・科学研究費補助金学術創成研究費平成17年度・18年度研究成果報告

新田みゆき　2001「シソとエゴマの分化と多様性」『栽培植物の自然史』北海道大学図書刊行会

日本考古学協会静岡大会実行委員会・静岡県考古学会　1988『日本における稲作農耕の起源と展開―資料集』

日本考古学協会2000年度鹿児島大会実行委員会　2000『はたけの考古学』

能城修一・佐々木由香　2014「遺跡出土植物遺体からみた縄文時代の森林資源利用」『国立歴史民俗博物館研究報告187　縄文時代の人と植物の関係史』

橋口達也　1985「日本における稲作の開始と発展」『石崎曲り田遺跡-Ⅲ-』福岡県教育委員会

橋口達也ほか　1983『石崎曲り田遺跡Ⅰ』福岡県教育委員会

橋口達也ほか　1984『石崎曲り田遺跡Ⅱ』福岡県教育委員会

橋口尚武　1994「東の貝の道」『日本考古学協会第60回総会研究発表要旨』日本考古学協会

浜田晋介　1993「畑作と集落研究」『貝塚』46　物質文化研究会

浜田晋介　1998「多摩川低地の遺跡について（序説）」『川崎市市民ミュージアム紀要』10

浜田晋介　2002「鶴見川流域・弥生時代の食糧生産」『神奈川考古』38　神奈川考古同人会

浜田晋介　2003「多摩丘陵・下末吉台地における弥生集落の構造」『川崎市市民ミュージアム紀要』15

浜田晋介　2006「考古学における集落研究史」『川崎市市民ミュージアム紀要』18

浜田晋介　2007a「弥生時代炭化種実の検討」『川崎市市民ミュージアム紀要』19

浜田晋介　2007b「弥生集落と谷」『日本考古学』24　日本考古学協会

浜田晋介　2008「弥生時代の重複住居から見る集落の動態」『考古学研究』55－1　考古学研究会

浜田晋介　2009a「弥生集落と生産耕地の立地論的検討」『史叢』81　日本大学史学会

浜田晋介　2009b「朝光寺原式土器の編年と共伴遺物」『南関東の弥生式土器2』六一書房

浜田晋介　2011a『弥生農耕集落の研究』雄山閣

浜田晋介　2011b「弥生時代の生業研究への期待」『長野県考古学会誌』138・139

浜田晋介　2014「弥生時代の生業の実態とは」『考古学研究60の論点』考古学研究会

浜田晋介　2018『弥生文化読本』六一書房

浜田晋介　2019「弥生時代の水稲単作史観を考える」『日本考古学』48　日本考古

学協会（印刷中）

浜田晋介ほか　2017『加瀬台遺跡群の研究』日本大学文理学部

濱田竜彦　2013「突帯文土器前半期のアワ圧痕」『弥生研究の群像』みずほ別冊　大和弥生文化の会

濱田竜彦・中沢道彦　2014「西日本―突帯文土器分布圏―における栽培植物の出現」『日韓における穀物農耕の起源』山梨県立博物館

原口正三　1977「考古学からみた原始・古代の高槻」『高槻市史』1 本編Ｉ　高槻市

春成秀爾　1975「「倭国乱」の歴史的意義」『日本史を学ぶ』1　有斐閣

春成秀爾　1999「弥生文化を見る眼」『新弥生紀行』朝日新聞社

平野吾郎　1989『神奈川県同明遺跡』『探訪弥生の遺跡　畿内・東日本編』有斐閣

福井勝義　1983「焼畑農耕の普遍性と進化」『日本民俗文化体系 5　山民と海人』小学館

福岡県教育委員会　1997『クリナラ遺跡・若宮遺跡』九州横断自動車道関係埋蔵文化財調査報告 43

藤尾慎一郎　2011『〈新〉弥生時代』吉川弘文館

藤尾慎一郎　2015『弥生時代の歴史』講談社現代新書 2330

藤森栄一　1950「日本原始陸耕の諸問題」『歴史評論』校倉書房

藤森栄一　1970『縄文農耕』学生社

古澤義久　2017「韓半島における農耕の開始と拡散」『農耕の起源と拡散』高志書院

星川清親　1980『新編食用作物』養賢堂

蒔田鎗次郎　1896「弥生式土器（貝塚土器に似て薄手のもの）発見に付いて」『東京人類学会雑誌』11－122

前原　豊　1976『長野県佐久市市道遺跡』佐久市教育委員会

牧野富太郎　1925「食用植物ニ貧弱デアッタ太古ノ我日本」『植物研究雑誌』3－10　津村研究所

増田逸朗ほか　1980『甘粕山』埼玉県

桝渕規彰ほか　1994『池子遺跡Ⅰ』神奈川県立埋蔵文化財センター調査報告 27

桝渕規彰・高村公之　1995『池子遺跡Ⅱ』かながわ考古学財団調査報告 3

桝渕規彰・新開基史　1996『池子遺跡Ⅲ』かながわ考古学財団調査報告 11

桝渕規彰・植山英史　1998『池子遺跡Ⅳ』かながわ考古学財団調査報告 36

松井　健　1989『セミ・ドメスティケイション』海鳴社

松木武彦　2001『人はなぜ戦うのか』講談社選書メチエ 213

松木武彦　2008「弥生時代の集落と集団」『弥生時代の考古学』8　同成社

松谷暁子　1983「エゴマ・シソ」『縄文文化の研究 2　生業』雄山閣

松谷暁子　1988「電子顕微鏡でみる縄文時代の栽培植物」『畑作文化の誕生 縄文農耕論へのアプローチ』日本放送出版協会

松谷暁子　1997「大月遺跡から出土した炭化植物について」『大月遺跡』山梨県教育委員会

参考文献

松永満夫　1977「アワ類似炭化種子」『どるめん』13　JICC 出版局

松本　豪　1994「鳥浜貝塚、桑飼下遺跡出土のマメ類について」『筑波大学先史学・考古学研究』5　筑波大学

松本　豪　1977「長野県諏訪郡原村大石遺跡で発見された炭化種子について」『どるめん』13　JICC 出版局

松本　完　1996『下戸塚遺跡の調査』第 2 部　早稲田大学

黛　弘道　1987「海人族のウヂを探り東漸を追う」『海人の伝統』日本の古代 8　中央公論社

三澤　章　1936「金属器の輸入と生産経済の発達」『日本歴史教程』1　人民社

三島　格　1968「弥生時代における南海産貝使用の腕輪」『日本民族と南方文化』平凡社

南木睦彦・中川治美　2000「大型植物遺体」『粟津湖底遺跡 自然流路（粟津湖底遺跡Ⅲ）』滋賀県教育委員会

宮地聡一郎　2013「縄文時代の稲をめぐって」『立命館大学考古学論集　和田晴吾先生定年退職記念論集』

宮地聡一郎　2016「穀物栽培開始時期の上限をめぐる諸問題」『土器を掘る』熊本大学小畑研究室・明治大学黒耀石研究センター・日本先史文化研究所

宮本一夫　2003「朝鮮半島新石器時代の農耕化と縄文農耕」『古代文化』55-7　古代学協会

宮本一夫　2005「園耕と縄文農耕」『韓・日新石器時代의農耕問題』慶南文化財研究院・韓国新石器学会・九州縄文研究会

宮本一夫　2009『農耕の起源を探る』吉川弘文館

宮本一夫　2017「中国大陸における初期農耕の出現と拡散」『農耕の起源と拡散』高志書院

宮本常一　1964『日本民衆史 3　海に生きる人々』未来社

村越　潔　1988「砂沢遺跡の水田址」『日本における稲作農耕の起源と展開―資料集』日本考古学協会静岡大会実行委員会・静岡県考古学会

目黒区大橋遺跡調査会　1988『目黒区　大橋遺跡』

望月幹夫・山田不二郎・井上洋一・藤井秀男　1983『子ノ神(Ⅱ)』厚木市教育委員会

望月幹夫・山田不二郎・井上洋一　1990『子ノ神(Ⅱ)』厚木市教育委員会

森岡秀人　1993「土器移動の諸類型とその意味」『転機』4　向坂鋼二

森本幹彦　2015「海人集団の東西九州型石錘の再検討」『弥生研究の交差点 みずほ別冊 2』大和弥生文化の会

森本六爾　1933「低地性遺跡と農業」『日本原始農業』東京考古学会

森本六爾　1941『日本農耕文化の起源』葦牙書店

文部科学省　2005『五訂増補日本食品標準成分表』

八木奘三郎　1907「中間土器(弥生式土器)の貝塚調査報告」『東京人類学会雑誌』250

柳田国男・安藤広太郎・盛永俊太郎ほか　1969『稲の日本史』上・下　筑摩書房

藪野友三郎監修、山口裕文 編　2001『ヒエという植物』全国農村教育協会

山口裕文　2003「照葉樹林文化が育んだ雑豆"あずき"と祖先種」『雑穀の自然史』北海道大学出版会

山口裕文・島本義也　2001『栽培植物の自然史』北海道大学図書刊行会

山口晴香・米田　穣・近藤　修　2017「群馬県岩津保洞窟出土の弥生人の遊離歯が示す雑穀利用の可能性」『第 71 回日本人類学会大会プログラム・抄録集』日本人類学会

山崎純男　1982「福岡市板付遺跡の成立と展開」『歴史公論』74　雄山閣

山崎純男　2005「西日本縄文農耕論」『韓・日新石器時代의農耕問題』慶南文化財研究院・韓国新石器学会・九州縄文研究会

山崎純男　2007a「土器圧痕からみた食と生業」『土器研究の新視点』六一書房

山崎純男　2007b「九州における圧痕資料と縄文農耕」『列島初期農耕史の新視点　日本考古学協会 2007 年度熊本大会研究集会資料集』

山崎　健　2004「弥生・古墳時代における「漁村」概念の検討」『勢濃尾』3　勢濃尾研究会

山崎　健　2015「農耕開始期における漁撈活動の変化」『日本考古学』39　日本考古学協会

山田隆一　2005『平成 17 年度春季特別展 東海の弥生フロンティア』大阪府立弥生文化博物館

山野井徹　2015『日本の土 地質学が明かす黒土と縄文文化』築地書店

山内清男　1925a「石器時代にも稲あり」『人類学雑誌』40−5　日本人類学会

山内清男　1925b「石器時代土器底面に於ける稲籾の圧痕」『山内清男 先史考古学論文集 第 4 冊』(1967)所収

山内清男　1930「所謂亀ヶ岡式土器の分布と縄文時代の終末」『考古学』1−3　東京考古学会

山内清男　1932a「日本遠古之文化 縄文土器の終末」『ドルメン』1−7　岡書院

山内清男　1932b「日本遠古之文化五 縄文式以後（前）」『ドルメン』1−8　岡書院

山内清男　1937「日本における農業の起源」『歴史公論』6−1　雄山閣

山内清男　1939『日本遠古之文化 補注付・新版』先史考古学会

山内清男　1964「日本先史時代概観」『日本原始美術 1』講談社

山内清男　1967「弥生式土器」『日本先史土器図譜』日本先史学会

山本暉久・谷口　肇　1999a『池子遺跡群 No.1‑A 地点』かながわ考古学財団

山本暉久・谷口　肇　1999b『池子遺跡 IX』かながわ考古学財団調査報告 45

山本暉久・谷口　肇　1999c『池子遺跡 X』かながわ考古学財団調査報告 46

弥生時代研究プロジェクトチーム　2007「相模湾沿岸の「低地」に立地する弥生時代遺跡」『かながわの考古学研究紀要』12　かながわ考古学財団

横川好富　1983『一般国道 17 号熊谷バイパス道路関係埋蔵文化相発掘調査報告書 I　池上西』埼玉県埋蔵文化財調査事業団

参考文献

横浜市歴史博物館　2017『横浜に稲作がやってきた!?』
横山昭一　1992「貝庖丁の製作技法について」『武蔵野の考古学』吉田格先生古稀記念論文集刊行会
吉川國男　1981「西関東における弥生文化の波及について」『埼玉県史研究』9　埼玉県
吉川純子　2011「縄文時代におけるクリ果実の大きさの変化」『植生史研究』18-2　日本植生史学会
吉崎昌一・椿坂恭代　2001「先史時代の豆類について」『豆類時報』24　(財)日本豆類基金協会
吉崎昌一　2003「先史時代の雑穀」『雑穀の自然史』北海道大学図書刊行会
吉田　稔　2003『北島遺跡Ⅵ』埼玉県埋蔵文化財調査事業団報告書 286
吉田　稔　2004『北島遺跡Ⅶ』埼玉県埋蔵文化財調査事業団報告書 291
米田　穣　2015「同位体分析からみた家畜化と日本人の食」『野生から家畜へ』ドメス出版
米田　穣　2018「池子遺跡の人と動物の炭素・窒素同位体比からみた弥生時代の食生活」『弥生時代食の多角的研究』六一書房
李　晅娥　2005「植物遺体に基礎した新石器時代農耕に対する観点の再検討」『韓国新石器研究』10
若林邦彦　2001「弥生時代大規模集落の評価」『日本考古学』12　日本考古学協会
若林邦彦　2008「集落と集団2」『弥生時代の考古学8　集落からよむ弥生社会』同成社
和島誠一　1958『横浜市史』横浜市
和島誠一　1966「弥生時代社会の構造」『日本の考古学』3　河出書房
和島誠一・田中義昭　1966「住居と集落」『日本の考古学』3　河出書房
和田晴吾　1982「弥生・古墳時代の漁具」『考古学論考』平凡社
渡辺　誠　1984『増補 縄文時代の植物食』雄山閣

英文

Bellwood, P. 2005 *First Farmers: The Origins of Agricultural societies*. Blackwell Publishing, USA（長田俊樹・佐藤洋一郎 監訳　2008『農耕起源の人類史』京都大学学術出版会）

Carl O. Sauer 1952 *Agricultual origins and dispersals*. The American Geographical Society（竹内常行・斎藤晃吉訳　1960『農業の起源』古今書院）

Crawford. G.W and Lee. G.A 2003 Agricultural origins in the Korean peninsula. *Antiquity* 77

Crawford, G.W., Hurley W.M.,Yoshizaki M. 1976 Imiplications of plant remains from the Early Jomon, Hamanasuno site. *Asian Perspectives*, XIX(I)

Fuller. D.Q. 2007 Contrasting Patterns in Crop Domestication and Domestication Rates:

Recent Archaelogial Insights from the Old World. *Annual of Botany* 100, Oxford journals.London

Gyoung‑Ah Lee 2011 The transition from foraging to farming in prehistric Korea.*Current Anthropology* vol.52‑S4 the University of Chicago Press

Lightfoot. R.R 1993 Abandonment processes in prehistoric Pueblos. *Abandonment of settlements and regions.* Cambridge university press

Matsutani, A. 1987 Identification of Japanese millet from the Gangetsu site by means of a Scanning Electron Microscope. *Jounal of the Anthropological Society of Nippon* 95‑2, The Anthropological Society of Nippon.

Schlanger. S.H and Wilshusen. L.H 1993 Local abandonments and regional conditions in the North American Southwest. *Abandonment of settlements and regions.* Cambridge university press

Schiffer. M.B 1972 Archaeological Context and Systemic Context. American *Antiquity*

Tomooka N, DA Vaughan, H Moss 2002 *The Asian Vigna: The genus Vigna subgenus Ceratotropis genetic resouces.* Kluwer Academic Publishers, Dordrecht, London

Yoneda, M., A. Saso, R. Suzuki, Y. Shibata, M. Morita, G. Suwa and T.Akazawa 2005 Chronology of the Yayoi skeletal remains from the Kanto district, Japan: a preliminary re‑evaluation by radiocarbon dating on postcranial materials. *Anthropological Science* 113

■著者紹介

浜田晋介（はまだ　しんすけ）
1959 年　神奈川県生まれ
1981 年　日本大学文理学部史学科卒業
2010 年　博士（歴史学）専修大学
現　在　日本大学文理学部 教授
〈主な著作〉
『弥生文化読本』六一書房　2018 年
『弥生農耕集落の研究』雄山閣　2011 年
『南関東の弥生土器 2』六一書房　2009 年（共著）

中山誠二（なかやま　せいじ）
1958 年　新潟県生まれ
1980 年　中央大学文学部史学科卒業
2010 年　博士（文学）東海大学
現　在　帝京大学文化財研究所 客員教授、南アルプス市ふるさと文化伝承館館長
〈主な著作〉
『農耕の起源と拡散』高志書院　2017 年（共著）
『日韓における穀物農耕の起源』山梨県立博物館　2014 年（編著）
『植物考古学と日本農耕の起源』同成社　2010 年

杉山浩平（すぎやま　こうへい）
1972 年　神奈川県生まれ
2002 年　駒澤大学大学院人文科学研究科 博士後期課程満期退学
2007 年　博士（歴史学）駒澤大学
現　在　東京大学大学院総合文化研究科 特任研究員
〈主な著作〉
『弥生時代食の多角的研究　池子遺跡を科学する』六一書房　2018 年（編著）
『弥生文化と海人』六一書房　2014 年
『東日本弥生社会の石器研究』六一書房　2010 年

2019年 5 月25日　初版発行　　　　　　　　　　　　　　　　《検印省略》

再考「弥生時代」—農耕・海・集落—

著　者　浜田晋介・中山誠二・杉山浩平
発行者　宮田哲男
発行所　株式会社 雄山閣
　　　　〒 102-0071　東京都千代田区富士見 2-6-9
　　　　ＴＥＬ　03-3262-3231 ／ＦＡＸ　03-3262-6938
　　　　ＵＲＬ　http://www.yuzankaku.co.jp
　　　　e-mail　info@yuzankaku.co.jp
　　　　振　替：00130-5-1685
印刷・製本　株式会社ティーケー出版印刷

© Shinsuke Hamada, Seiji Nakayama & Cohe Sugiyama 2019　　ISBN978-4-639-02649-5 C3021
Printed in Japan　　　　　　　　　　　　　　　　　　　　　N.D.C.210　252p　22cm